JN110932

福祉住環境コーディネーター 3級 速習テキスト＆問題集

<おことわり>

本書の記載内容は，2022年２月に東京商工会議所から発行された『福祉住環境コーディネーター検定試験®３級公式テキスト 改訂６版』に基づき編集したもので，統計数値などは公式テキストによっています。

本書の執筆時点（2022年12月末日）以降に東京商工会議所より出された追補資料や，公式テキスト（改訂6版）に該当する知識が出題範囲となる試験の対象となるものについては，下記「ユーキャンの本」ウェブサイト内「追補(法改正・正誤)」にて適宜お知らせいたします。

https://www.u-can.co.jp/book/information

ユーキャンがよくわかる！その理由

でるポイントを重点マスター！

■重要度（A，B，Cの3段階）を表示

過去の試験の出題内容を分析。そのデータに基づいて重要度を表示しています。

■『カギ』となる部分をピックアップ

学習の『カギ』となる部分を，各項目の冒頭にピックアップしています。

やさしい解説でよくわかる

■平易な表現と簡潔な文章

読んですぐに理解できるよう，わかりやすい文章で解説しています。

■豊富なイラスト&チャート図

学習内容をイメージで理解できるよう，イラスト&チャート図を豊富に盛り込んでいます。

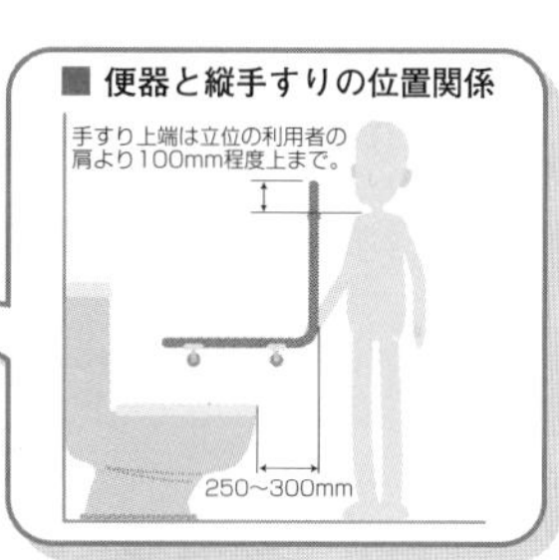

キーホルダーで重要部分を再チェック

■学習のまとめにキーホルダー

1日に学習した内容の『カギ』となる部分を，キーホルダーにまとめて掲載しています。

キーホルダー

Key	確認したらチェック ☑
少子高齢社会の到来	□ 年少人口や生産年齢人口の減少と，高齢者人口の増加は，今後も進展するため，社会保障費の増大などは重要な問題である。
高齢者の生活	□ 平均寿命が延びるとともに，高齢者の単独世帯と夫婦のみの世帯が大きな割合を占めている。

目　次　Ⓐ Ⓑ Ⓒ ＝重要度

第4章 安全・安心・快適な住まいづくり

第5章 安心して暮らせるまちづくり

本書の使い方

●重要度を確認

重要度（A，B，Cの3段階）を確認しましょう。

※過去に出題された問題の分析がもとになっています。

●重要部分をチェック

各項目の冒頭にピックアップされた，学習の『カギ』となる部分をチェックしましょう。

●本文を学習

欄外の記述や，福田先生・ミサオさんのアドバイス，イラスト&チャート図を活用しながら，学習を進めていきましょう。

一緒に学習しよう

学習内容についてのアドバイスをしていきます。よろしくお願いします。

皆さんと一緒に学習して，考えていきます。よろしくね。

欄外で理解を深めよう

用語
本文中に出てくる用語をくわしく解説しています。

プラスワン
本文と関連して覚えておきたい情報です。

➡
関連する内容への参照ページを示しています。

レッスン **20** 排泄・入浴・その他

11日目 **A** 重要度

学習のねらい 排泄や入浴は日常に欠かせない生活動作ですが，最もプライベートな行為であり，人の尊厳に大きくかかわることです。これをサポートする福祉用具では，とくに使う人を尊重し，適切な選択ができるような配慮が必要です。

❶ 排泄関連用具

排泄関連用具の選択は，尿意・便意の有無，排泄のコントロールが可能かどうかがポイントとなる。

排泄に関する福祉用具は，使う人の心身の状態をよく考慮して使用することが大切です。

プラスワン
尿意・便意がない場合には，おむつや尿器（尿をとる機器）の使用を考えるが，ベッドサイドでの端座位が可能ならば，ポータブルトイレの活用などを検討する。

（1）目的・適応

一般的なトイレの使用が困難な場合に使用されます。多くの種類がありますが，排泄関連用具を選ぶ際には，尿意・便意の有無や排泄のコントロールが可能かどうかがポイントとなります。

（2）素材と構造

ポータブルトイレなどの便座部分はプラスチック製で，抗菌処理などを施したものが多く，最近では化学的処理や，微生物の働きを利用して汚物のにおいを処理する脱臭機能付きの製品もみられるようになりました。

（3）使い方と留意点

排泄に関する福祉用具は，使う人の意思を尊重しながら，心身の状態を判断し，活用することが重要です。また，家庭の便器を使用者の状態に合わせて変える場合には，共用する家族への配慮も必要です。

設置をする際は，とくにポータブルトイレは，移乗や立ち上がる際にバランスを崩してトイレごと転倒しないよう固定方法に十分留意します。

また，ポータブルトイレは，歩行が難しい場合に使われ

148

●21日で完成！

レッスンごとに目安の日程を掲載。学習ペースをつかんでしっかり学びましょう。1日分のまとめは『カギ』となる重要部分をまとめた『キーホルダー』でチェック！

※1レッスン＝1日ではないので注意！

●問題集編にチャレンジ

テキスト編の学習を終えたら、問題集編の『一問一答100本ノック！』にチャレンジしましょう。本試験をイメージして、時間を計りながら取り組むと効果的です。

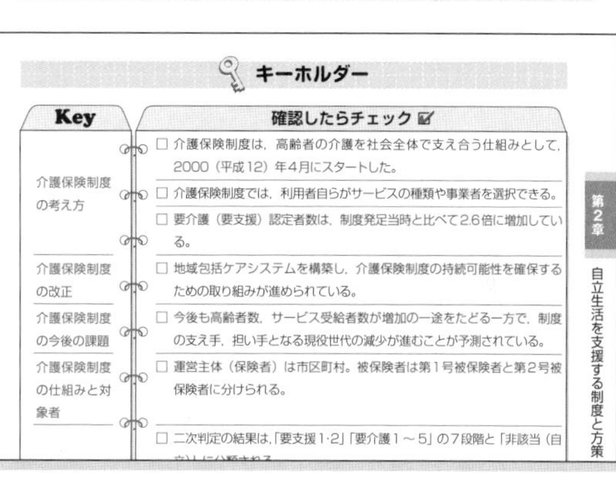

キーホルダー

Key	確認したらチェック
介護保険制度の考え方	□ 介護保険制度は，高齢者の介護を社会全体で支え合う仕組みとして，2000（平成12）年4月にスタートした。 □ 介護保険制度では，利用者自らがサービスの種類や事業者を選択できる。 □ 要介護（要支援）認定者数は，制度発足当時と比べて2.6倍に増加している。
介護保険制度の改正	□ 地域包括ケアシステムを構築し，介護保険制度の持続可能性を確保するための取り組みが進められている。
介護保険制度の今後の課題	□ 今後も高齢者数，サービス受給者数が増加の一途をたどる一方で，制度の支え手，担い手となる現役世代の減少が進むことが予測されている。
介護保険制度の仕組みと対象者	□ 運営主体（保険者）は市区町村。被保険者は第1号被保険者と第2号被保険者に分けられる。 □ 二次判定の結果は，「要支援1·2」「要介護1～5」の7段階と「非該当（自

第2章 自立生活を支援する制度と方策

るため，手すりとの組み合わせに十分配慮します。

麻痺などの障害がある場合，便器洗浄ボタンや温水洗浄便座リモコンは，操作に不自由しない位置に取り付けます。

尿意・便意がない場合や寝たきりの状態では，おむつや尿器（尿を取る機器）などの使用を考えます。

（4）種類

① ポータブルトイレ

便座を含めた本体と汚物を受けるバケツ様の部分からなる可動式トイレです。ベッドサイドで端座位がとれるならば，使用が検討できます。肘掛けや背もたれ付きのもの，家具調の木製のものなど，さまざまなデザインがあります。

また，立ち上がりを楽にするため，足もとが後ろに引ける四脚タイプのものなどもみられます。

ポータブルトイレは居室で使う分，プライバシーへの配慮も必要になりそうだわ。

■ ポータブルトイレ

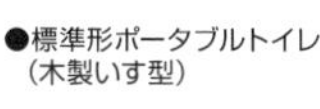

●スツール形ポータブルトイレ

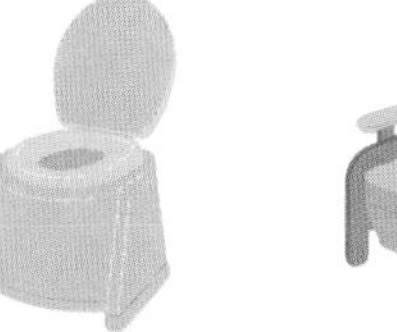

●標準形ポータブルトイレ（木製いす型）

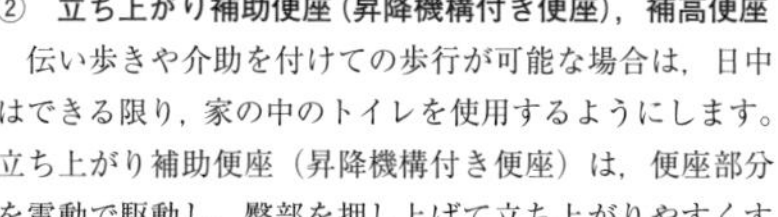

② 立ち上がり補助便座（昇降機構付き便座），補高便座

伝い歩きや介助を付けての歩行が可能な場合は，日中はできる限り，家の中のトイレを使用するようにします。立ち上がり補助便座（昇降機構付き便座）は，便座部分を電動で駆動し，臀部を押し上げて立ち上がりやすくする便座です。

補高便座は，既存の便器の上に載せて高さを補い，立ち上がりを容易にする用具です。

第3章 ユニバーサルデザイン共用品と福祉用具 11日目

149

学習にメリハリを[Q&A][要点pick up!!]

学習が単調にならないよう，本文中にコラムを配置。メリハリをきかせて，リズムよく進めましょう。

イラスト&チャート図でイメージを膨らまそう

学習内容をイメージで理解できるよう，イラスト&チャート図を豊富に盛り込んでいます。

資格について

❶ 福祉住環境コーディネーターとは

(1) 必要となる福祉住環境整備

わが国では平均寿命が延び，高齢化が急速に進んでいます。これに伴い，高齢者が自宅で過ごす時間が長くなっていますが，日本家屋は，段差が多い，廊下や開口部が狭いなど，高齢者にとって安全で快適な住まいとはいえません。これは障害者にとっても同じです。実際に，多くの家庭内事故が起こっています。

安心して，快適に，自立して住むことのできる「福祉住環境」の整備が必要とされている中，その中核を担う人材が「福祉住環境コーディネーター」です。

(2) 福祉住環境コーディネーターの業務

福祉住環境コーディネーターの主な業務は，高齢者や障害者の身体機能や生活状況を十分に考慮し，これらに配慮した住宅改修の検討や，福祉用具等の利用についてのアドバイスなどを行う，というものです。

３級の資格は，福祉と住環境の関連分野の基礎的な知識について，その理解度を確認するものになっています。また，福祉住環境コーディネーター2級の資格を取得すると，担当の介護支援専門員がいない場合は，「住宅改修についての専門性を有する者」として，介護保険で住宅改修の給付を受けるために必要な「理由書」を作成することができます（市町村によって扱いは異なります)。

❷ 出題範囲について

福祉住環境コーディネーター検定試験®は東京商工会議所が主催し，福祉住環境コーディネーター検定試験®公式テキストに準拠して出題されています。３級および２級に関しては，2022年２月に公式テキスト改訂６版が発行され，2022年７月実施の第48回試験からその内容が反映されています。

また，東京商工会議所によると，３級の出題範囲では，３級公式テキストの本編の知識と，それを理解したうえでの応用力を問うとしています。さらに3級の基準としては，福祉と住環境の関連分野の基礎的な知識についての理解度を確認する，としています。

❸ 試験について

(1) 試験概要

試験はIBT・CBTの2方式で実施されています。

※IBT (Internet Based Testing) は，インターネットを通じて自宅や会社のパソコンで試験を受ける試験方式。

※CBT (Computer Based Testing) は，全国各地のテストセンターのパソコンで試験を受ける試験方式。

試験時間は90分で，択一問題または多肢選択式の問題が出題されます。公式テキスト（改訂6版）に該当する知識と，それを理解したうえでの応用力が出題範囲とされています。

合格基準は，100点満のうち70点以上をもって合格とされていて，試験結果は即時採点されます。

(2) 試験実施

2級，3級ともに，試験は年に2シーズンの受験期間が設けられていて，受験は各級につき，1シーズンに1回限り受験することができます。

各シーズンの試験期間は約2週間です。この期間中，IBTまたはCBTのどちらかで受験することができます。

(3) 受験資格

学歴・年齢・性別・国籍による受験資格の制限はありません。所定の手続きを済ませれば，どなたでも受験することができます。また，3級に合格していなくても，2級を受験することができます。

(4) 合格率

過去の試験の合格率は，次のようになっています。

3級				
試験回	試験日・シーズン	受験者数（人）	合格者数（人）	合格率
第45回	R 2.11.22	6,486	4,335	66.8%
第46回	R 3第1シーズン	2,297	1,938	84.4%
第47回	R 3第2シーズン	2,832	1,453	51.3%
第48回	R 4第1シーズン	2,376	937	39.4%
第49回	R 4第2シーズン	3,240	1,246	38.5%

※第46回試験以降は，IBT試験またはCBT試験となった。

(5) 問い合わせ先

東京商工会議所 検定センター 050-3150-8559 （受付時間：土・日・祝休日・年末年始を除く10:00～18:00）
ホームページ https://kentei.tokyo-cci.or.jp

④ IBT，CBT試験について

(1) 受験の申込み

東京商工会議所検定サイトからの申込みになります。

IBTは自宅などのパソコンで受験する方式で，CBTはテストセンター会場のパソコンで受験する方式です。試験日時が選べること，試験終了後の合否や得点がすぐにわかるという点がポイントです。

なお，IBTとCBTの受験申込みを重複して行うことはできませんので，受験しやすい方式を選んでください。IBT試験の場合，必要な機器や環境は受験者が準備することになります。使用予定の機器で受験が可能かどうか，事前に必ず確認してください。

申込み方法の詳細，試験当日の流れについては，主催団体のホームページをご確認ください。

(2) 試験画面

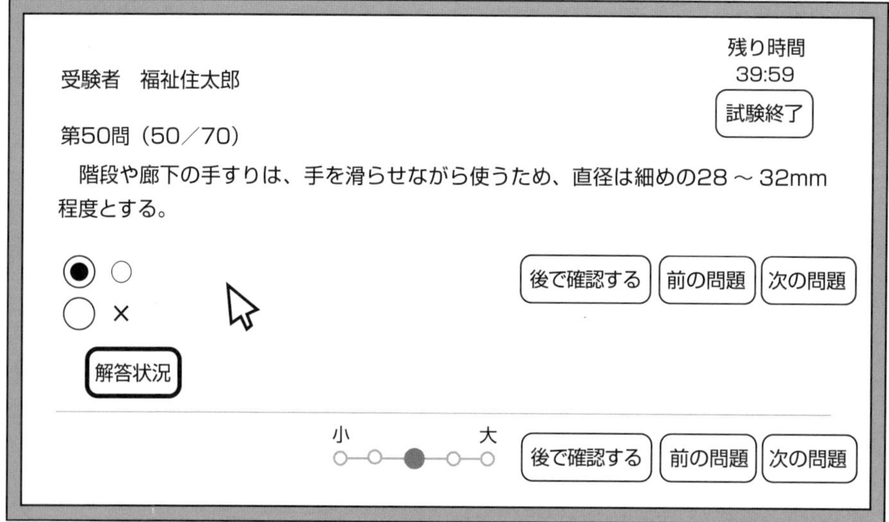

※図はイメージです。実際の試験画面とは異なります。

出題形式は択一問題または多肢選択式で出題されています。

試験案内に出題数の明示はありませんが，第49回（2022年度第2シーズン）の2級試験では，2択問題が55問，4択問題が15問で計70問が出題されました。

合格基準は100点満点中，70点以上が合格とされています。

(3) 試験方式について

①IBT試験

IBT試験は，使い慣れている自宅のパソコンで受験することができるという点や，わざわざ会場まで出かけなくていいという点がメリットです。ただし，試験開始前に本人確認，受験環境の確認等を行う必要があります。

②CBT試験

CBT試験は，受験会場と日時，支払い方法など決めて申し込んだ後，テストセンターに出向いて指示に従って試験を受けることになります。

IBT試験のような確認作業が必要なく気軽な面もありますが，受験料に加えてCBT利用料が必要になります。また，テストセンター会場内の環境や，試験中の他の受験者の動きなどが気になる方にとっては，デメリットになる面もあるかもしれません。

2つの形式のメリット・デメリットを考えたうえで，ご自身に合った受験方法を選択してください。どちらの形式でも，パソコンの操作に慣れていない受験者にとっては戸惑うケースがあるかもしれません。ただ，何よりも焦らないことが大切です。その点ではペーパーテストと何も変わりません。

出題傾向の分析と対策

各カテゴリーの出題のポイント・対策

■少子高齢社会の現状（本書のレッスン1）

少子高齢社会の現状について，統計資料に基づいた具体的な数値やトレンドについて把握しておく必要があります。また，少子化対策，高齢者対策それぞれの施策についても理解が求められます。

■地域・社会の取り組み（本書のレッスン2）

ユニバーサル社会への大きな流れの中で，地域単位でどのような取り組みがなされているか。その現状と今後の課題が問われます。

■日本の住環境の問題点（本書のレッスン3）

日本ならではの住環境の問題や家庭内事故の現状などが出題されています。

■福祉住環境の調整役（本書のレッスン4）

福祉住環境コーディネーターの役割と現在何が求められているのか。現在の社会の中での位置付けを含め，その必要性が問われます。

■介護保険制度（本書のレッスン5，6）

介護保険制度についての知識は必須で，その成立背景から具体的な内容まで全般的に正しく理解する必要があります。介護保険制度は，創設以来見直しと改正が行われていますので，内容の把握には注意が必要です。

■障害者総合支援法（本書のレッスン7，8）

障害者や障害児に対する福祉サービスが生まれた背景を理解しましょう。「障害者総合支援法」に基づく障害者支援サービスについては，その名称から利用方法まで正しく理解しましょう。

■老化と自立生活（本書のレッスン9，10）

高齢者が自立した生活を続けていくには，健康の維持が大切です。高齢者が有する能力について正しく理解し，維持または回復する方法を理解しましょう。また，ヘルスプロモーションの考え方についても押さえておきましょう。

■障害者の自立の手段（本書のレッスン11）

運動障害，視覚障害，聴覚言語障害，内部障害など，それぞれの障害について部位や特徴などを正しく理解する必要があります。また，障害を克服するために，どのようなリハビリテーション・プログラムが必要となるか，そのためにどのような環境の整備が必要となるかなど，具体的に考えるとよいでしょう。

■バリアフリーとユニバーサルデザイン（本書のレッスン12，13）

バリアフリー，ユニバーサルデザイン，それぞれの考え方や生まれた経緯について問われています。また，わが国における取り組みについては，時系列に沿って法律名なども合わせて覚えていく必要があります。

■共用品・福祉用具（本書のレッスン14～20）

共用品や福祉用具などの種類・機能・使い方・使用上の留意点まで，幅広い知識が求められます。また，これらの活用による，高齢者や障害者の自立，QOLの向上や社会参加の促進への理解も重要です。福祉用具は出題数が比較的多いカテゴリーです。

■住まいの整備のための基本技術（本書のレッスン21～25）

段差，床材，手すり，建具，幅・スペース等について，その問題点と基本的な対応技術について問われます。各テーマでの問題点を解決するにはどのような方法があるのか，具体的に学びましょう。

■住まいの整備（本書のレッスン26～32）

段差や階段の踏面，廊下の有効寸法などの具体的な寸法や数値について広く知識が求められます。また，ドアなど開口部の有効寸法や手すりの設置位置・サイズなどについては，高齢者や障害者が利用しやすい環境を，具体的にイメージするとよいでしょう。

■ライフスタイルの多様化・高齢期の暮らし方（本書のレッスン33，34）

多様化する家族形態については，隣居・近居，非家族同居など，用語の意味もしっかり理解しておきましょう。また，多様化する高齢期の暮らし方・住まい方もポイントです。

■豊かな生活のために（本書のレッスン35，36）

住生活の整備についての施策や法律などについて，広く問われます。法律や制度の名称はもとより，その制定（施行）年や概要についても把握しておきましょう。住宅施策と福祉施策の連携をポイントとしてみていくと理解しやすいでしょう。

■人にやさしいまちづくり（本書のレッスン37）

「まちづくりとは」という根本的なテーマを最初に押さえておきましょう。諸法制度の中でも，「ユニバーサルデザイン政策大綱」や「バリアフリー法」については多く問われています。各地域において展開している「住民参加のまちづくり」にも注目です。

第1章

暮らしやすい生活環境をめざして

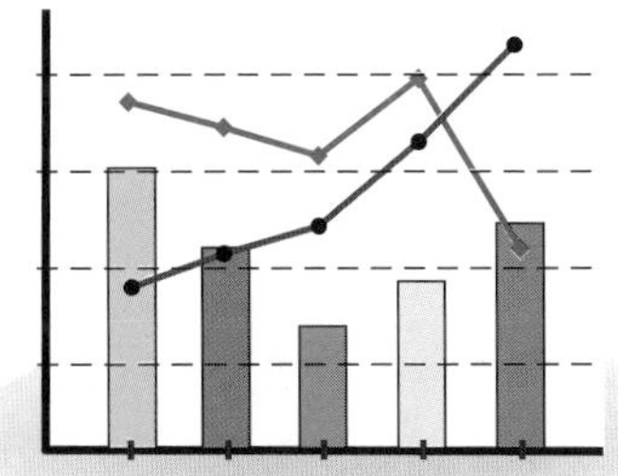

レッスン 1

少子高齢社会の現状

1日目　A 重要度

学習のねらい　高齢者人口の増加と，合計特殊出生率の低下によって少子高齢社会となった現在，さまざまな対策が求められています。わが国の現状や，取り組まれている施策を学び，今後の課題について理解しましょう。

① 少子高齢社会の到来

年少人口や生産年齢人口の減少と，高齢者人口の増加は，今後も進展するため，社会保障費の増大などは重要な問題である。

総務省統計局「人口推計」(2021〔令和３〕年12月１日概算値）によると，わが国の総人口は，2021（令和３）年12月１日現在で１億2,547万人と，前年同月比で約62万人の減少となりました。今後も総人口は緩やかな減少を続けていくとみられています。年齢階級別の人口割合をみると，０～14歳の年少人口と，15～64歳の生産年齢人口は減少傾向にありますが，65歳以上の高齢者人口は過去最高の**3,624万人**で，全体の約**28.9%**となっています（同上）。

国立社会保障・人口問題研究所の「日本の将来推計人口」（平成29年推計）では，今後の高齢者人口は，**団塊（だんかい）の世代**が後期高齢者（75歳以上の高齢者）となる2025（令和７）年に向けてさらに激増していき，2065（令和47）年には高齢化率が38.4%に達することが予測されています。

子どもの減少と高齢者の増加が同時に起こる現象を**少子高齢化**といいます。少子高齢社会では，今後も，社会保障費が増大し続けていることを背景に，高齢者施策や少子化対策などの個々の施策だけでなく，どのような社会のあり方を求めていくのかという点が最も重要視されます。

用語
生産年齢人口
生産活動の中核をなす年齢層。日本では義務教育を修了した15歳から，定年退職を迎える直前の64歳までを指す。

プラスワン
団塊の世代とは，1947（昭和22）年から1949（昭和24）年にかけての第１次ベビーブームに生まれた世代のことをいう。

用語
社会保障費
所得保障，医療保障，社会福祉サービスの保障に関する費用のこと。政府予算に占める医療，年金，介護，生活保護などの社会保障関連の経費は，とくに「社会保障関係費」と呼ばれ，近年，その額は増加し続けている。

② 高齢者の生活実態

（1）単独世帯と夫婦のみの世帯の増加

平均寿命が延びるとともに，高齢者の単独世帯と夫婦のみの世帯が大きな割合を占めている。

戦後，国民一人ひとりの生活環境が改善され，医療技術が発達した結果，わが国の高齢化率は先進諸国の中でも高い水準となりました。平均寿命は，2020（令和２）年には男性が81.64歳，女性が87.74歳となっています。

高齢者の増加は，世帯数の割合にも表れています。厚生労働省「国民生活基礎調査」（2019〔令和元〕年）によると，65歳以上の高齢者がいる世帯は，2019（令和元）年現在で2,558万4,000世帯あり，全世帯（5,178万5,000世帯）の49.4％を占めています。また，65歳以上の高齢者がいる世帯のうち，単独世帯が28.8％（736万9,000世帯），夫婦のみの世帯が32.3％（827万世帯）と大きな割合を占めています。

プラスワン

わが国の高齢化率は，1980年代まで先進諸国中でも下位であったが，この30年間ほどで一気に最高の水準になった。

用語

平均寿命

0歳の人が，その後生きるであろうと期待される平均年数をいう。また，ある年齢の人が，その後生きるであろうと期待される平均年数を平均余命という。

■ 65歳以上の者のいる世帯数および構成割合（世帯構造別）と全世帯に占める65歳以上の者がいる世帯の割合

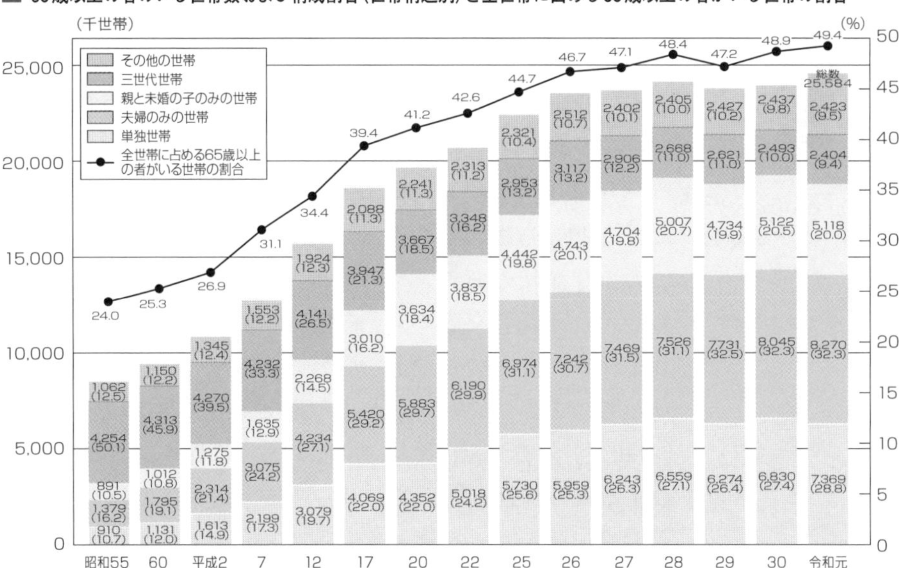

注１）平成7年の数値は兵庫県を除いたもの，平成28年の数値は熊本県を除いたものである。
注２）（　）内の数字は，65歳以上の者のいる世帯総数に占める割合（%）
注３）四捨五入のため合計は必ずしも一致しない。
出典：内閣府「令和３年版　高齢社会白書」および厚生労働省「令和元年　国民生活基礎調査」より作成

(2) 高齢者の就業・健康と福祉

介護·介護予防サービスの充実が必要となる一方，元気な高齢者の雇用・就業機会の確保や，快適な住環境づくりの重要性にも注目すべきである。

定年を迎えて，すぐに隠居生活に入る人ばかりではないですよね。「高齢者が就労できる社会」ということも考えなければ。

2020（令和２）年の労働力人口総数のうち，65歳以上の高齢者は全体の13.4％を占めています（内閣府「令和３年版　高齢社会白書」)。労働力人口は，65～69歳の雇用者数は320万人，70歳以上は300万人となっています（総務省「労働力調査」2020〔令和２〕年)。また，厚生労働省「第15回中高年者縦断調査」(2019〔令和元〕年11月）によると，65～69歳になっても仕事をしたい者は56.4％，70歳以降でも仕事をしたい者は39.0％となっています。

さらに，内閣府の「令和３年版　高齢社会白書」によると，高齢者の社会参加の状況では，60歳以上の高齢者の58.3％が社会活動に参加しており，元気な高齢者が大勢いることがわかります。

高齢者＝すべて弱者ではない，ということですね。快適な住環境整備を考えるポイントにもなりそうですね。

今後の高齢者対策では，介護・介護予防サービスの充実はもちろんですが，高齢者をすべて弱者ととらえるのではなく，健康で元気な高齢者に対しては雇用・就業の機会などを確保することも重要です。

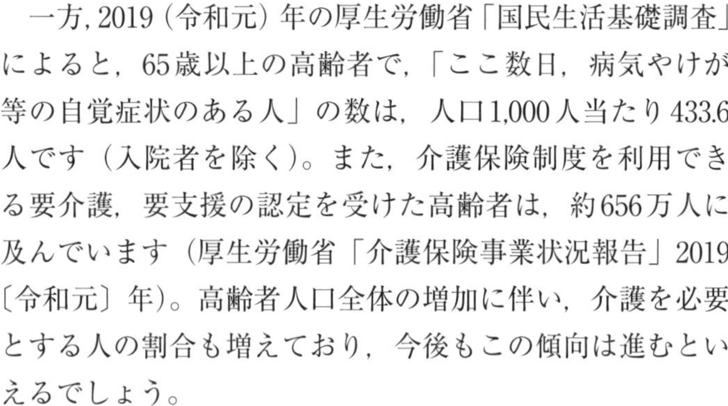

一方，2019（令和元）年の厚生労働省「国民生活基礎調査」によると，65歳以上の高齢者で，「ここ数日，病気やけが等の自覚症状のある人」の数は，人口1,000人当たり433.6人です（入院者を除く)。また，介護保険制度を利用できる要介護，要支援の認定を受けた高齢者は，約656万人に及んでいます（厚生労働省「介護保険事業状況報告」2019〔令和元〕年)。高齢者人口全体の増加に伴い，介護を必要とする人の割合も増えており，今後もこの傾向は進むといえるでしょう。

③ 高齢者施策－高齢社会対策大綱

(1) 高齢社会対策基本法と高齢社会対策大綱

2018（平成30）年に閣議決定の高齢社会対策大綱では，3つの基本的考え方を掲げている。

わが国では，1995（平成７）年に「**高齢社会対策基本法**」が制定され，これに基づいて翌1996（平成８）年に「**高齢社会対策大綱**」が公表されました。

その後，高齢社会対策大綱は，2001（平成13）年，2012（平成24）年９月７日に新たに閣議決定され（2001〔平成13〕年閣議決定の大綱は廃止），おおむね５年を目途にして，必要に応じ見直しを行うことが明記されました。

さらに，2018（平成30）年２月16日にも新たな高齢社会対策大綱が閣議決定されました。この大綱では，基本的考え方として，以下の３つを掲げています。

① 年齢による画一化を見直し，すべての年代の人々が希望に応じて意欲・能力を生かして活躍できるエイジレス社会を目指す。

② 地域における生活基盤を整備し，人生のどの段階でも高齢期の暮らしを具体的に描ける地域コミュニティをつくる。

③ 技術革新の成果が可能にする新しい高齢社会対策を志向する。

(2) 高齢社会対策大綱の基本的施策

高齢社会対策大綱では，6つの分野ごとに施策の指針を示している。

高齢社会対策大綱では，基本的な考え方を踏まえ，次の６つの分野で施策の指針が示されています。

① 就業・所得

・エイジレスに働ける社会の実現に向けた環境整備

・公的年金制度の安定的運営

用語

高齢社会対策基本法
高齢社会対策の基本理念とその方向を示し，国をはじめ社会全体で高齢社会対策を総合的に推進していくために定められた法律。
P249

用語

高齢社会対策大綱
「高齢社会対策基本法第６条」に基づき，政府が推進すべき基本的・総合的な高齢社会対策の指針として定められたもの。
P249

・資産形成等の支援

② **健康・福祉**

・健康づくりの総合的推進

・持続可能な介護保険制度の運営

・介護サービスの充実（介護離職ゼロの実現）

・持続可能な高齢者医療制度の運営

・認知症高齢者支援施策の推進

・人生の最終段階における医療の在り方

・住民等を中心とした地域の支え合いの仕組みづくりの促進

③ **学習・社会参加**

・学習活動の促進

・社会参加活動の促進

④ **生活環境**

・豊かで安定した住生活の確保

・高齢社会に適したまちづくりの総合的推進

・交通安全の確保と犯罪，災害等からの保護

・成年後見制度の利用促進

⑤ **研究開発・国際社会への貢献等**

・先進技術の活用及び高齢者向け市場の活性化

・研究開発等の推進と基盤整備

・諸外国との知見や課題の共有

⑥ **すべての世代の活躍推進**

・すべての世代の活躍推進

(3) 住生活に関する施策

高齢社会対策大綱では，施策の方針の一つとして，「生活環境」の中の「豊かで安定した住生活の確保」において，次の3つを示しています。

① **次世代へ継承可能な良質な住宅の供給促進**

すべての人にとって安全・安心で豊かな住生活を支える生活環境の構築に向け，良質な住宅ストックの形成を図ります。また，**若年期からの計画的な持ち家取得への**支援も推進します。

② 循環型の住宅市場の実現

良質な既存住宅の資産価値が適正に評価され，その流通が円滑に行われるとともに，居住ニーズと住宅ストックのミスマッチが解消される**循環型の住宅市場**を目指し，建物状況調査・保証，住宅履歴情報の普及促進等を行うことにより，既存住宅流通・リフォーム市場の環境整備を進めます。また，高齢者が所有する住宅を，子育て世帯向けの賃貸住宅として利用するための**住み替え支援**を行います。

③ 高齢者の居住の安定確保

サービス付き高齢者向け住宅の供給等により，ハードとソフト両面の取り組みを促進します。また，公的賃貸住宅団地等の改修・建替にあわせた福祉施設等の設置を促進するほか，**リバースモーゲージ**の普及を図り，高齢者の住み替えなどの住生活関連資金を確保します。

さらに，改正「**住宅セーフティネット法**」に基づき，民間賃貸住宅などの空室や空き家を活用した，高齢者等の住宅確保要配慮者向け賃貸住宅の供給の促進や，民間賃貸住宅への円滑な入居を促進するため**住宅確保要配慮者居住支援協議会**への支援を行い，情報の提供や相談体制の整備等を図ります。

リバースモーゲージ
P245

住宅セーフティネット法
P260

住宅確保要配慮者居住支援協議会
P261

④ 少子化対策－少子化社会対策大綱

合計特殊出生率は2.00を下まわり，近年では晩産化の傾向にある。

2020（令和２）年の人口動態統計（厚生労働省）によると，同年の出生数は約84万835人，**合計特殊出生率**は1.36でした。1947 ～ 1949（昭和22 ～ 24）年の第１次ベビーブーム，この時期に生まれた女性たちの出産による1971 ～ 1974（昭和46 ～ 49）年の第２次ベビーブームで出生数は増加したものの，1975（昭和50）年以降，合計特殊出生率は2.00を

用語
合計特殊出生率
一人の女性が一生の間に産む子どもの数を，平均化した数値。

下まわっています。過去最低となった2005（平成17）年の1.26に比べやや持ち直してはいますが，依然低い水準となっています。

また，母親の年齢別出生数をみると，20歳代の出生割合が減少，30歳代が増加し，晩産化の傾向にあります。

プラスワン
2020（令和2）年の人口動態統計による母親の年齢別出生数
・1位　30～34歳…約30万人
・2位　25～29歳…約22万人
・3位　35～39歳…約20万人

(1) わが国の少子化対策

子どもの成長や子育てに必要な教育・就労・生活の環境を社会全体で整備することが重要である。

わが国で「少子化」の問題が認識され，対策が講じられるようになったのは1990（平成２）年からです。前年に合計特殊出生率が1.57を記録したのが契機でした。

最初に示された具体的な計画は，1994（平成６）年に策定された「**今後の子育て支援のための施策の基本的方向について（エンゼルプラン）**」でした。その５年後の，1999（平成11）年には「重点的に推進すべき少子化対策の具体的実施計画について（新エンゼルプラン）」が策定され，子育てと仕事の両立支援や，子どもを産み育てやすい環境づくりに向けた施策が次々と実施されました。

しかし，それでも歯止めのかからない少子化傾向に対し，2002（平成14）年に「少子化対策プラスワン」，2003（平成15）年には「**少子化社会対策基本法**」が成立し，同法に基づいて2004（平成16）年には「**少子化社会対策大綱**」が策定されました。そして，2005（平成17）年度から2009（平成21）年度までの５年間に行う重点施策の具体的実施計画として，「**子ども・子育て応援プラン**」が策定されました。

プラスワン
「少子化社会対策基本法」の第７条には「政府は，少子化に対処するための施策の指針として，総合的かつ長期的な少子化に対処するための施策の大綱を定めなければならない」と規定されており，長期的な施策方針を定めることになっている。

その後，2010（平成22）年の「少子化社会対策大綱」の見直しでは「**子ども・子育てビジョン**」が策定され，家族や親が子育てを担う社会から，社会全体で子育てを支える社会への脱皮が提唱されました。さらに2015（平成27）年には，結婚，妊娠，子ども・子育てに温かい社会の実現を目指す新しい「少子化社会対策大綱」が策定されました。

(2) 少子化対策の課題

2020(令和2)年5月に閣議決定された「少子化社会対策大綱」では,5項目の基本的な考え方と,各項目に対応する重点課題を示している。

2020(令和2)年5月に,新しい令和の時代にふさわしい少子化対策として総合的かつ長期的な「**少子化社会対策大綱**」が閣議決定されました。

基本的な目標は,「一人でも多くの若い世代の結婚や出産の希望をかなえる『希望出生率1.8』の実現に向け,令和の時代にふさわしい環境を整備し,国民が結婚,妊娠・出産,子育てに希望を見出せるとともに,男女が互いの生き方を尊重しつつ,主体的な選択により,希望する時期に結婚でき,かつ,希望するタイミングで希望する数の子供を持てる社会をつくる」こととし,結婚,妊娠・出産,子育ては個人の自由な意思決定に基づくものであると強調しました。大綱では,5項目の基本的な考え方と,各項目に対応する重点課題を示しています。

1. 結婚・子育て世代が将来にわたる展望を描ける環境をつくる
   ① 若い世代が将来に展望を持てる雇用環境等の整備
   ② 結婚を希望する者への支援
   ③ 男女共に仕事と子育てを両立できる環境の整備
   ④ 子育て等により離職した女性の再就職支援,地域活動への参画支援
   ⑤ 男性の家事・育児参画の促進
   ⑥ 働き方改革と暮らし方改革
2. 多様化する子育て家庭のさまざまなニーズに応える
   ① 子育てに関する支援
   ② 在宅子育て家庭に対する支援
   ③ 多子世帯,多胎児を育てる家庭に対する支援
   ④ 妊娠期から子育て期にわたる切れ目のない支援

⑤　子育ての担い手の多様化と世代間での助け合い

3．地域の実情に応じたきめ細かな取組を進める

①　結婚，子育てに関する地方公共団体の取組に対する支援

②　地方創生と連携した取組の推進

4．結婚，妊娠・出産，子ども・子育てに温かい社会をつくる

①　結婚を希望する人を応援し，子育て世帯を優しく包み込む社会的機運の醸成

②　妊娠中の人や子ども連れに優しい施設や外出しやすい環境の整備

③　結婚，妊娠・出産，子ども・子育てに関する効果的な情報発信

5．科学技術の成果など新たなリソースを積極的に活用する

①　結婚支援・子育て分野におけるICT（情報通信技術）やAI（人工知能）等の科学技術の成果の活用促進

各項目に対する重点課題は，少子化対策としていずれも必要不可欠なものであり，着実に推進する必要があります。

(3) 子育て支援のための住宅整備

「少子化社会対策大綱」では，「住宅支援，子育てに寄り添い子どもの豊かな成長を支えるまちづくり」の観点から，子育てしやすい住宅の整備を推進しています。

①　**融資，税制を通じた住宅の取得等の支援**……子育て世帯が，子育てに適した住宅の取得や，子どもの成長に応じた増改築・改修をしやすくできるための融資・税制等を活用し，子育てに適したゆとりのある住宅の確保を図る。

②　**良質なファミリー向け賃貸住宅の供給促進**……地域優良賃貸住宅制度や民間供給支援型賃貸住宅制度等により，子育て世帯等を対象とした優良な賃貸住宅の供給を支援する。

③　**新たな住宅セーフティネット制度の推進**……改正住

用語

地方創生
2014（平成26）年11月に，「まち·ひと·しごと創生法」が成立し，「地域再生法」の改正も行われた。地域や地方がそれぞれ特徴を生かして地方経済を活性化し，若者を中心に地方の人が地元で職を得，豊かに暮らせるようにするとともに，人口減少対策にもしていこうとしている。

ICT（情報通信技術）
コンピュータなどの情報機器とインターネットを組み合わせて活用する情報処理や通信技術の総称。

子育てを支援するには，住宅整備に関する施策は必要不可欠なことですね。

宅セーフティネット法に基づき，民間賃貸住宅等の空き室や空き家を活用した，子育て世帯等の住宅確保要配慮者の入居を拒まない賃貸住宅の登録を促進するとともに，住宅の改修や入居者負担の軽減等への支援を行う。また，居住支援協議会や居住支援法人が行う相談・情報提供等に対する支援を行う。

④　**公的賃貸住宅ストックの有効活用等による居住の安定の確保**……公的賃貸住宅において，事業主体による子育て世帯等に対する当選倍率優遇等の対応を推進する。

⑤　**公的賃貸住宅と子育て支援施設との一体的整備等の推進**……公的賃貸住宅・団地の建て替え等に際し，子育て支援施設等との合築・併設を推進する。また，住宅団地等における子育て支援施設等の整備を推進するとともに，子育て世帯等の居住の安定確保に資する先導的取組に係る提案を募集し，その実現・普及を支援する。

⑥　**街なか居住等の推進**……職住近接で子育てしやすい都心居住，街なか居住を実現するため，住宅の供給や良質な住宅市街地などの環境整備を行う。

⑦　**子育てフレンドリーで安全な都市の実現**……子育てしやすい都市づくりを推進するため，職場に近接して子育て支援施設を導入する事業等や子育てしやすい住宅ストックへのリフォームに対して支援を実施する。

⑧　**金融支援を通じた子育て支援施設を含む優良な民間都市開発事業の推進**……（一財）民間都市開発推進機構が実施する金融支援(出資等)により，子育て支援施設を含む優良な民間都市開発事業を推進する。

⑨　**小中学校の余裕教室，幼稚園等の活用による地域の子育ての拠点づくり**……小中学校の余裕教室，幼稚園等を活用し，地域における子育て支援や親子交流等の機能を担う場の設置を促進する。

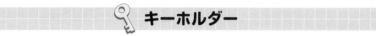

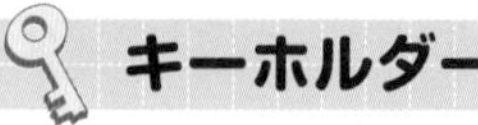

Key	確認したらチェック ☑
少子高齢社会の到来	□ 年少人口や生産年齢人口の減少と，高齢者人口の増加は，今後も進展するため，社会保障費の増大などは重要な問題である。
高齢者の生活実態	□ 平均寿命が延びるとともに，高齢者の単独世帯と夫婦のみの世帯が大きな割合を占めている。
	□ 介護・介護予防サービスの充実が必要となる一方，元気な高齢者の雇用・就業機会の確保や，快適な住環境づくりの重要性にも注目すべきである。
高齢者施策	□ 2018（平成30）年に閣議決定の高齢社会対策大綱では，3つの基本的考え方を掲げている。
	□ 高齢社会対策大綱では，6つの分野ごとに施策の指針を示している。
少子化対策	□ 合計特殊出生率は2.00を下まわり，近年では晩産化の傾向にある。
	□ 子どもの成長や子育てに必要な教育・就労・生活の環境を社会全体で整備することが重要である。
	□ 2020（令和2）年5月に閣議決定された「少子化社会対策大綱」では，5項目の基本的な考え方と，各項目に対応する重点課題を示している。

レッスン 2

地域・社会の取り組み

2日目

A
重要度

学習のねらい 少子高齢化の進行は，個人や家庭だけでは解決できない課題を生み出します。そうした課題の解決には，地域社会を基盤とした，社会全体での取り組みが必要です。エイジング・イン・プレイスといった近年の理念も理解しましょう。

❶ 社会全体の取り組み

(1) 少子化の影響

生産年齢人口の減少で経済的な生産能力が低下する一方，高齢者の増加により，年金など社会保障の負担が現役世代に重くのしかかる。

少子化の進行によって，将来的に生産年齢人口（現役世代）が減少すると，経済的な生産能力が低下してしまいます。その結果，国にとっては，国民の生活を維持するための**財源が不足**してきます。企業にとっては，**働き手が減少**し，生産力の向上を望むことが難しくなってきます。また，地域にとっては，**地域の担い手・後継者不足**が問題となり，地域社会を維持することが難しくなります。このように少子化の進行は，個人・地域・企業・国に至るまで，非常に大きな影響をもたらします。

(2) 高齢化の影響

高齢社会では，年金，医療，社会福祉，生活保護，雇用制度などの**社会保障給付費**が，生産年齢人口の大きな負担となることが危惧されています。とくに**高齢者関係の社会保障給付費**は増大しており，2019（令和元）年度には**82兆444億円**で，社会保障給付費に占める割合は**66.5%**となっています（国立社会保障・人口問題研究所「社会保障費用統計」2019年度）。

わが国は，少子高齢社会になっており，同時に総人口の

プラスワン

わが国の総人口は減少過程に入っていると推測される。国立社会保障・人口問題研究所の「日本の将来推計人口（2017〔平成29〕年推計）」によれば，2015（平成27）年の1億2,709万人から，2040年の1億1,092万人を経て，2060年には9,284万人，2065年には8,808万人になると予測される。総人口の減少は，経済・社会・政治・文化に多大な影響を与え，現在の暮らしの持続可能性が課題となっている。

用語

社会保障給付費

国際労働機関（ILO）が定めた社会保障の基準に基づいたもので，社会保障制度を通じて，1年間に国民に給付される金銭またはサービスの合計額のこと。

用語

認知症

成人になってから起こる記憶力の低下や判断力の低下など，段階的に進行する知能障害のことをいう。これにより社会生活や日常生活を一定のレベルに保つことが困難となる。

減少傾向もみられます。この問題を解決するためには，個々の家族だけでは困難であり，**社会全体で対応**しなければなりません。

さらに近年は，**認知症**の高齢者も増加傾向にあります。2010（平成22）年の時点で，日常生活自立度Ⅱ（下表㊟参照）以上の認知症高齢者は280万人と推計され，そのおおよそ半数が在宅生活を送っています。とくに，75歳以上の高齢者が増加すると生活支援を必要とする傾向が高くなります。高齢社会は**介護費用が増大**する社会でもあるのです。

■ **認知症高齢者の居場所別内訳**

単位：万人

	居宅	特定施設	グループホーム	介護老人福祉施設	介護老人保健施設等	医療機関	合計
日常生活自立度Ⅱ以上	140	10	14	41	36	38	280

※2010（平成22）年9月末現在の数値。
※端数処理の関係により合計は一致しない。
※介護老人保健施設等には，介護療養型医療施設が含まれている。
出典：「「認知症高齢者の日常生活自立度」Ⅱ以上の高齢者」（厚生労働省　平成24年8月24日）
（注）自立度Ⅱとは，家庭内外で日常生活に支障をきたすような症状・行動や意思疎通の困難さがみられても，だれかが注意していれば自立できる状態である。自立度Ⅲ，Ⅳ，Mと進むにつれ，重症の状態となる。

❷ ユニバーサル社会へ

(1) エイジレス社会の構築

少子高齢社会では，高齢世代が能力や経験を生かして，若い世代と共に経済社会や地域社会を支えるエイジレス社会の構築が求められる。

近年，高齢者福祉を考えるにあたり，エイジング・イン・プレイス（Aging in Place）という理念が強調されるようになってきました。これは，1992（平成4）年，パリで行われた**経済協力開発機構（OECD）**の社会保障の大臣会議で取り上げられた理念です。高齢者一人ひとりにとって最もふさわしい場所である住み慣れた地域社会を基盤として，安全で安心な老後生活を送ろうという考え方です。

少子高齢社会となり，従来の血縁や地縁に基づいたつながりは薄れ，それに代わる新たな人と人との結び付きによ

用語

経済協力開発機構（OECD）

ヨーロッパや北米等の先進諸国による国際経済全般について協議するための国際機関。日本は1964（昭和39）年に加盟国となった。

る地域社会がつくられるようになってきました。

子どもや高齢者の問題も，個別的な検討と併せて，人と人とが新たな結び付きを形成しながら，社会全体で解決していくことが重要となります。

つまり，年齢や世代による区別ではなく，高齢者世代がその能力や経験を生かして，若い世代と共に経済社会や地域社会を支えていく，「**エイジレス社会**」の構築が求められているといえます。

(2) ユニバーサル社会を目指す

これからの地域社会では，以前の共助や互助という時代よりも，人と人とが自由に社会のさまざまな面で活動しながら，共に新たな結び付きを形成していく社会（**共生社会**）が大切になります。

共生社会を形成するためには，住宅や建築物をバリアフリー化し，障害の有無や年齢等にかかわりなく，国民一人ひとりが対等な社会の構成員として自立できることが重要です。互いに人格を尊重し，支え合い，それぞれが持っている能力を最大限に発揮できる社会が基礎となります。

このような社会を**ユニバーサル社会**といいます。その実現のためには，高齢者や障害者の別なく，すべての人に平等に開かれた社会を目指すことが必要です。

ユニバーサル社会の形成という観点から，**ユニバーサルデザイン**の考え方，高齢者や障害者に対する支援制度，ユニバーサルデザインによる製品や施設等の社会環境の整備の推進が重要です。とくに，暮らしの基本となる居住環境の整備は，ユニバーサル社会を形成していくうえで核となるものです。

また，個々の家庭内で解決が困難なことは，地域社会を基盤として，社会全体で取り組む必要があります。福祉に関していえば，個別ニーズに対応する地域の介護サービスの確保が必要であり，社会全体で介護サービスを提供できるような高齢者保健福祉施策が求められています。

プラスワン

厚生労働省は，持続した社会保障制度を確立するために，高度急性期医療から在宅医療・介護までの一連のサービス提供体制を確保できるよう，地域包括ケアシステムの実現を目指している。

用語

エイジレス社会

年齢にとらわれることなく，個人の能力や意欲に応じて，だれもが生き生きと充実した暮らしができる社会のこと。

用語

ユニバーサルデザイン

子どもから高齢者まで年齢や，能力・体力などの個人差，障害の有無にかかわらず，だれもが使いやすいように配慮されたデザインのこと。

➡ P96

レッスン 3

日本の住環境の問題点

2日目

A 重要度

学習のねらい 日本の住宅には，段差が多くて狭いという構造上の問題があります。さらに，家具や生活用品の種類が増えたことも，家庭内事故を引き起こす要因といえます。住宅内の危険や住環境の問題点を理解しましょう。

❶ 家庭内事故

不慮の溺死や窒息，転倒・転落などの家庭内事故で，年間約１万2,000人の高齢者が死亡している。

厚生労働省の「令和２年　人口動態統計（確定数）」によると，家庭内事故により，65歳以上の高齢者が年間約１万2,000人死亡しています。家庭内事故とは，床や浴室での転倒，階段からの転倒・転落，建物などからの転落，浴槽での溺死など，住宅内で生じる事故のことです。

高齢者の家庭内事故による死因としては，浴槽内での溺死や溺水が最も多く，次いで食物の誤嚥（ごえん）などによる不慮（ふりょ）の窒息，転倒・転落が多くなっています。

「身体機能が低下した高齢者」だけでなく，健康な高齢者が，ある日突然，家の中での転倒・転落・溺死といった事故で亡くなっている例も多くなっています。

原因の多くは本人の不注意とされていますが，住宅のつくりが高齢者に適していないため，家庭内事故を引き起こしているともいえます。

このような考えに立ち，住宅の安全性が，広さや快適さと同じくらいか，ときにはより重要であるという認識が，社会的に広まってきています。

心身機能が低下する前の元気なうちから，事故を未然に防ぐ対策を講じ，家族みんなが安心して生活できるように，

住宅火災では，気づかずに逃げ遅れたり，気づいても避難できない高齢者もいます。

カーペットの端がめくれているところにつまずいて転倒したり，電球を交換しようとして踏み台から転落するケースもあるんですって。

安全，快適な住環境を目指していくことが望ましいと考えられています。

② 住環境の問題点

日本の住宅は，段差が多い，屋内の温度差が大きいなどの問題があり，高齢者にとって必ずしも安全・安心な環境とはいえない。

柔らかな畳があって，木の温もりが伝わってくる日本の住宅は，これまで高齢者に優しいと思われてきました。しかし，必ずしも安全・安心・快適な空間ではなく，とくに脳血管障害や心疾患などの疾病（しっぺい）による障害がある場合には問題が多いといわれています。高齢者からみた具体的な住宅構造の問題点としては，次のような点があげられます。

(1) 段差の多さ

日本の住宅の構造上，多くの段差が存在する。

日本の住宅内には段差が多く，転倒・転落事故の原因にもなっています。玄関の上がりがまち，廊下と和室，洋室と和室，脱衣室と浴室など，住宅内の段差が高齢者の生活動作を著しく不便・不自由にしています。また，大きな段差だけでなく，敷居やカーペットの端などにも足をひっかけて転倒する危険があるので，注意が必要です。

(2) 尺貫法（しゃっかんほう）による設計

尺貫法の影響により，軸組構法（じくぐみこうほう）の木造住宅などでは，廊下や階段，開口部の有効寸法が狭くなっている。

これまで建築設計において常識とされてきた住宅の廊下，階段，開口部などの有効寸法は，**尺貫法**（日本古来の長さ，質量，面積などの単位）の影響で狭くなりがちで，

和室の床面は，洋室の床面よりも一般的に10～40mmくらい高いので，その部分にできる段差がつまずきの原因になるのですね。

用語

上がりがまち
玄関などの上がり口の床との境の縁に取り付ける枠材のこと。

用語

有効寸法
実際に通行できる寸法のこと。

尺貫法では，長さは「寸，尺，間」で表されます。10寸＝1尺，6尺＝1間となり，1間は1,820mm，半間は910mmです。面積は「坪」で表されます。1坪は2畳の広さで，1.82m×1.82mで計算され，約3.3m²となります。

軸組構法
➡ P166

福祉用具
➡ P120

用語
芯－芯距離
建築用語で柱や壁などの中心からほかの部材の中心までの距離。

用語
和式浴槽
肩までつかれる深さ（約600mm）があり，底面積が狭い浴槽。ひざを曲げて入浴する。

介護を必要とする高齢者や福祉用具を使用する高齢者の屋内移動に適していません。メートル法導入後，尺貫法は公式には用いられていませんが，軸組構法の木造住宅では，柱間の芯－芯距離を尺貫法の一間（いっけん），あるいは半間で割り付けていることが多いため，有効寸法が狭くなる原因となっています。

(3) 和式の生活様式

和式の生活様式は，高齢者や障害者にとって負担となる動作が多く，不向きである。

畳などの床面に座って食事をする，和式トイレでしゃがむ，大きくまたいで和式浴槽に入るなど，和式の生活様式は立ったり座ったりの動作が多く，身体機能が低下した高齢者や障害者には負担となるだけでなく，転倒・転落の原因にもなっています。

(4) 生活の洋式化

生活の洋式化が進み，家具類を多く使用するようになったため室内がさらに狭くなり，高齢者の室内移動を困難にしている。

もともと室内面積の狭い日本の住宅で，生活の洋式化が進み，使用する家具類が多くなったために室内はますます狭くなりました。このことは，介護を必要とする高齢者，福祉用具を使用する高齢者の室内移動を困難にしています。

(5) 屋内の温度差

日本の住宅は冬向きにつくられていないうえ，暖房による屋内の温度差が大きいため，疾患がある高齢者などには不適切な環境となる。

湿気の多い夏を快適に過ごせるようにつくられている従来の日本の住宅は，冬の寒さには向いていません。また，リビングや寝室は暖房していても，浴室・脱衣室やトイレまで暖房している住宅はまだ少なく，屋内の温度差が大きくなる原因となっています。この大きな温度差は，血圧の急激な上昇・降下を引き起こすことがあり，高齢者や障害者，とくに**心筋梗塞**（こうそく）などの循環器系の疾患がある人には不適切な環境となっています。

高齢化の進行の速さが際立つわが国では，65歳以上の高齢者人口が総人口の27%を超えています。現在は，65歳以上75歳未満の**前期高齢者**よりも，75歳以上の**後期高齢者**のほうが多数を占めており，国立社会保障・人口問題研究所の推計によると，2018（平成30）年以降，後期高齢者のほうが多い傾向が拡大していきます。つまり，後期高齢者の増加に伴い，身体機能の低下や病気などで健康面に問題を抱えた高齢者も増えていくと考えられます。

こうした高齢者が住む環境に，前述のような不都合があり，高齢者が家の中を自由に移動することができないために，寝たきりの高齢者やおむつ使用者を生み出しているともいわれています。高齢者が地域に居住し，できるだけ自立した生活を維持していくためには，日常生活を安全に過ごせる住宅の環境整備が欠かせません。

用語

心筋梗塞

虚血性心疾患の一つ。心臓に直結している冠動脈の血流量が減り，十分な酸素が運ばれず，心筋に壊死が生じた状態。

日本の住環境の問題点を確認しよう！

段差の多さ，尺貫法の設計…玄関の上がりがまちなど，日本の住宅内には段差が多い。尺貫法での設計により，廊下や階段などの有効寸法が狭い。

和式の生活様式，生活の洋式化…和式の生活様式では，立ったり座ったりの動作が負担となる。生活の洋式化による多くの家具類の導入で室内が狭くなった。

屋内の温度差…屋内の温度差のある環境は，循環器系の疾患がある場合は不適切。

レッスン 4

福祉住環境の調整役

2日目 A 重要度

学習のねらい 高齢者や障害者だけでなく，すべての人が安全で，安心な生活を送るための住環境整備は大変重要です。住環境整備の調整役としての福祉住環境コーディネーターの意義を，しっかり押さえてください。

❶ 福祉住環境コーディネーターの必要性と役割

(1) 高齢期に変化する生活環境と住環境整備

高齢期には，子どもの独立などにより家族構成や家族関係が変わったり，仕事から退くことで社会的な地位や収入が変化したりします。また，ライフスタイルも変化していきます。しかし，住み慣れた家や地域で人々と交流を持ちながら，自分らしく暮らしたいという自然な欲求は変わりません。むしろその欲求が強くなることもあります。

一方，病気にかかったり，身体機能が低下したときは，医療や保健，福祉，看護，リハビリテーション，介護といったさまざまなサービスを求めることになります。このように高齢期ならではのニーズが生じることによって，それまで以上に生活上の情報が必要となってきます。

したがって，高齢者に対しては，その人の楽しみや生きがいを尊重し，有効なサービスを的確に提供することが最良の支援といえます。

高齢者や障害者が目指す**「自立した生活」**の基本は，たとえ介護が必要になっても住み続けることができ，自分の意思と努力で暮らし続けていけることです。そのため，住宅をはじめとする住環境のあり方が，高齢者や障害者の自立を大きく左右します。

こうした観点から，住宅構造上の問題点であるバリア（障壁）を取り除いたバリアフリー住宅，それをさらに一歩進めて，初めからバリアをつくらないように住宅や周辺環境

プラスワン
高齢者は，健康で若いときには気にならなかった住宅の造り，少しの段差，廊下などの足もとの暗がり，浴室やトイレなどの設備機器の高さや設置具合などに不都合を感じるようになる。こうした住宅構造上の問題点をバリア（障壁）という。

を整備するユニバーサルデザインへと方向が変わってきています。

高齢者に対して十分な配慮がなされた住宅であれば，身体に不自由が生じた時も，多少の改修や福祉用具の導入で，以前と同じか，それに近い生活が可能になります。さらに，地域社会とかかわりを持って生き生きとした生活をするためには，住宅だけでなく，周辺のまちづくりや環境などについて，すべての人が安全で快適に利用できるように配慮する必要があります。

高齢になると自宅で過ごす時間が長くなるので，住環境の良否は高齢者の生活動作の幅を大きく左右します。

(2) 福祉住環境コーディネーターの定義

福祉住環境コーディネーターは，住宅に関する問題点やニーズに，各専門職と連携をとりながら，適切に対処できる人材である。

ひと口に住環境整備といっても，高齢者や障害者を対象とした場合，その人の身体機能やライフスタイルに合わせた福祉用具の導入や住宅構造の検討と調整，情報提供など個別の取り組みが不可欠です。そのために，本人，住環境整備にかかわる家族や各専門職の意見を聞き，調整していく必要があります。こうした役割を担うために誕生したのが，福祉住環境コーディネーターで，次のように定義することができます。

「住宅は生活の基盤であるという考え方のもとに，保健，医療，福祉，建築，福祉用具の活用，サービスや制度の利用などに関する知識を身につけ，住宅に関するさまざまな問題点やニーズを発見し，各専門職と連携をとりながら具体的な事例に適切に対処できる人材のこと」

つまり，高齢者や障害者，その家族の生活全体を見据え，本人ができるだけ自立した生活を送れるように住環境の側面からさまざまな支援を行い，各分野の専門職をコーディネートし，連携・調整を図りながら業務を遂行していく人材が，福祉住環境コーディネーターです。

(3) 福祉住環境コーディネーターの役割

福祉住環境コーディネーターは，利用者の生活上の問題点やニーズに合わせた支援を行うことを役割とする。

福祉住環境コーディネーターが業務を進めるうえでは，高齢者や障害者一人ひとりと向き合って対応し，きめ細かい配慮を行う姿勢と，地域社会の仕組みや情報，制度の活用など**社会全体を見渡す広い視野**を持つことが必要です。

そして，福祉住環境コーディネーターに求められるのは，常に**生活者の視点**から，利用者本人や家族がどのような生活を望んでいるのか，といった問題点やニーズを把握し，明らかにしていくことです。そうしたニーズに合わせて，具体的な住環境整備の方法を探り，問題を改善し，利用者の生活の質を高めていきます。

福祉住環境コーディネーターは，利用者本人のことだけでなく，家族の生活など，全体を見据える必要があるのね。

さらに高齢者や障害者だけでなく，その家族をはじめ，**すべての人々の自立と尊厳ある生活**を，住環境という切り口を起点にあらゆる側面からサポートするのが，福祉住環境コーディネーターの社会的役割といえます。

要点 pick up!!

福祉住環境コーディネーターの仕事を確認しよう！

- 高齢者や障害者とその家族の住宅に関する問題点やニーズを発見し，各専門職と連携・調整をとりながら，具体的な事例に適切に対処する。
- 利用者や家族の生活上の問題点やニーズを把握し，具体的な住環境整備の問題を改善して，支援を行う。

キーホルダー

Key	確認したらチェック ☑
社会全体の取り組み	□ 生産年齢人口の減少で経済的な生産能力が低下する一方，高齢者の増加により，年金など社会保障の負担が現役世代に重くのしかかる。
ユニバーサル社会へ	□ 少子高齢社会では，高齢世代が能力や経験を生かして，若い世代と共に経済社会や地域社会を支えるエイジレス社会の構築が求められる。
家庭内事故	□ 不慮の溺死や窒息，転倒・転落などの家庭内事故で，年間約1万2,000人の高齢者が死亡している。
住環境の問題点	□ 日本の住宅は，段差が多い，屋内の温度差が大きいなどの問題があり，高齢者にとって必ずしも安全・安心な環境とはいえない。
	□ 日本の住宅の構造上，多くの段差が存在する。
	□ 尺貫法の影響により，軸組構法の木造住宅などでは，廊下や階段，開口部の有効寸法が狭くなっている。
	□ 和式の生活様式は，高齢者や障害者にとって負担となる動作が多く，不向きである。
	□ 生活の洋式化が進み，家具類を多く使用するようになったため室内がさらに狭くなり，高齢者の室内移動を困難にしている。
	□ 日本の住宅は冬向きにつくられていないうえ，暖房による屋内の温度差が大きいため，疾患がある高齢者などには不適切な環境となる。
福祉住環境コーディネーターの必要性と役割	□ 福祉住環境コーディネーターは，住宅に関する問題点やニーズに，各専門職と連携をとりながら，適切に対処できる人材である。
	□ 福祉住環境コーディネーターは，利用者の生活上の問題点やニーズに合わせた支援を行うことを役割とする。

第2章

自立生活を支援する制度と方策

レッスン5

介護保険制度（1）

3日目 A 重要度

学習のねらい 介護にかかわる専門職やビジネスも増え，利用者の選択の幅はさらに広がっています。こうした動きの背景にあるのが，介護保険制度です。ここでは，制度の考え方や仕組みについて学習します。

❶ 介護保険制度の考え方

（1）創設の背景

介護保険制度は，高齢者の介護を社会全体で支え合う仕組みとして，2000（平成12）年4月にスタートした。

介護保険制度は，2000（平成12）年4月にスタートしました。この制度は，**高齢者の介護を社会全体で支え合う仕組み**として創設されたものです。

介護保険制度が創設された背景には，介護期間の長期化による介護ニーズの増大や，高齢化の進展に伴う要介護高齢者の増加，核家族化の進行など要介護高齢者を支えてきた家族状況の変化などがあります。

制度のねらいや誕生の背景は，たびたび出題されています。しっかりと覚えましょう。

（2）制度の特徴

介護保険制度では，利用者自らがサービスの種類や事業者を選択できる。

介護保険制度の導入により，**利用者自らがサービスの種類や事業者を選択できる仕組み（契約制度）**になりました。以前は，市町村が必要なサービスを判断して提供する仕組み（**措置制度**）でしたが，介護保険制度の創設により利用者本位の医療と福祉の総合サービスの提供が可能となったのです。

また，介護保険制度にはほかにも，保険料負担に対して

用語

措置制度
行政の公的責任においてサービスや費用負担等を決定し，利用者にサービス提供を行う。行政の権限による行政処分のこと。

給付を行う仕組みである社会保険方式をとったこと，単なる身の回りの世話にとどまらない高齢者の自立した生活を支援すること，民間企業やNPOなどにより多彩なサービス提供が図られたことなどの特徴があります。

(3) 制度を取り巻く状況

要介護（要支援）認定者数は，制度発足当時と比べて2.6倍に増加している。

介護や支援を必要とする要介護（要支援）認定者数は，制度発足当時（2000〔平成12〕年度）は約256万人でしたが，その後増加し続け，2019（令和元）年度には約669万人と2.6倍になりました。2021（令和３）年10月現在では，要支援１・２と要介護１の合計は，全体の約半数に達しています（「介護保険事業状況報告月報（暫定版）」令和３年10月分）。

サービス受給者数も増加し続け，2021（令和３）年３月現在では，居宅サービスは368万人，地域密着型サービスは88万人，施設サービスは95万人となっています。

■ 要介護度別の認定者数の推移

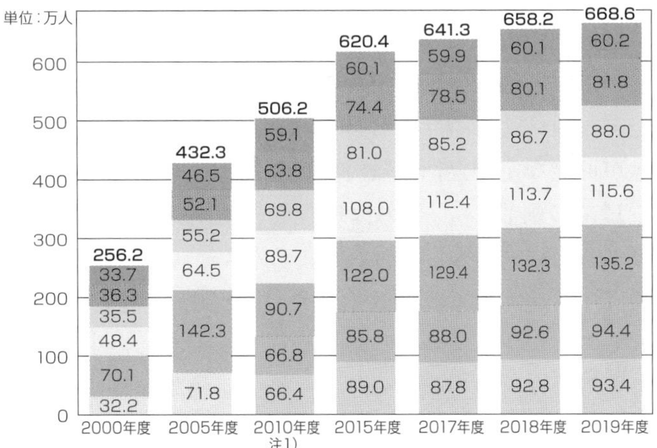

注1）東日本大震災の影響により，2010年度の数値には福島県内5町1村の数値は含まれていない。
出典：厚生労働省「令和元年度　介護保険事業状況報告（年報）」より作成

❷ 介護保険制度の改正

地域包括ケアシステムを構築し，介護保険制度の持続可能性を確保するための取り組みが進められている。

(1) 地域包括ケアシステムの構築に向けた取り組み

介護保険制度は，創設後もさまざまな見直しと改正が重ねられてきました。2005（平成17）年の改正（2006〔平成18〕年4月施行）では，**予防重視型システムへの転換**が図られ，要支援者への新たな予防給付，**地域包括支援センター**，**地域密着型サービス**，**地域支援事業**が創設されました。

そして2011（平成23）年の改正（2012〔平成24〕年4月施行）では，**地域包括ケアシステム**の考え方が強く打ち出されました。これは，医療，介護，予防，住まい，生活支援サービスの切れ目のない提供により，高齢者が住み慣れた地域（おおむね30分以内に必要なサービスが提供される日常生活圏域，具体的には中学校区程度の範囲）で，安心して自分らしい暮らしを最期まで続けることができるよう，包括的な支援とサービス提供を行う体制の構築を目指すものです。地域包括ケアの推進に向けて，在宅サービスの充実と地域密着型サービスの強化（日中・夜間を通じて対応が可能な定期巡回・随時対応型訪問介護看護，複合型サービスの創設），一部の医療行為の規制緩和（介護職員等による喀痰吸引等）が行われました。

2017（平成29）年の改正（2018〔平成30〕年施行）には，すべての人が住み慣れた地域で最後まで安心した生活を継続できるよう，**共生型サービス**や**介護医療院**が創設されました。また，介護保険制度の持続可能性の確保のため，自己負担割合が2割である第1号被保険者のうち，とくに所得の高い層（現役並み所得者）の自己負担割合を3割に引き上げました。

プラスワン

予防給付は2000（平成12）年の介護保険制度創設時から実施されていたが，2005（平成17）年の改正によって，介護予防に重点を置いたサービスとして再編された。

用語

地域包括支援センター

高齢者の暮らしを地域でサポートするための拠点。健康の保持や生活の安定に向けて必要な援助を行い，保健医療の向上および福祉増進を包括的に支援する。設置主体は市町村。

地域支援事業

➡ P49

用語

介護医療院

介護保険施設の一つで，今後，増加が見込まれる慢性期の医療・介護ニーズへの対応のため，「日常的な医学管理が必要な要介護者の受け入れ」や「看取り・ターミナル」等の機能とともに，「生活施設」としての機能も兼ね備えている。

2021（令和３）年の介護報酬改定（2022〔令和４〕年施行）では，事業所における感染症や災害への対策，地域包括ケアシステムの推進（認知症への対応力強化，看取りへの対応，在宅サービスの強化など）のほか，介護保険サービスの質の向上を図り，持続可能な形で安定したサービスが供給されるよう，リハビリテーション・機能訓練・口腔ケア・栄養管理等の取り組み連携や強化，科学的介護情報システムの運用開始，介護人材の確保などが進められました。

自己負担割合は，制度創設以来１割でしたが，2014（平成26）年の改正により，一定以上所得のある第１号被保険者は２割に引き上げられました。

③ 介護保険制度の今後の課題

今後も高齢者数，サービス受給者数が増加の一途をたどる一方で，制度の支え手，担い手となる現役世代の減少が進むことが予測されている。

内閣府「令和３年版高齢社会白書」によると，わが国の高齢者数は2042（令和24）年に3,935万人となりピークを迎えます。また，総人口に占める75歳以上人口の割合は，2055（令和37）年には25％を超え，85歳以上人口も2035（令和17）年まで増加する見込みです。

要介護・要支援の認定率は年齢が高いほど上昇するため，今後もサービス受給者数が増え，ニーズが多様化・重度化することが予測されています。

一方で，現役世代は2025（令和７）年以降，減少が進み，サービス提供側の不足が懸念されることから，介護保険制度においても，VR（仮想現実）やAI（人工知能）の導入，ロボットの活用，持続可能な人材確保・育成・シニア人材活用などの推進がより一層求められると予想されます。

このような革新は，福祉住環境コーディネーターが関わる介護保険関連のサービスにも直結する課題であるとともに，技術革新の積極的な活用によるサービスの質の向上，コーディネーターとしてのキャリアアップにつながることが期待されます。

④ 介護保険制度の仕組みと対象者

(1) 保険者と被保険者

検定試験では，保険者と被保険者，財源についてよく問われます。介護保険制度の仕組みをしっかり覚えましょう。

運営主体（保険者）は市区町村。被保険者は第1号被保険者と第2号被保険者に分けられる。

介護保険制度の運営主体（以下「**保険者**」）は，市区町村（以下「市町村」）です。市町村は，介護が必要かどうかの認定（**要介護・要支援認定**，以下「**要介護認定**」）や，保険料の徴収などを行います。一方，国と都道府県は，財政面や事務面のほか，人材や資源，情報を相互に提供し，補完しあうことで市町村の支援をしています。

40歳以上の人は，介護保険の「**被保険者**」となり，介護保険料を毎月支払います。そして，要介護認定で要介護状態・要支援状態と認定された場合に，介護保険の保険給付（サービス）を受けることができます。被保険者は，**第1号被保険者**（**65歳以上**）と，**第2号被保険者**（**40歳以上65歳未満の医療保険加入者**）に分けられており，それぞれ保険料の徴収方法などが異なります。

用語
要介護状態
身体上または精神上の障害があるために，入浴，排泄，食事などの日常生活における基本的な動作の全部または一部が，継続して常時介護を要すると見込まれる状態。

用語
要支援状態
要介護状態の軽減，もしくは悪化の防止に支援を要すると見込まれ，また，継続して日常生活を営むのに支障があると見込まれる状態。

用語
特定疾病
第2号被保険者が要介護（要支援）状態の認定を受ける場合の要件である，原因となる末期がん，関節リウマチなどの16の疾病を指す。

■ 介護保険の第1号被保険者と第2号被保険者

	第1号被保険者	第2号被保険者
加入対象者	65歳以上の者	40歳以上65歳未満の医療保険に加入している者
サービスを利用できる人	要介護者 要支援者	老化に起因する特定疾病による要介護・要支援者
保険料の徴収方法	市町村が徴収	医療保険者が医療保険料と共に徴収

(2) 財源構成

介護保険制度の保険給付される部分の財源は，被保険者が納める**保険料**（50%）と，税金などの**公費**（50%）で賄（まかな）われています。被保険者が納める保険料のうち，第1号被保険者と第２号被保険者の保険料の割合は，**人口比**に基づき**3年**ごとに見直されています。

（3）利用者負担

介護保険制度のサービスを利用した場合，原則としてかかった費用の１割（２割または３割）が利用者の自己負担となり，残りの９割（８割または７割）が介護保険から給付されます。

なお，利用者の自己負担については，負担額が高額にならないよう，利用料を軽減する給付や制度が設けられています。

レッスン 6
介護保険制度（2）

3日目

A 重要度

学習のねらい 介護保険制度には，施設や在宅での生活を支援するためのさまざまなサービスがあります。ここでは，介護保険制度のサービスを利用するための手続きの流れやサービスの内容を学習します。

❶ 申請から認定，利用までの流れ

(1) 利用申請と認定

二次判定の結果は，「要支援1・2」「要介護1～5」の7段階と「非該当（自立）」に分類される。

要介護認定の申請は，住まいのある市町村の窓口で行います。本人や家族が所定の書類を提出するか，もしくは，**居宅介護支援事業者**や**介護保険施設**，**地域包括支援センター**などに代行を依頼することもできます。

要介護認定では，介護が必要かどうか，必要な場合はどれくらい介護サービスを行う必要があるのか，介護の必要度を判断します。

申請を受けた市町村は，申請に基づき，申請者の心身の状況についての**主治医意見書**の作成を，かかりつけ医（主治医がいない場合は市町村の指定医）に依頼します。

また，調査員が，全国一律の様式である**認定調査票**に基づいて，本人や家族から心身の状態など所定の項目について聞き取り調査を行います。

その内容を**コンピュータに入力**し，全国一律の判定方式で要介護度判定を行います。これを**一次判定**といいます。

次に，一次判定の結果と，訪問調査の際に認定調査票に記入された**特記事項**，**主治医意見書**に基づき，**介護認定審査会**が要介護状態区分（要介護度）を判定します。これを

用語
居宅介護支援事業者
介護支援専門員（ケアマネジャー）が利用者に合った居宅サービス計画を作成する事業者。

用語
介護保険施設
要介護者が介護保険で利用できる入所型の施設。介護老人福祉施設（特別養護老人ホーム），介護老人保健施設，介護医療院（2018年度新設），介護療養型医療施設の4つがある。介護老人福祉施設は，原則要介護3以上の人が対象。

サービス利用の流れ

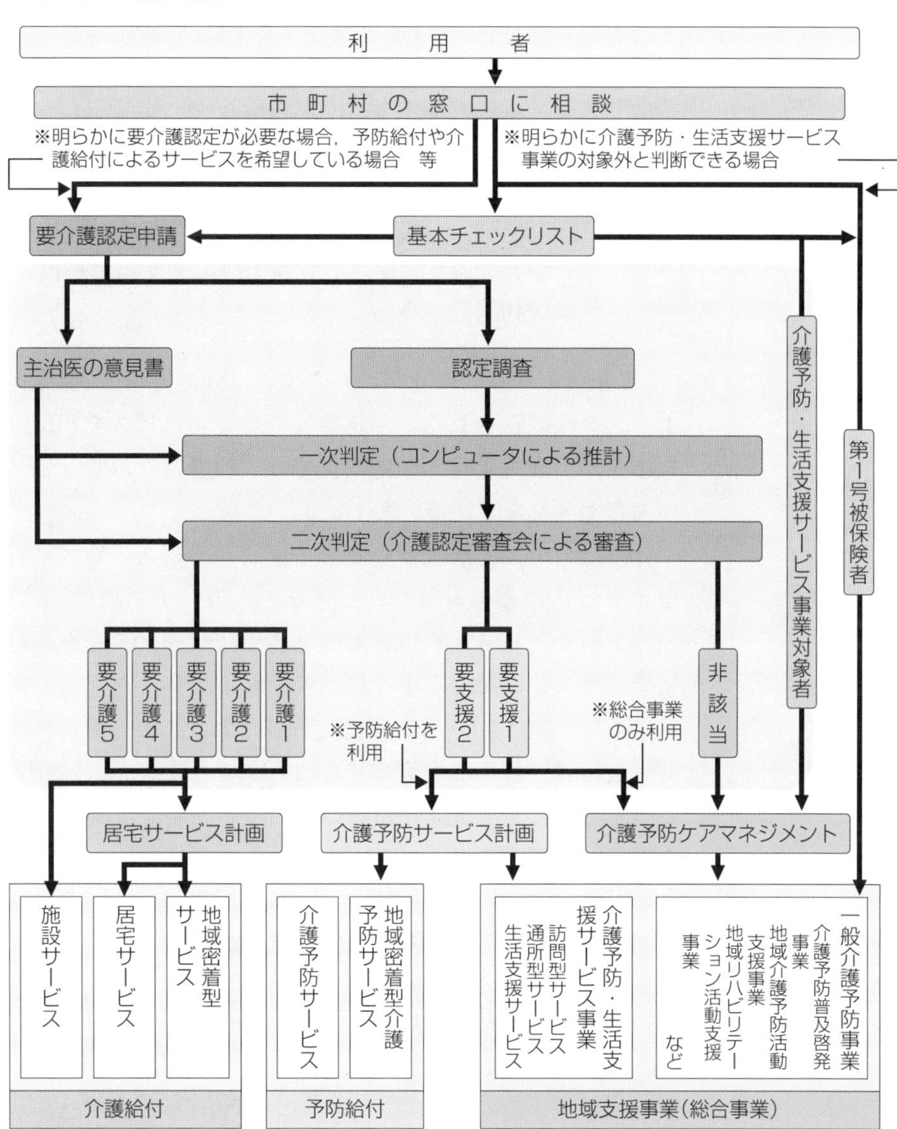

一部の要介護者は介護給付と総合事業の併用が可能な場合がある

二次判定といいます。

二次判定の結果は，**「要支援１・２」「要介護１～５」**の７段階と**「非該当（自立）」**に分類されます。判定結果は，原則として**申請から30日以内に申請者へと通知**されます。

(2) サービス利用の流れ

「非該当」と認定された場合も，市町村が行っている地域支援事業で介護予防に関するサービスが利用できる。

「要介護１～５」に認定された場合は**介護給付**，「要支援１・２」に認定されると**予防給付**の対象サービスを利用できますが，介護給付と予防給付では，利用できるサービスの内容や名称などが違います。

介護給付では，居宅サービス・施設サービス・地域密着型サービスなどの対象サービスを，一方，**予防給付**では，介護予防サービス・地域密着型介護予防サービスなどの対象サービスを利用することができます。

また，「要支援１・２」と認定された人は，市町村が行っている**地域支援事業**を利用することができます。「非該当」と認定された場合も，市町村が行っている**地域支援事業**で**介護予防に関するサービス**が利用できるようになっています。

(3) ケアプラン・介護予防ケアプランの作成

ケアプランや介護予防ケアプランは，利用者が自分で作成することもできるが，作成を依頼することもできる。

介護保険のサービスを利用するには，介護サービス計画（**ケアプラン**）を作成しなければなりません（要支援者等については**介護予防ケアプラン**）。ケアプランは，要介護者に対して適切なサービスを提供するための計画のことで，介護保険制度のさまざまなサービスは，この計画に基づいて行われます。

ケアプランおよび介護予防ケアプランは，本人・家族の希望を踏まえ，「その人の望む暮らし」がどのようなものなのかを検討し，その実現に向け，どのようなサービスを，いつどのくらい利用するのか，本人・家族と相談して，一人ひとりに適したフォーマル・インフォーマルなサービスを組み合わせて作成します。

ケアプラン等は，利用者が自分で作成することもできますが，市町村長の指定を受けた**居宅介護支援事業者**の介護支援専門員（ケアマネジャー）にケアプランを，**地域包括支援センター**の担当職員に介護予防ケアプランの作成を依頼することができます。

プラスワン
施設サービスを利用する場合には，施設サービス計画というケアプランを，施設側が作成する。

（4）地域支援事業の利用

総合事業によるサービスのみ利用する場合は，要介護認定を省略することができる。

要介護認定前から市町村の補助により実施される介護予防・生活支援サービス事業を利用する要介護者も，総合事業の利用対象者に含まれます。

地域支援事業は，介護給付・予防給付と並ぶ介護保険制度の３つの柱の一つで，①**介護予防・日常生活支援総合事業**（**総合事業**），②**包括的支援事業**，③**任意事業**の３つで構成されています。

弾力的な利用が可能となっており，たとえば要支援１・２と判定された人の場合，総合事業の一つである**介護予防・生活支援サービス事業**と，予防給付のサービスを組み合わせて利用することができます。

総合事業のサービスのみの利用を希望する場合は，**要介護認定を受けずに**，**基本チェックリスト**の判断のみで迅速にサービスを利用することができます。ただし，**第２号被保険者**については，基本チェックリストではなく，要介護認定の申請を行う必要があります。

また，すべての高齢者は，「一般介護予防事業」（要支援者等も参加できる住民運営の通いの場など）を利用することができます。

用語
基本チェックリスト
運動器の機能向上，栄養改善，口腔機能の向上，閉じこもり予防・支援，認知症予防・支援，うつ予防・支援のためのチェック項目で構成され，総合事業の介護予防・生活支援サービス事業の対象者を選定する際に用いられる。

❷ 介護保険のサービス内容

(1) 介護保険で利用できるサービスの内容

介護給付・予防給付のサービスは，サービスが提供される場所等に応じて，居宅サービス，地域密着型サービス，施設サービスの3つに分類できる。

介護保険制度で利用できる介護給付・予防給付のサービスは，サービスが提供される場所等に応じて，居宅サービス，地域密着型サービス，施設サービス（要介護者のみ対象）の3つに分類できます。サービスの内容は，以下のように大きく分けられます。

① **介護の相談やプラン作成に関するサービス（居宅介護支援，施設介護支援など）。**

② **訪問サービス**……居宅に訪問してもらい利用するサービス（訪問介護，訪問入浴介護，訪問看護，訪問リハビリテーションなど）。

③ **通所サービス**……自宅から施設などに通って利用するサービス（通所介護，通所リハビリテーション，地域密着型通所介護，認知症対応型通所介護など）。

④ **短期入所サービス**……普段は自宅で介護を行っている家族が，さまざまな理由で介護ができない場合などに施設等を利用するサービス（短期入所生活介護，短期入所療養介護）。

⑤ **複合型サービス**……訪問・通所・宿泊を組み合わせて受けられるサービス（小規模多機能型居宅介護，看護小規模多機能型居宅介護）。

⑥ **居住系および施設サービス**……生活の場を自宅から移して利用するサービス（介護保険施設，認知症対応型共同生活介護など）。

⑦ **福祉用具の利用など生活環境を整えるサービス（福祉用具貸与，特定福祉用具販売，住宅改修）。**

用語

居宅サービス

介護福祉士などによる訪問介護や施設に通ってリハビリテーションを行うなど，自宅を拠点とした介護サービスのこと。

用語

地域密着型サービス

小規模多機能型居宅介護など身近な市町村で提供されることが適当なサービス類型。2006（平成18）年に施行された「介護保険法」の改正によって導入された。

用語

施設サービス

介護保険施設（介護老人福祉施設，介護医療院，介護老人保健施設，介護療養型医療施設）に入所し，介護や機能訓練などを受けるサービスのこと。なお，介護老人福祉施設は2015（平成27）年4月以降，新規入所者は原則として要介護3以上の人となった（地域密着型介護老人福祉施設も同様）。

③ 在宅介護を支える専門職

在宅介護は，国家資格だけでなく公的資格などを含む多くの専門職に支えられている。

各専門職の役割や特徴については，検定試験でよく問われるので，しっかり覚えておきましょう。

（1）医療

① **医師（かかりつけ医）**……医療の中核を担う国家資格。かかりつけ医とは，日頃から診察を受けている医師のこと。入院から在宅医療になった患者に対する訪問診療も行う。また，要介護認定に用いられる「主治医の意見書」を作成する。

② **看護師**……医師の診療サポート，患者の療養上の世話を行う国家資格。介護保険制度では，施設の看護師として医療ケアなどを担当するほか，訪問看護師として利用者宅を訪問する。

（2）リハビリテーション

① **理学療法士**（Physical Therapist；PT）……基本動作の能力回復を目指し，筋力向上などの運動療法，温熱や電気刺激を用いた物理療法を中心としたリハビリテーションの実施を担当。国家資格。

② **作業療法士**（Occupational Therapist；OT）……家事や工作など職業的・創造的活動や日常生活動作など，作業を通じてリハビリテーションを行い，心身機能の回復を目指す。国家資格。

③ **言語聴覚士**（Speech-Language-Hearing Therapist；ST）……音声・言語機能，摂食・嚥下機能，または聴覚に障害がある者に対し，その機能の維持向上を図るため，言語訓練やその他の訓練，指導，援助などを行う。国家資格。

（3）福祉の実践

① **介護福祉士**……入浴，排泄，食事，着替えの介助などの介護全般や，それにかかわる指導を行う。国家資格。

(4) 福祉・保健の相談，マネジメント

① **社会福祉士（ソーシャルワーカー）**……社会福祉資源に関する知識を持つ専門家で，関係機関との連絡・調整を担当する国家資格。福祉に関する相談を受けて，助言や援助を行う。

② **保健師**……地域住民の健康管理や保健指導を担当する国家資格。高齢者の自宅を訪問して健康・介護相談を受けたり，地域の保健・医療・福祉活動の支援を行う。

③ **介護支援専門員（ケアマネジャー）**……介護保険制度において，介護サービス計画（ケアプラン）を作成したり，事業者や施設との連絡，調整を行う。公的資格。

④ **福祉住環境コーディネーター**……福祉用具のコーディネートや住宅改修などの提案を行い，住環境整備を支援する。民間検定（民間団体や企業が独自の審査基準で級を認定）で，１～３級がある。

⑤ **福祉用具専門相談員**……福祉用具の専門知識を持ち，適切な用具の選び方，使い方についての助言を行う。公的資格。

キーホルダー

Key	確認したらチェック ☑
介護保険制度の考え方	□ 介護保険制度は，高齢者の介護を社会全体で支え合う仕組みとして，2000（平成12）年4月にスタートした。
	□ 介護保険制度では，利用者自らがサービスの種類や事業者を選択できる。
	□ 要介護（要支援）認定者数は，制度発足当時と比べて2.6倍に増加している。
介護保険制度の改正	□ 地域包括ケアシステムを構築し，介護保険制度の持続可能性を確保するための取り組みが進められている。
介護保険制度の今後の課題	□ 今後も高齢者数，サービス受給者数が増加の一途をたどる一方で，制度の支え手，担い手となる現役世代の減少が進むことが予測されている。
介護保険制度の仕組みと対象者	□ 運営主体（保険者）は市区町村。被保険者は第1号被保険者と第2号被保険者に分けられる。
申請から認定，利用までの流れ	□ 二次判定の結果は，「要支援1･2」「要介護1～5」の7段階と「非該当（自立）」に分類される。
	□ 「非該当」と認定された場合も，市町村が行っている地域支援事業で介護予防に関するサービスが利用できる。
	□ ケアプランや介護予防ケアプランは，利用者が自分で作成することもできるが，作成を依頼することもできる。
	□ 総合事業によるサービスのみ利用する場合は，要介護認定を省略することができる。
介護保険のサービス内容	□ 介護給付･予防給付のサービスは，サービスが提供される場所等に応じて，居宅サービス，地域密着型サービス，施設サービスの3つに分類できる。
在宅介護を支える専門職	□ 在宅介護は，国家資格だけでなく公的資格などを含む多くの専門職に支えられている。

レッスン 7

障害者総合支援法（1）

4日目

B 重要度

学習のねらい ここでは，障害者や障害児に対する福祉サービスが生まれた背景を理解し，障害者総合支援法に至るこれまでの障害者政策を学習します。障害者福祉の理念としてのノーマライゼーションについても把握しましょう。

❶ 障害者福祉の理念と政策

(1) ノーマライゼーション

ノーマライゼーションとは，障害があっても，一般市民と同じ生活と権利を保障されなければならないという理念である。

第二次世界大戦後のデンマークで障害者問題に取り組んでいたバンク-ミケルセン（N.E.Bank-Mikkelsen）は，知的障害者が，コロニーと呼ばれる入所施設の中で非人間的な扱いを受けたり，一般社会から隔絶された環境で生活させられたりしていることを問題視しました。

そこで，「障害があっても，一般市民と同様の生活と権利が保障されなければならない」とするノーマライゼーション（Normalization）の考え方を提唱し，その理念を初めて取り入れたデンマークの法律「1959年法」の制定に貢献しました。

一方，国際連合では，1948（昭和23）年の「世界人権宣言」を皮切りに，人権に関する提唱を数多く行ってきました。1960年代以降は，バンク-ミケルセンの唱えたノーマライゼーションの理念は，カナダやアメリカなどにも広がり，1971（昭和46）年には国際連合の「知的障害者の権利宣言」や，1975（昭和50）年の「障害者の権利宣言」などに影響を与えました。

プラスワン
デンマークの社会省で「1959年法」の制定に尽力したバンク-ミケルセンは，「ノーマライゼーションの父」といわれる。

（2）国際連合における主な人権宣言

「すべての人民とすべての国とが達成すべき共通の基準」として世界人権宣言が採択された。

① **世界人権宣言**

「すべての人民とすべての国とが達成すべき共通の基準」として，人間の自由権，平等権，無差別平等な社会権，健康を維持し，社会保障を受ける権利などを明らかにした宣言です。1948（昭和23）年の国連総会で採択されました。

② **知的障害者の権利宣言**

知的障害者が適切な医療や教育，リハビリテーション訓練を受ける権利などを明記した宣言です。施設入所においては，搾取・虐待・悪質な処遇から守られる権利，適切な法的援助を受ける権利なども宣言されました。1971（昭和46）年の国連総会で決議されたものです。

③ **障害者の権利宣言**

障害者を「先天的か否かにかかわらず，社会生活に必要なことを自分自身で，完全にまたは部分的にできない人」と定義し，障害者が差別されることなく通常の生活を送ることができる権利を保障した宣言です。1975（昭和50）年の国連総会において決議されました。

（3）わが国の障害者政策

わが国では，1981(昭和56)年の国際障害者年などを契機として，障害者政策にノーマライゼーションの考え方が明確に反映されるようになった。

わが国では，1981（昭和56）年，「完全参加と平等」をテーマに国際連合が中心となって実施した**国際障害者年**などを契機として，障害者政策にノーマライゼーションの考え方が明確に反映されるようになりました。

1993（平成５）年には，障害者施策における基本的理念

プラスワン
1982（昭和57）年には，わが国最初の障害者計画である「障害者対策に関する長期計画」が策定されている。

を示した「障害者基本法」が制定され，1995（平成7）年には，ノーマライゼーションやリハビリテーションを基本理念とする「障害者プラン～ノーマライゼーション7か年戦略～」が策定されました。

「障害者プラン～ノーマライゼーション7か年戦略～」は，障害のある人々がノーマライゼーションの理念のもと，地域で共に生活できるようバリアフリー化を促進し，自由な社会参画や機会の平等などを保障・実現するため，あらゆる障壁（バリア）の除去を目指したものです。次いで，2002（平成14）年には「障害者基本計画」と「重点施策実施5か年計画」が策定されています。

（4）措置制度から契約制度への転換

わが国の障害者支援施策は，かつての措置制度から契約制度への転換が図られてきた。

わが国の障害者支援施策は，かつての**措置制度**から**契約制度**への転換が図られてきました。それまで障害種別ごとに縦割りで提供されてきた施設中心のサービス提供から，**障害者が主体的にサービスを選択し**，契約に基づく福祉サービスを，**共通の制度のもとで一元的に受ける**仕組みに変更されたのです。

こうした政策の転換は，2003（平成15）年の「**支援費制度**」，2006（平成18）年の「**障害者自立支援法**」を経て，2013（平成25）年4月の「**障害者の日常生活及び社会生活を総合的に支援するための法律（障害者総合支援法）**」の施行へとつながっていきます。

用語

支援費制度

障害者がサービスを選択し，計画に基づき利用する制度。利用者は市町村の支給決定に基づき指定事業者と「契約」を結ぶ。負担能力に応じた利用者負担額を，サービス利用後に支払う。

（5）近年の動向

2011（平成23）年に「障害者虐待の防止，障害者の養護者に対する支援等に関する法律（障害者虐待防止法）」が成立し，2013（平成25）年には「障害者の雇用の促進等に関する法律（障害者雇用促進法）」の改正が行われました。同年には「障害を理由とする差別の解消の推進に関する法

律（障害者差別解消法）」が成立しています。また，「障害者虐待防止法」の成立に先立ち，2006（平成18）年には「高齢者虐待の防止，高齢者の養護者に対する支援等に関する法律（高齢者虐待防止法）」も施行されています。

現在推進中の「**障害者基本計画（第４次計画）**」は，「障害者基本法」に基づく理念にのっとり，すべての国民が，障害の有無によって分け隔てられることなく，相互に人格と個性を尊重し合いながら**共生する社会の実現**を目指し，2018（平成30）年度から2022年度までのおおむね５年間に政府が講ずる障害者の自立および社会参加の支援等のための施策の基本的計画として策定されました。

なお，2014（平成26）年にわが国は，「障害者の権利に関する条約（**障害者権利条約**）」を締結しています（発効は同年２月）。

② 障害者総合支援法の基本理念と特徴

「障害者総合支援法」では，従来の「障害程度区分」を「障害支援区分」に改変した。

「障害者総合支援法」は，すべての障害者・障害児が可能な限り身近な場所で必要な日常生活や社会生活の支援を受け，**社会参加と選択の機会を確保**するとともに，地域社会での共生が妨げられることがないよう，日常生活や社会生活の障壁となる社会の事物，制度，慣行，概念等を除去し，**総合的・計画的に遂行**することを基本理念としています。「障害者総合支援法」には次の特徴があります。

① 「制度の谷間」を残さないため，支援対象を身体障害者，知的障害者，精神障害者（発達障害者を含む）に限定せず，**一定の難病**により障害のある人にも拡大した。

② 従来の「障害程度区分」を，障害の多様な特性とその他の心身の状態に応じて必要とされる支援の度合いを総合的に示す「**障害支援区分**」に改変した。

一定の難病
➡ P85

③　ケアホームのグループホームへの一元化や重度訪問介護と地域移行支援の対象者拡大など，障害者に対する支援を見直した。

④　**地域生活支援事業**（障害者の理解を深める研修・啓発，障害者や住民の自発的な取り組みの支援，市民後見人等の人材育成と活用，意思疎通支援者の支援など）の追加。

レッスン 8

障害者総合支援法（2）

4日目

C 重要度

学習のねらい ここでは，障害者総合支援法に基づく障害者を支援するサービスの内容と，サービス利用の流れを学習します。また，共生社会の構築が提唱されるなど，進展する障害者福祉施策の今後も視野に入れておきましょう。

① サービス内容と手続き

(1) サービスの種類と内容

「障害者総合支援法」に基づく障害者の支援サービスは,「自立支援給付」と「地域生活支援事業」に大別される。

「障害者総合支援法」に基づく障害者の支援サービスは，次の２つに大別されます。

① **自立支援給付**……障害福祉サービス（**介護給付，訓練等給付**），相談支援，補装具，自立支援医療など。

② **地域生活支援事業**……**都道府県**および**市町村**が地域の特性や利用者の状況に応じて柔軟に実施する。

自立支援給付のうち自立支援医療は，更生医療，精神通院医療，育成医療にかかる医療費の自己負担額を軽減するものです。

補装具は，義肢や装具など，障害者（児）の身体の欠損または損なわれた身体機能を補完・代替する用具として，製作や修理調整にかかる費用を補装具費として給付します。

相談支援は，地域相談支援，計画相談支援，障害児相談支援の３つがあります。なお，障害児のみを対象とした障害児相談支援などは「児童福祉法」に基づいて行われています。

地域生活支援事業は，障害者および障害児が基本的人権

次ページの図（障害者総合支援法に基づく障害者の支援サービス）を確認し，サービス内容と，市町村，都道府県それぞれのかかわり方を理解しましょう。

地域相談支援，計画相談支援，障害児相談支援
P64

■ 障害者総合支援法に基づく障害者の支援サービス（2022〔令和4〕年度時点）

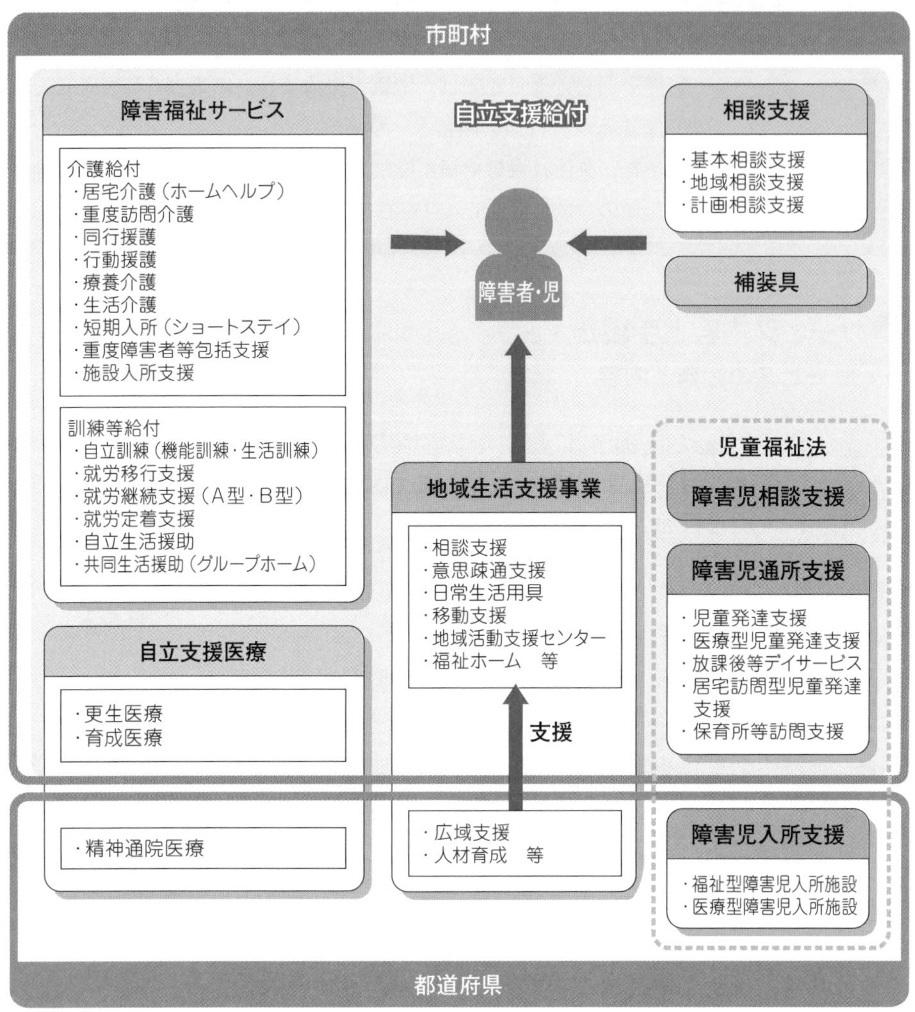

を享有する個人としての尊厳にふさわしい日常生活や社会生活を営めるよう，計画的に実施されています。

すべての市町村で実施される事業には，①理解促進研修・啓発，②自発的活動支援，③相談支援，④成年後見制度利用支援，⑤成年後見制度法人後見支援，⑥意思疎通支援，⑦日常生活用具給付等，⑧手話奉仕員養成研修，⑨移動支援，⑩地域活動支援センター機能強化があります。

（2）支給決定までの流れ

「介護給付」によるサービスの利用希望者は，市町村の窓口に申請し，「障害支援区分」の認定を受ける必要がある。

「介護給付」と「訓練等給付」では，申請からサービス利用までのプロセスや利用期間が異なります。「**介護給付**」によるサービスの利用を希望する場合は，次のような手順で手続きを行います。

サービスの利用希望者または家族は，市町村の窓口に申請し，「**障害支援区分**」の認定を受ける必要があります。認定の手続きは，①調査，②判定，③認定の３段階です。

① **調査**…申請を受けた市町村の認定調査員が自宅等を訪問し，**基本調査**（全国共通の心身の状況に関する80項目の調査）や**概況調査**（本人・家族の状況，サービス利用状況等）を行う。

② **判定**…一次判定と二次判定の２段階で行われる。一次判定は，主に基本調査に基づきコンピュータで出される。二次判定は，一次判定の結果と医師の意見書をもとに，市町村の**審査会**で行う。

③ **認定**…二次判定の結果に基づき，市町村が「区分１～区分６」のいずれかまたは「非該当」とし，本人に通知する。

市町村による支給決定は，認定結果に加えて，市町村による勘案事項調査，サービスの利用意向の聴取，**サービス等利用計画案**を勘案して行われます。このサービス等利用計画案は，市町村の指定を受けた**指定特定相談支援事業者**が利用希望者の自宅等に訪問し，日常生活上の悩みやサービス利用の意向などを聞き取り，アセスメントを行ったうえで作成し，市町村に提出したものです。

市町村が支給決定し，本人に通知した後，指定特定相談支援事業者はサービス担当者会議を開催し，本人・家族，

用語

障害支援区分

障害の多様な特性や心身の状態に応じて必要とされる標準的な支援の度合を示すもので，６区分ある。区分１が最も必要度が低く，区分6へかけて高くなる。

■ 支給決定までの流れ

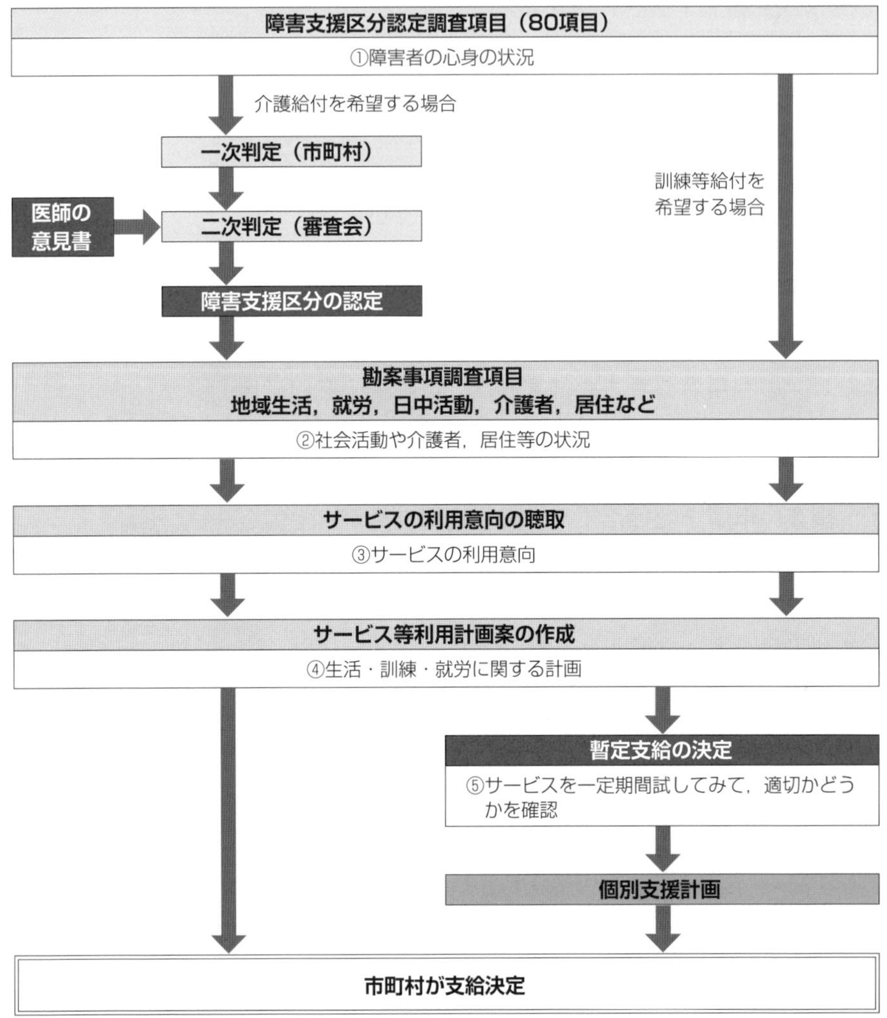

・指定特定相談支援事業者が身近な地域にない場合等，それ以外の者が作成したサービス等利用計画案（セルフプラン）を提出することもできる。
・障害児の場合，居宅サービスの利用にあたっては，「障害者総合支援法」に基づく「指定特定相談支援事業者」が「サービス等利用計画案」を作成し，通所サービスの利用にあたっては，「児童福祉法」に基づく「指定障害児相談支援事業者」が「障害児支援利用計画案」を作成する。また，障害児の入所サービスについては，児童相談所が専門的な判断を行うため障害児支援利用計画の作成は必要ない。

サービス事業者等と，サービスの内容や量が最適なものとなるよう調整します。その後，実際に利用するサービスの種類や内容，担当者などの詳細情報を記載した**サービス等利用計画**を作成します。サービス利用はこの計画に基づき開始され，費用の一部は利用者が負担します（原則１割，月額上限等あり）。

サービスの利用開始にあたっては，サービス等利用計画の内容に応じて個々のサービス提供事業者と契約を締結します。

■ 障害者総合支援法における障害福祉サービスの種類と内容（2022年度時点）

分類	サービス名	サービス内容
介護給付 ※障害児も利用可能なサービス	①居宅介護（ホームヘルプ）※	自宅で，入浴，排せつ，食事の介護等を行う
	②重度訪問介護	重度の肢体不自由者や重度の知的障害・精神障害で行動上の著しい困難があり常に介護を必要とする人に，自宅で，入浴，排せつ，食事の介護，外出時における移動支援，入院時の支援などを総合的に行う
	③同行援護※	視覚障害により，移動に著しい困難を有する人に，移動に必要な情報の提供（代筆・代読などを含む），移動の援護等の外出支援を行う
	④行動援護※	自己判断能力が制限されている人が行動する際，危険を回避するうえで必要な支援や外出の支援を行う
	⑤重度障害者等包括支援※	介護の必要性がとても高い人に，居宅介護等複数のサービスを包括的に提供する
	⑥短期入所（ショートステイ）※	自宅で介護する人が病気で介護が難しい場合などに，施設で短期間，夜間も含め，入浴，排せつ，食事の介護等を提供する
	⑦療養介護	医療と常時介護を必要とする人に，医療機関で機能訓練，療養上の管理，看護，介護および日常生活の支援を行う
	⑧生活介護	常に介護を必要とする人に，昼間，入浴，排せつ，食事の介護等および創作的活動または生産活動の機会を提供する
	⑨施設入所支援	施設に入所する人に対し，夜間や休日に，入浴，排せつ，食事の介護等を行う

訓練等給付	①自立訓練	地域生活を送るうえで，自立した日常生活または社会生活ができるよう，一定期間，身体機能または生活能力の向上のために必要な訓練を行う（機能訓練と生活訓練の別あり）
	②就労移行支援	一般企業等への就労を希望する人に，一定期間，就労に必要な知識および能力の向上のために必要な訓練を提供する
	③就労継続支援（A型＝雇用型，B型＝非雇用型）	一般企業等での就労が困難な人に，働く場を提供し，知識および能力の向上のために必要な訓練を行う
	④就労定着支援	就労移行支援などの利用を経て一般就労へ移行し，就労に伴う環境変化により生活面の課題が生じている人に対し，就労に伴う課題に対応できるよう，事業所・家族との連絡調整等の支援を一定の期間にわたり行う
	⑤自立生活援助	障害者支援施設やグループホーム等から一人暮らしへの移行を希望する人に，一定の期間にわたり，定期的な巡回訪問や随時の対応により，障害者への理解力，生活力などを補う観点から，適時のタイミングで適切な支援を行う
	⑥共同生活援助（グループホーム）	共同生活を行う住居で，相談や日常生活上の援助を行い，入浴，排せつ，食事の介護等の必要性が認定された人には介護サービスも提供する（グループホーム退居後，一般住宅等への移行を目指す人のためのサテライト型住居は，早期に単身等での生活が可能であると認められる人の利用を基本とする）

■ **相談支援の分類**

地域相談支援	○地域移行支援……住居の確保等，地域での生活に移行するための活動に関する相談，障害福祉サービス事業所への同行支援などを行う ○地域定着支援……常時，連絡体制を確保し，障害特性に起因して生じた緊急事態等における相談，事業所等との連絡調整などを行う
計画相談支援	○サービス利用支援……サービス等利用計画案の作成，支給決定後の障害福祉サービス事業者等との連絡調整，サービス等利用計画の作成を行う ○継続サービス利用支援……一定期間ごとに必要に応じた計画の見直し・修正（モニタリング）を行う
障害児相談支援	○障害児支援利用援助……障害児通所支援の申請にかかる障害児支援利用計画案の作成，給付決定後の事業者等との連絡調整，利用計画の作成を行う ○継続障害児支援利用援助……利用している障害児通所支援についてモニタリングを行い，その結果に基づき，計画の変更申請などを勧める

❷ 障害者総合支援法の近年の動向と今後の課題

2018（平成30）年4月から，共生型サービスが創設された。

（1）近年の障害者の状況

内閣府「令和２年版障害者白書」によると，2020（令和２）年現在，わが国の障害者の総数は964万7,000人で，総人口の約7.6％を占めています。このうち，身体障害者（児）は436万人，知的障害者（児）は109万4,000人，精神障害者は419万3,000人です。障害者の総数は増加傾向にあり，障害福祉サービス関係予算額も一貫して右肩上がりに増加しています。

（2）制度の動向と今後の課題

「障害者総合支援法」は2013（平成25）年の施行以来，定期的に見直されています。2016（平成28）年の改正では，施設から地域生活に移行する障害者の増加等を背景に，**自立生活援助**，**就労定着支援**などが創設され，障害者の自立支援の充実が図られました。2018（平成30）年には，2017（平成29）年に成立した「地域包括ケア強化法」による**地域共生社会**の実現に向けた施策として，**共生型サービス**の創設や医療的ケア児への対応など，利用者目線に立った弾力的な運用やサービスの隙間を埋める動きがみられました。

2021（令和３）年には，第６期障害者福祉計画・第２期障害児福祉計画策定のための基本指針が見直され，精神障害にも対応した地域包括ケアシステムの推進，相談支援体制の充実・強化，障害福祉サービス等の質の向上と体制の構築などの方針が打ち出されています。

用語

地域共生社会

地域住民の抱える，複合化・複雑化した地域生活課題の解決に資する支援体制を包括的に提供できるように，「他人事」ではなく「我が事」として，「丸ごと」相談・支援できる体制であり，世代を超えた住民主体の課題解決力の強化・包括的な相談支援体制の構築（地域づくり）を目指す。

共生型サービスは，これまで障害福祉サービスを受けてきた高齢障害者が，介護保険サービスを円滑に利用できるようにするための特例です。

キーホルダー

Key	確認したらチェック ☑
障害者福祉の理念と政策	□ ノーマライゼーションとは，障害があっても，一般市民と同じ生活と権利を保障されなければならないという理念である。
	□「すべての人民とすべての国とが達成すべき共通の基準」として世界人権宣言が採択された。
	□ わが国では，1981（昭和56）年の国際障害者年などを契機として，障害者政策にノーマライゼーションの考え方が明確に反映されるようになった。
	□ わが国の障害者支援施策は，かつての措置制度から契約制度への転換が図られてきた。
障害者総合支援法の基本理念と特徴	□「障害者総合支援法」では，従来の「障害程度区分」を「障害支援区分」に改変した。
サービス内容と手続き	□「障害者総合支援法」に基づく障害者の支援サービスは，「自立支援給付」と「地域生活支援事業」に大別される。
	□「介護給付」によるサービスの利用希望者は，市町村の窓口に申請し，「障害支援区分」の認定を受ける必要がある。
障害者総合支援法の近年の動向と今後の課題	□ 2018（平成30）年4月から，共生型サービスが創設された。

レッスン

9 老化と自立生活（1）

5日目

A
重要度

学習のねらい 高齢者の健康は，単純に病気の有無よりも，自立して生活できるかどうかが基準とされています。そこで必要となるのは，現在の健康を維持することです。ここでは，高齢者の能力の特徴について学習します。

❶ 高齢者の能力と老化のとらえ方

成人期以降に起こってくる心理的変化や生理的変化のことを，**老化**といいます。

老化は，記憶力や免疫力の低下，足腰が弱るなどといった心身の衰えが，やがては認知症や寝たきりなど障害のある生活につながっていく，というような悲観的なイメージでとらえられがちです。こうしたイメージは，**老年学**の研究が，かつては入院している高齢者を対象としていたことなどが原因となり広まったものと考えられます。

一方では，元気に自立生活を送る高齢者もたくさんいます。何をどうすれば元気に長生きができるのか，そのヒントを元気な高齢者に学ぶ視点が求められます。

（1）高齢者の能力

元気な高齢者の知力は，多くの場合，死の直前まで維持される。

今日の老年学では，健康な高齢者の身体状態や，長寿者が多く暮らす地域の生活習慣・食生活の調査など，高齢者が健康な一生を送るにはどうすればいいのかといった研究が，さまざまな視点から行われています。

そして，それらの調査結果から，老化が必ずしもマイナス面ばかりではないということがわかってきました。生活管理や健康管理，環境整備によっては，心身ともに若々しさを保つことができ，生涯を通して自立した生活を送れる

高齢者になるとどのような変化が起こるのか，しっかり理解しましょう。

用語

老年学
加齢に伴う心や身体の変化や，高齢社会を研究する学問。

可能性があることがわかってきています。

一般に，老化には，「老年期に入ると知力も体力も人格も急激に低下する」というイメージがあります。しかし，心理学や寿命学における知能の老化に関する研究では，異なった考えが示されています。日常生活を元気に営む高齢者の知力，体力，人格を総合した老化度は，**加齢に伴って必ずしも下降するわけではなく，健康状態が良好に維持されて，死の直前に急激に低下することが少なくないと報告**されています。

心理学では，知力のこうした現象を「**終末低下**」といい，人口学では同じ現象を，生存率（縦軸）と年齢（横軸）で示されるグラフの形から「**直角型の老化**」といいます。

(2) 動作性能力と言語性能力

言語性能力は高齢になっても低下せず，むしろ上昇するという結果が出ている。

心理学では，人間の知能を「**動作性能力**」と「**言語性能力**」に大きく分類しています。

この分類に基づいて，日本で行われた元気な高齢者を対象とした追跡調査によれば，動作性能力は加齢とともに下降するものの，言語性能力は70～80歳代になっても低下せず，むしろ上昇するといった結果が出ています。さらに，両者を総合した知能テストでも加齢による下降はみられないと報告されています。

すなわち，「**単純な物事を記憶する能力**」としての動作性能力は若年者のほうが恵まれていますが，「**覚えたことを生活に生かす能力**」としての言語性能力，いわば「知恵」は，加齢によって衰えることはなかった，というわけです。

高齢者には，経験に裏打ちされた「知恵」や「英知」があります。若年者にはまねできないこういった能力は，社会にとっても貴重なものであり，またそれを積極的に活用することは，高齢者の自信につながり，心理的・経済的な

「直角型の老化」よりも少し遅れて登場した考え方が，人間の人格や能力は生涯発達し続けるという「生涯発達理論」です。

用語

動作性能力

車の運転操作を機敏にできるか，パソコンのキーを決められた時間内にどれだけたたけるかといった，動作の俊敏性や正確性に現れる能力のこと。単純な暗記力等も動作性能力に含まれる。

用語

言語性能力

物事を判断したり，概念を操作したりする能力のこと。

プラスワン

本文中の両者を総合した知能テストでは，WAIS尺度得点（WAIS = Wechsler Adult Intelligence Scale）が用いられた。

自立を支える一端になると考えられます。

加齢によって低下しない能力にはほかに何がありますか？

たとえば味覚があります。甘味，苦味，塩味，酸味，うま味といった「5つの味」を単独で味わう力は年齢を重ねるに従って鈍くなりますが，それらすべてを統合した「深く味わう力」は，年齢とともに鋭くなるといわれています。

❷ 高齢期の健康基準

天寿をまっとうする，**生活の質**（QOL＝Quality of Life）が維持される，社会貢献ができる，といった３要素によって最後まで満ち足りた人生を送ることを，今日では**「ウェル・ビーイング」**といいます。上記の３要素を支えるために必要なことは，よい健康状態を維持することですが，高齢期の健康維持はどのようにしていけばよいのでしょうか。

（1）生活機能と ADL

病気の有無にかかわらず，自立した生活ができるかどうかが高齢期の健康基準である。

世界保健機関（WHO）が1984（昭和59）年に出した提言では，高齢期の健康指標として，**死亡率**，**罹病**（りびょう）**率**，**生活機能**の３つの指針をあげていますが，この中で高齢者の健康にとって最も重要なのは「生活機能」であるとしています。

これは，中年期では，病気の予防や兆候を発見することが健康維持にとって重要であるのに対し，高齢期では，病気の後遺症や持病のある人が少なくないため，病気の有無がそのまま健康度の基準とはならないからです。高齢者は病気の有無にかかわらず，自立した日常生活を送る能力（＝生活機能）があるかどうかが，健康の基準となっています。

プラスワン
本能的に感じる味は甘味のみ。それ以外は，後天的に学習する味である。

用語
生活の質（QOL）
日々送っている生活の「質」に注目し，その向上を目指そうとする理念。

用語
世界保健機関（WHO）
1948（昭和23）年設立。2018（平成30）年４月現在，194の加盟国・地域の代表で構成される保健に関する国連の専門機関。感染症対策，衛生統計など，保健分野の広範な活動を行っている。

年代によって健康に対する基準が変わるのね。

プラスワン

0歳の人の平均余命が平均寿命である。平均余命は，男女別にみた年齢別死亡率が今後も変わらないと仮定して算出されている。

平均寿命

➡ P17

用語

日常生活動作（ADL）

食事，排泄，更衣，入浴，簡単な移動など，日常生活の中の基本的な動作を指す。障害者や高齢者の生活自立度の指標ともなる。

■ WHOが示した健康指標

死亡率	寿命の基準になる。総死亡率が下がると平均寿命が延びる
罹病率	有病率と罹患率がある。病気にかかっている人が一定の人口当たりどれくらいの割合でいるかが有病率で，一定期間でどれくらいの割合で病気になるかが罹患率
生活機能	最も意識されるのが日常生活動作（ADL）。これは食事，排泄，着脱衣，入浴，洗面など日常生活で基本となる生活機能のこと

一般的に高齢者の自立の程度を判断する基準として利用されているのが**日常生活動作**（ADL＝Activities of Daily Living）です。この基準でよく用いられるのは，日常生活上の**移動動作**を指標にした方法です。

移動動作を指標にすると，電車やバスで自由に外出できる自立高齢者と，ほぼ寝たきりの状態にある要介護高齢者を両極として，その間をいくつかの段階に分けることができます。その分類にはさまざまな方法がありますが，老年学者のロートンの分類では，一般に「**身体的自立**」が自立できるかどうかの境であるとしています。「身体的自立」

■ 老研式活動能力指標と自立のレベル

1	バスや電車を使って一人で外出できる	手段的自立 一人暮らしが可能な能力がある
2	日用品の買い物ができる	
3	自分で食事の用意ができる	
4	請求書の支払いができる	
5	銀行預金・郵便貯金の出し入れができる	
6	年金などの書類が書ける	知的能動性 知的好奇心が強い
7	新聞を読んでいる	
8	本や雑誌を読んでいる	
9	健康についての記事や番組に関心がある	
10	友達の家を訪ねることがある	社会的役割 社会貢献ができる能力がある
11	家族や友達の相談にのることがある	
12	病人を見舞うことができる	
13	若い人に自分から話しかけることがある	

※この指標は「はい」1点，「いいえ」0点とし，13点満点として用いる。5点以下では一人で生活することがかなり難しい

とは，食事，排泄，着脱衣，入浴，洗面など，日常生活動作（ADL）を支障なくできるレベルです。

「身体的自立」より高い自立レベルには，自分で食事を作ったり，金銭管理や買い物に出かけることができる「**手段的自立**」，知的興味を保ち続ける「**知的能動性**」，社会貢献できる「**社会的役割**」といった段階があります。

高齢者の夫婦2人世帯や一人暮らし世帯が多い現代では，自立生活を送るためには「身体的自立」レベルに加え，「手段的自立」レベルが求められます。したがって，「手段的自立」以上のレベルに達しない場合は，**虚弱（要支援）高齢者**と判断されています。

かつては大家族と生活する高齢者が多かったため，身体的自立レベルで問題なく暮らすことができたといわれています。

介護保険制度でも「要支援」「要介護」が出てきましたが同じ意味ですか？

同じ「要支援」「要介護」という用語が使われていても，老年学での意味と，介護保険制度などで用いられる行政施策の用語では意味が異なるので，注意しなければなりません。

老年学では，「要介護」を「障害」とも，「要支援」を「虚弱」とも呼んでいます。また，老年学の分布では要支援（＝虚弱）のほうが要介護（＝障害）よりも多数を占めており，この点でも行政のいう「要支援」「要介護」とは異なっています。

プラスワン

1990年代に入り，要支援のレベルを虚弱と呼ぶのが一般化した。現在では，老年症候群，サルコペニア（筋力低下），ロコモティブシンドローム，フレイルなど，虚弱にかかるさまざまな用語が氾濫している。

（2）自立する高齢者に求められる役割

今後は，元気な高齢者の労働力を活用する姿勢が大切である。

わが国の全高齢者のうち，買い物ができて食事の用意ができるレベル以上の自立をしている人は，およそ**8割**を占めるといわれています。介護が必要な高齢者が増加し，さまざまな対策が講じられている現状もあり，支援を必要とする高齢者ばかりが増えているようにも感じられますが，

高齢者自身の健康維持のためにも，高齢者の社会貢献活動は重要なんですね。

同時に元気な高齢者も増えているのです。

今後，こうした元気な高齢者には，有償の労働やボランティア活動などの社会貢献ができることが求められます。また，社会貢献活動をしていると，寝たきりや認知症になりづらく長生きするともいわれます。

高齢者の社会参加は社会的にも有意義なものであり，今後は，元気な高齢者の労働力をより活かしていく姿勢が求められます。

レッスン 10

老化と自立生活（2）

5日目

A 重要度

学習のねらい 高齢者が自立生活を送るうえで健康の維持は必要不可欠です。前レッスンでは高齢者の自立に必要な能力について学習してきましたが，ここでは健康を維持し元気な高齢者になるための食生活や運動方法について理解を深めましょう。

❶ 元気な高齢者になるための食事と運動

（1）健康を維持するための食事

高齢者の食事は栄養摂取以外にもさまざまな意味を持つが，「低栄養」は余命を短くするため，とくに注意が必要である。

高齢者の自立生活の土台となるのは健康です。健康を維持するためには**充実した食生活**が欠かせませんが，高齢者の食事には，単に栄養を補給する以上のいろいろな要素が含まれています。

たとえば，おいしいと感じながら食事をすることは食欲を増すのみでなく，脳の生理活性物質も増加させるといわれており，また，食事をすること自体が，ほかの人とのコミュニケーションの場として機能しています。高齢者にとって，よい食生活は自立生活を支えることになるのです。

プラスワン
脳の生理活性物資が増加すると，幸福感も増し，認知能力の向上にもつながるとされている。

① **理想的な栄養のとり方**

高齢になると，食への関心が薄れて食欲が落ち，必要な栄養素がとれず，低栄養になってしまうことが少なくありません。高齢者は，若い頃と比べるとエネルギー必**要量は減りますが，たんぱく質やビタミン・ミネラルは変わらぬ量が必要です**。肉，魚，牛乳，卵などからの動物性たんぱく質は，米，めん類，パン，大豆製品などからの植物性たんぱく質よりもやや多目に摂取することが必要です。体格や活動量にもよりますが，動物性食品は，

食欲がないときは，先におかずを食べ，ごはんを残すといった心がけも必要です。

1日に少なくとも肉と魚をそれぞれ60～100g，卵1個，牛乳200cc程度を摂取することが望ましいといわれています。

野菜は，緑黄色野菜と淡色野菜を彩りよく組み合わせて，1日350gが目標です。野菜は，ビタミン・ミネラル，**食物線維（繊維）**の補給源となります。軟らかく煮た野菜をよく噛むととりやすい食物線維（繊維）は，よい腸内細菌を増やし，便秘になりがちな高齢者に有効です。

高齢になると**塩分に対する感受性が鈍くなる**ので，塩分を控えた食事では満足感が得られないこともあります。そういった場合は，濃いダシや酸味でカバーしたり，薄味の食事の中に濃い味のものを一品添えるなどのくふうをすると，上手に減塩できます。また，体重や検査値などに異常がなければ**とくに油脂を控える必要はありません**。かつての日本の食生活では油脂のとり方が極めて少なかったので，その食習慣に慣れている現在の高齢者には，油脂の摂取量が不足している場合もあります。

② よく噛んで楽しく食べる

食事をよく噛んで食べることには，さまざまな効果が期待されます。よく噛むと唾液がたくさん出ますが，唾液には老化防止に効果のある**パロチン**というホルモンが含まれているほか，口腔内の**殺菌・浄化**作用によって歯周病の予防にも役立ち，さらには高齢者に多い**誤嚥（ごえん）性肺炎**の予防にもつながるといわれています。また，よく噛むと脳の血流を増やし，記憶力が後退しにくいという研究データもあります。反対に，咀しゃく力が低下すると消化が悪くなり，必要な栄養素がとれなくなり，体力が低下するといわれています。また，咀しゃく力を維持するためには，歯の健康を保つことも大切です。

食事は，一人よりもだれかと一緒に食べるほうが，楽しくおいしく食べられます。一人暮らしの高齢者であっても，デイサービスの昼食サービスを利用したり，料理

プラスワン

高齢者は，胃に食物が入ったときに便意を催す「胃・大腸反射」が鈍くなるため，便秘になりやすくなる。

プラスワン

塩分のとり過ぎはよくないが，高齢者は食事量自体が少ないことが多いので，極端な減塩の必要はない。必要がある場合でも香草やスパイスなどをうまく使い，味気なさが食欲減退につながらないよう注意が必要である。

プラスワン

ある地域高齢者を対象とした追跡調査では，油脂を多く摂取している高齢者のほうが長生きでもあるという結果が得られている。

用語

誤嚥性肺炎
口腔内の細菌や食物残渣などが気管に入って発症する肺炎。

食事の時間が楽しいと食欲もわきますね。

教室や食事づくりの会に参加したりするなど，食事を通じた交流の機会を設けることが大切です。

（2）自立生活を維持するための運動

高齢者が行う運動やスポーツの第一の目的は，**生活機能の維持向上**を図ることです。身体は，常に動かして刺激を受けていなければ，機能低下が速くなっていきます。適度な運動は，肥満を防ぐだけでなく，足腰を丈夫にしたり，肺活量を維持したり，さらには血圧を整え，動脈硬化の予防にもつながります。高齢者が自立した生活を続けていくためには，運動の習慣を身につけることが必要といえます。

①　歩く能力を維持

歩くことは，日常生活において最も必要とされる動作です。自立生活と健康を支えるためには，歩行能力をできるだけ長く維持することが求められます。1日の最低歩行数の目安は自立高齢者で**5,000歩程度**ですが，家の中だけでは歩行不足になるので，戸外へ散歩するなどして行動範囲を広げることが大切です。散歩や地域活動への参加は，人と交流するきっかけを生むことにもつながります。

気軽に始められる運動としてあげられる**ウオーキング**は，心肺機能や基礎体力が向上します。

また，筋力の低下を防ぐための運動（筋肉トレーニング）にもくふうが必要です。高齢者が運動をする際の注意点として，次のようなものがあります。

（a）準備運動を入念に行う
（b）極端に暑い日，寒い日は避ける
（c）食後2時間は運動を避ける
（d）自分のペースで行う
（e）運動後は休養を十分にとる
（f）定期健診を受け，自分の体調に気を配る
（g）異常を感じたら，すぐに休むか中止する
（h）脱水症状予防のために，水分補給をする
（i）持病のある人は医師に相談し，指導を受ける

プラスワン
運動は，筋肉，骨，関節，バランス力などの機能低下を予防するだけでなく，認知症やうつの予防にも役立つ。

高齢者は，2～3日寝込んだだけで足の力が低下し，ふらついてしまうことがあります。

運動も，一人でなくみんなでやると楽しいわね。

プラスワン
食後は，胃腸や肝臓の血流量が増す。このときに運動すると消化・吸収によくない。

■ 老化の一覧

1. 予備力が低下する	いざというときに発揮されるのが予備力。頑張りがきかなくなる
2. 防衛力が低下する	病気に対する抵抗力が低下し，インフルエンザにかかると肺炎などを併発しやすく，死亡につながることがある
3. 適応力が低下する	暑さ，寒さに対する体温の調節力が低下してくる。また，住み慣れた場所を離れて新しい所に移るときに，適応力が劣ることもある
4. 回復力が低下する	疲労がとれにくくなり，傷や病気からの回復なども遅くなる

② 転倒への注意

高齢になると，少しの段差などでもつまずいて転びやすくなりますが，これは筋力や平衡感覚の低下など，運動機能の衰えによるものです。高齢者の場合，転倒して腰や大腿骨などを骨折すると，回復するまでの間に足腰が弱ってしまい，寝たきりになることがあります。また，転倒をおそれて外出を控える人もいますが，外出時より在宅時の転倒のほうが多い点に注意が必要です。

転倒を予防するには，バリアフリー環境を整えることも大切ですが，高齢者自身が，歩くことをはじめとした運動習慣をつけることが大切です。とくに，足腰の筋力やバランス感覚を鍛えるスクワットなどの下半身を強化する運動は，転倒予防の効果が期待できます。

❷ 高齢者のヘルスプロモーション

ヘルスプロモーションは，自らの健康をコントロールし，改善できるようにするプロセスである。

今後，高齢者の健康を考えていくうえで欠かせないものが，**ヘルスプロモーション（健康増進）**の考え方です。ヘルスプロモーションは，1986（昭和61）年にWHO（世界保健機関）が**オタワ憲章**で提示した概念で，「人々が自らの健康をコントロールし，改善することができるようにするプロセスである」と定義されています。自らが何らかの

用語

オタワ憲章
1986（昭和61）年，カナダのオタワで開かれた第1回ヘルスプロモーション国際会議において採択された憲章。

力を獲得することで，よりよい健康状態を目指すプロセスなので，どのような健康状態の人でも，「次のレベルを目指す」という共通の目標を持つことができます。

ヘルスプロモーションの考え方に沿った健康増進，あるいは要介護状態の予防のポイントは，①**食生活と栄養**，②**生涯体育**，③**口腔機能の改善**，④**生涯学習**，⑤**生活環境**の５点です。これらは生活機能のレベルによって内容が異なるので，自立高齢者，要介護状態等になるおそれが高い高齢者それぞれの実践方法についてみてみましょう。

（1）食生活と栄養

自分自身で食生活の管理を行っている自立高齢者に対しては，低栄養にならないよう食生活と栄養に関する正しい知識と，食材の調理・保存のスキルを向上させる手段が求められています。また，とくに手段的自立能力が不十分な高齢者や要介護状態等になるおそれの高い高齢者の場合は，ニーズに応じたショッピングサポートや在宅給食サービスが必要となることがあります。自立支援の目的に適したサポートが必要です。

（2）生涯体育

自立高齢者には，生活機能の観点だけでなく，社会貢献の能力も視野に入れた多様な運動プログラムが求められます。生活機能の維持に関係する**赤筋**（せききん）（**遅筋線維**）だけでなく，加齢によって衰えやすい**白筋**（はくきん）（**速筋線維**）を鍛えるプログラムも必要です。

また，要介護状態等になるおそれの高い高齢者には，筋力向上を目的としたプログラムが求められます。筋力向上は，転倒などによって障害が重くなるのを予防するためにも有効です。しかし，個々に抱えている問題もあるため，ある程度個別対応が必要です。

（3）口腔機能の改善・向上

咀（そ）しゃく力の向上は食生活を豊かにし，栄養状態もよくなるので体力向上につながります。また，口腔機能の改善

プラスワン

生活環境には，人的・社会的環境と物的環境がある。物的環境にはまちづくりなどのほか，生活用具や福祉用具も含まれる。

用語

赤筋と白筋

赤筋はウオーキングや水泳などの有酸素運動で鍛えられる筋肉で，持久力を発揮する。白筋はダンベルを持ち上げるなどの無酸素運動で鍛えられる筋肉で，パワーやスピードを発揮する。

には，滑舌がよくなる，歌唱力やコミュニケーション能力が高まるという効果も期待できます。

長続きさせるためには，楽しんでできるプログラムをくふうする必要があるわね。

(4) 生涯学習

生涯学習は，認知症予防や生きがいづくりなどの視点から重視されています。自立高齢者にとって，有償労働や家事，奉仕・ボランティアなどの地域活動を行うことは，寝たきりや認知症の予防にもつながります。

要介護状態等になるおそれが高い高齢者には，必須のものがあるわけではありません。個人差が大きいことも考えられるため，よりいっそう，対象者のニーズに沿ったプログラムの提供が望まれます。

(5) 生活環境

環境面では，都市部を中心に健康増進の場を確保することが難しい状況にあります。自立高齢者にとっては，そういった活動をするための環境整備が，障害や虚弱に陥らないためのポイントともいえるでしょう。

また，生活環境には人的･社会的なものと物的なもの（まちづくり，乗り物，住居，生活・福祉の道具など）とがあります。これらを整備するには，フォーマルなもののみならずインフォーマルなサポートも必要です。

③ 認知症対策

(1) 認知症の予防

いったん獲得した知的精神的能力が失われて進行していく状態を認知障害といいますが，普通に日常生活を営むことができなくなると**認知症**ということになります。

認知症の原因別分類で代表的なものは「脳血管性」と「アルツハイマー型」です。脳血管の動脈硬化や脳血管疾患に伴う脳血管性認知症については，脳血管疾患の予防法（高血圧などの予防・治療，栄養状態の適正化）がそのまま当てはまるので，予防法はかなり確立しているといえます。しかしアルツハイマー型認知症については，原因が十分に

プラスワン

アルツハイマー型は，脳細胞の老化に伴う脳の萎縮による。欧米で圧倒的に多いタイプであるが，最近の調査ではわが国においても脳血管性よりも多くなっている。また，レビー小体型認知症も脳血管性認知症に次ぐくらい多い。

明らかになっていないため，予防法もまだ確立していません。

認知症は加齢が発症要因の一つであると考えられているため，老化自体を遅らせることが，その予防につながるといえるでしょう。しかし，その老化を遅らせる食品や栄養素については明確な根拠が示されていないのが現状です。

現在，認知症の予防法として比較的エビデンスが示されているのが身体活動と社会貢献活動です。知的活動のみよりは，心身を総合的に，かつ柔軟に頭脳を使う活動が，認知症予防につながる可能性があるということです。

プラスワン
うつ病のために認知症の症状が現れる「うつ病性仮性認知症」が最近注目されている。これは本当の認知症と治療法が異なるので，注意が肝要である。

（2）認知症施策の推進

2025年には，認知症の人が約**700万人**にまで増加すると推計されています。また，**高齢者の約５人に１人**は認知症またはその予備軍とされています。こうした背景をもとに，2015（平成27）年に「**認知症施策推進総合戦略～認知症高齢者等にやさしい地域づくりに向けて～（新オレンジプラン）**」が策定されました（2017〔平成29〕年に改定され，新たに2020年度末等までの数値目標が設定された）。その基本的な考え方として，以下の７つの柱が示されています。

① 認知症への理解を深めるための普及・啓発の推進
② 認知症の容態に応じた適時・適切な医療・介護等の提供
③ 若年性認知症施策の強化
④ 認知症の人の介護者への支援
⑤ 認知症の人を含む高齢者にやさしい地域づくりの推進
⑥ 認知症の予防法，診断法，治療法，リハビリテーションモデル，介護モデル等の研究開発およびその成果の普及の推進
⑦ 認知症の人やその家族の視点の重視

①については，正しい知識と理解を持ち，認知症の人やその家族を支援する**認知症サポーター**を，2017（平成29）年度末までに800万人養成するという当初の目標は達成され，改定された目標では2020年度末までに1,200万人を養成するという目標が提示されています。

②については，その時々の容態に最もふさわしい場所でケアを提供する循環型の仕組みを構築するとしています。具体的には，できる限り早い段階から「**認知症初期集中支援チーム**」や「**認知症地域支援推進員**」を全市町村に配置すること（改定された目標では数値目標は設定されず），**認知症ケアパス**の積極的活用，地域包括支援センターと認知症疾患医療センターの連携推進などが目標とされています。

④については，認知症初期集中支援チーム等による早期診断・早期対応のほか，**認知症カフェ**の設置の推進（改定された目標では2020年度までに全市町村に普及）などが定められています。

用語

認知症初期集中支援チーム
複数の専門職が，認知症が疑われる人，認知症の人とその家族を訪問し，アセスメントや家族支援などの初期の支援を包括的・集中的に行う。自立生活のサポートを行うチーム。

用語

認知症地域支援推進員
認知症の人ができる限り住み慣れたよい環境で生活を続けられるように，地域の実情に応じて医療機関，介護サービス事業所や地域の支援機関をつなぐ連携支援や，認知症の人やその家族を支援する体制づくりの推進役。

用語

認知症ケアパス
認知症の容態に応じた適切なサービス提供の流れ。

キーホルダー

Key	確認したらチェック ☑
高齢者の能力と老化のとらえ方	□ 元気な高齢者の知力は，多くの場合，死の直前まで維持される。 □ 言語性能力は高齢になっても低下せず，むしろ上昇するという結果が出ている。
高齢期の健康基準	□ 病気の有無にかかわらず，自立した生活ができるかどうかが高齢期の健康基準である。 □ 今後は，元気な高齢者の労働力を活用する姿勢が大切である。
元気な高齢者になるための食事と運動	□ 高齢者の食事は栄養摂取以外にもさまざまな意味を持つが，「低栄養」は余命を短くするため，とくに注意が必要である。
高齢者のヘルスプロモーション	□ ヘルスプロモーションは，自らの健康をコントロールし，改善できるようにするプロセスである。

レッスン 11

障害者の自立の手段

6日目

重要度

学習のねらい 障害があっても，身体の機能や生活を補う用具，サービスを利用することで自立している人は大勢います。ここでは，主な障害の種類や自立の手段について学習し，家族や社会がどのようなサポートをしていくべきかを考えていきます。

❶ 障害の種類

障害は，障害を受けた時期，障害を受けた部位などによって分類される。

日常的な暮らしの中にはさまざまなバリアがありますが，その影響を最も受けやすいのが障害者です。「障害者基本法」では，障害者を「身体障害，知的障害，精神障害（発達障害を含む。）その他の心身の機能の障害（以下「障害」と総称する。）がある者であって，障害及び社会的障壁により継続的に日常生活又は社会生活に相当な制限を受ける状態にあるもの」と定義しています。

障害は，障害を受けた時期によって，先天性障害と中途障害に分類されます。生まれながらにして障害のある状態を先天性障害，人生の中途で見舞われた事故や病気などが原因となり，心身のある部位に完全には治癒することのない後遺症がある状態を中途障害といいます。

また，障害を受けた部位により，(1) 身体障害，①運動機能障害（肢体不自由），②視覚障害，③聴覚言語障害，④内部障害，(2) 知的障害，(3) 精神障害（発達障害を含む），(4) 難病に分類されます。

ここでは，事例を通して障害者の自立の過程や要因を考えていきます。

用語

社会的障壁

「障害がある者にとって日常生活又は社会生活を営む上で障壁となるような社会における事物，制度，慣行，観念その他一切のもの」と障害者基本法では定義されている。

(1) 身体障害

① 運動機能障害（肢体不自由）

「肢体不自由者（子どもの場合は肢体不自由児）」とは，手足（四肢）や身体に運動機能障害がある人のことをいいます。運動機能障害とは，運動に関係する神経系や筋肉，骨・関節系などの器官の働きが悪くなったり，動かなくなったりして，運動に不自由を生じる障害のことです。具体的には，「**四肢麻痺**（まひ）」「**対**（つい）**麻痺**」「**片**（へん）**麻痺**」「**脳性麻痺**」などのことをいいます。

「四肢麻痺」は，外傷や疾患などで脊髄（せきずい）が傷付き，四肢（両上肢と両下肢）や体幹が麻痺する障害です。「対麻痺」は，両上肢あるいは両下肢が麻痺する障害をいいます。「片麻痺」は，脳血管障害などにより，身体の片方（右半身か左半身）の上肢・下肢が麻痺する障害です。「脳性麻痺」は，胎生期から新生児期の障害が原因で起こる四肢の全部あるいは一部の麻痺などです。

それ以外には，外傷や疾患などにより，四肢やその一部を切断・欠損した状態などがあります。

住環境の整備，福祉用具や補装具の使用訓練，医学的リハビリテーションによる機能改善などにより，生活機能の一部またはすべてにおいて自立している人がたくさんいます。

② 視覚障害

視野や視力など，視覚に障害がある人を視覚障害者といいます。歩行，家事，食事，コミュニケーションなど，視覚障害は日常生活のあらゆる部分に不自由をもたらします。

自立生活のための訓練や，矯正眼鏡，弱視のための眼鏡などの補装具，音声パソコンなどの用具の使用，**ガイドヘルパー**などの活用，環境を整備するなどで，生活機能の一部またはすべてにおいて自立している人がたくさんいます。

③ 聴覚言語障害

聴覚障害とは，外耳（がいじ）・中耳・内耳，神経，脳までの音が伝わる器官のどこかに障害が起こり，「聞こえ」に支障をきたす障害です。また，**失語症**など言葉を理解した

用語

ガイドヘルパー
障害者が外出する時の移動の介護等，外出時の付き添いを専門に行うホームヘルパー。

用語

失語症
脳の特定部位の損傷により，聴取，読字，書字，発語などの言語の理解や表現機能が障害されたもの。

プラスワン

聴覚言語障害者は言語聴覚士の支援を受け，自立生活を目指して，言語訓練や補聴器，意思伝達装置などを使ったコミュニケーション訓練などを行う。

用語

言語聴覚士（ST）
言語聴覚療法を専門的に行う国家資格をもつ人。言葉や聞こえ，飲み込みに障害がある人に対して，言語訓練などの訓練と，それに必要な検査と助言，指導や援助を行う。

り表現したりすることに支障が出たり，うまく声を出すことができなくなることを「言語障害」といいます。聴覚言語障害者は，これらの障害により，コミュニケーションと情報入手が制限される人のことをいいます。

自立生活のための訓練，補聴器，意思伝達装置などの使用のほか，手話通訳者やテレビなどの視覚による情報提供を活用しながら環境の整備を図り，生活機能の一部またはすべてにおいて自立している人がたくさんいます。

④　内部障害

重要な働きをしている内臓に障害がある人を，内部障害者といいます。具体的には，心臓機能の障害のためペースメーカーをつけている人，呼吸機能の障害のため酸素吸入装置を使用している人，腎臓機能の障害のため人工透析を受けている人，膀胱（ぼうこう）・直腸・小腸に機能障害があって人工肛門や人工膀胱を造設している人などです。

(2) 知的障害

知能検査によって認められる知的機能の障害と日常生活に明らかな適応機能の障害が，発達期（おおむね18歳まで）に生じる人を知的障害者といいます。知的機能は，知能指数70未満を知的低下としますが，生活上の適応機能を総合的に評価し，重症度により軽度，中度，重度，最重度の4つに区分することがあります。

知的障害は，中枢神経系疾患等が起因となることが多く，正しい診断を受け，早期から適切な治療・療育・教育を行う必要があり，家族への支援も不可欠です。

都道府県・指定都市が交付する療育手帳を所持することで，知的障害者は一貫した指導を受けたり，相談等ができたり，福祉サービスを利用しやすくなります。

(3) 精神障害（発達障害を含む）

精神障害の原因は多岐にわたり，精神障害者の定義自体も使われる目的等によりさまざまです。「精神保健及び精神障害者福祉に関する法律（精神保健福祉法）」では，「統

用語

意思伝達装置
言語を通しての意思の伝達が困難な人が，残存する身体機能を代わりに利用して意思を伝えるための装置。

プラスワン

内部障害者は，健常な人より体力が低下しがちである。また，機能を補助・代替する医療器具などの維持管理の難しさが，生活上の支障になることも多い。

用語

適応機能
人間の発達段階の各期で期待される機能のこと。食事の準備や対人関係，金銭管理なども含まれる。

合失調症，精神作用物質による急性中毒又はその依存症，知的障害，精神病質その他の精神疾患を有する者」とされています。

都道府県・指定都市が交付する**精神障害者保健福祉手帳**を所持することで，精神障害者は自立と社会参加促進のためのさまざまな支援を受けることができます。

精神障害の原因として代表的な疾患・障害は次のとおりです。

■ 精神障害の原因として代表的な疾患・障害

統合失調症	発症の原因は不明だが，有病率は100人に1人弱。特徴的な症状は幻覚や妄想
気分障害	主症状は気分の波。うつ状態のみを認める場合（うつ病）と，うつ状態と躁状態を繰り返す場合（双極性障害）がある
てんかん	何らかの原因で，一時的に脳の一部が過剰に興奮することにより発作が起きる。発作には，けいれんを伴うもの，突然意識を失うものなどさまざまなタイプがある
依存症	適度な依存を逸脱し，心身や家庭生活，社会生活に悪影響を及ぼしている状態。代表的なものに，アルコール，薬物，ギャンブルなどがある
高次脳機能障害	脳血管障害や交通事故などで脳にダメージを受けることにより，認知や行動に障害が起こった状態。外見からはわかりづらいため，「見えない障害」ともいわれている
発達障害	「発達障害者支援法」では，自閉症やアスペルガー症候群その他の広汎性発達障害，学習障害，注意欠陥多動性障害などで，通常低年齢で発現するもの。障害の種類を明確に診断するのは困難とされている

（4）難病

治療が難しく，慢性の経過をたどる疾病を**難病**といいます。その種類はさまざまですが，適切な治療や自己管理により普通に生活ができる状態になる疾患も多くなり，現在では，病気を持ちながら働き続けることが重要な課題となっています。「障害者総合支援法」では，**一定の難病**により障害のある人を「障害者」の対象としています。

用語

一定の難病

施行当初は，関節リウマチ等，「難病患者等居宅生活支援事業」の対象である130疾病を対象範囲としていたが，2015（平成27）年1月から151疾病，同年7月から332疾病に拡大。2021（令和3）年11月からは366疾病となっている。

❷ 障害者の自立生活

機能的な障害が生じると，歩行困難になったり，日常生活動作が不自由となったりする活動制限が出る。

私たちは，さまざまな病気やけがをしても，ほとんどの場合は治癒して，もとの生活に戻ることができます。しかし，脳血管障害（脳卒中）や，事故などで脊髄損傷を起こした場合，後遺症として，心身の働きに何らかの障害がもたらされることが多くあります。

たとえば，寝たきりの原因の１位にあげられる脳血管障害には，脳内の血管が破れる「脳出血」，脳の表面の血管が切れる「クモ膜下出血」，血管が詰まる「脳梗塞（のうこうそく）」がありますが，脳の損傷部位によって言語障害，感覚障害，知的機能の障害などや，片麻痺が起こったりします。脊髄損傷では，下半身が麻痺することもあれば，より重度の四肢麻痺がみられる場合もあります。

機能的な障害が生じると，歩行困難になったり，日常生活動作が不自由となったりする「**活動制限**」が出てきます。これは時間の経過によって完全に回復することがないため，以前とまったく同じ生活に戻ることが難しくなる場合も少なくありません。多くの人が，機能障害や活動制限が出れば当然，社会への参加活動も制限されると考えがちですが，必ずしもそうではなく，こうした考え方自体が内なるバリアをつくっているともいえます。

実際には，機能障害や活動制限があっても，充実した生活を送り，社会的な交流活動を行っている人はたくさんいます。次の（1）（2）では，機能障害を持ちながら，活動制限を克服し，社会参加を実現した２つのケースについてみてみましょう。

多くの人が障害を乗り越えて，社会参加しているのね。

（1）脊髄損傷の事例

Aさん（30歳・男性，両親と同居）
交通事故でT_7の脊髄損傷（第7胸髄損傷）と診断される。
・上肢と体幹機能は問題ない。下肢機能は一部残るため，訓練により松葉つえ歩行が可能となる見込みだが，外出は車いすによる自力移動となる。また排便・排尿・性機能に支障が出てくる。
・ADLは訓練により自立可能。
・社会復帰までに一定期間の集中的なリハビリテーションが必要。

① リハビリテーション・プログラム

リハビリテーション・プログラムは，入院したリハビリテーションセンターの主治医，看護師，理学療法士，作業療法士などの専門家チームによって行われます。

このケースでは「職場復帰」を長期目標としながら，当面は「車いす生活自立者としての在宅復帰」を目標とし，看護師による排便・排尿訓練，理学療法士による基本動作訓練，作業療法士によるADL訓練が行われました。

排便・排尿訓練では，排尿は収尿器を常時装着し，2時間おきにトイレで尿を捨てる「トイレ動作の自立」を目指します。この障害の性質上便秘になりやすいので，排便は，2日おきに坐薬を使用し，便器に移って自然排便を促す方法が指導されました。

理学療法による基本動作の自立，作業療法によるADLの自立がある程度できるようになると，後半のプログラムへ移行しました。理学療法では長下肢装具を用いた松葉つえ室内歩行訓練，上肢を中心とした筋力トレーニングを行い，作業療法では職場での就労に耐えられるだけの座位作業の耐久力獲得を目標としました。

下半身に感覚障害のあるAさんの場合，臀部（でんぶ）の床ずれ（褥瘡（じょくそう））を予防するため，定期的なプッシュアップ動作の習慣を身につけることが不可欠でした。日常生活では，

プラスワン
T_7（第7胸髄損傷）
脊髄は頸髄，胸髄，腰髄，仙髄，尾髄からなるが，12ある胸髄の7番目までは機能が残っている状態をいう。

理学療法士（PT），作業療法士（OT）
➡ P51

用語
収尿器
本人または介助者が受尿器を陰部に当てると，チューブを通って尿が受尿容器にたまるようになっている物。

用語
長下肢装具
下肢を固定し，立位を保持し，体重を支え，歩行機能を改善する目的で装着する補助具。膝までを固定し大腿部まで装着する。

用語
プッシュアップ
座位の姿勢で床などに両手をつき，腕の力で上体を持ち上げること。

感覚が麻痺した臀部を傷付けないよう，移乗動作に注意を払う自己管理能力を養う訓練を中心としました。

リハビリテーション・プログラムの過程では，Ａさんも障害に対する心の葛藤が続いていました。こうした人を支えるには，専門家チームだけでなく，家族などまわりにいる支援者たちの存在が必要です。

Ａさんが自立への意欲を取り戻したことで，リハビリテーション・プログラムは軌道に乗り，専門の運動指導員によるスポーツ訓練も導入されました。さらに職場復帰に備えて「車いす使用者用の自動車による模擬自動車訓練」も加えられました。

② リハビリテーション最終段階での課題

Aさんの場合，両親・婚約者・同じ病室の人など，彼を支える人がたくさんいました。

在宅生活に戻るにあたって，考えておかなければならない課題の一つは，住宅の改修です。Ａさんの場合，木造２階建ての自宅を車いす使用者向けに改修する必要があります。これについては，リハビリテーションチームと連携を図り，福祉住環境コーディネーターに相談し住宅改修計画を立て，退院前に自宅の改修を行うことにしました。さらに，職場環境の整備と職場関係者との相談も課題となります。Ａさんの了解を得たうえで，職場関係者にＡさんの状況を説明し，車いす使用者に適した職場環境をつくることに加え，障害に伴う各種の事情について確認作業を行いました。これらの問題の解決にあたっては，さまざまな分野の専門家・関係者の協力が欠かせません。各関係機関との連絡調整や，本人とその家族への相談援助，情報提供を行う専門職として，社会福祉士（ソーシャルワーカー）の存在があります。

社会福祉士（ソーシャルワーカー）
➡ P52

こうした経緯を経て，Ａさんは社会復帰を果たしました。成功の要因には，時期に応じて適切なリハビリテーションが提供されたこと，支援者に恵まれたこと，Ａさんのリハビリテーションへの意欲があったこと，家庭，経済，職場環境に恵まれたことなどがあげられます。

(2) 脳血管障害の事例

Bさん（70歳・女性，息子夫婦と孫２人の５人家族）
脳梗塞の後遺症として右片麻痺が残る。リハビリテーション病院での訓練により，立ち上がり動作や立位保持は手すりがあればできるようになった。屋内移動は伝い歩きや車いす操作で自立，排泄も自立している。退院に際し介護保険の認定を受け，介護サービス計画（ケアプラン）に基づいて週２回の通所介護（デイサービス）を受けることになった。

① 在宅生活での問題点と利用者の要望

自宅でのBさんは移動や排泄は自立していますが，入浴は家族介護を必要としています。また，積極的に外出したい気持ちはありますが，玄関が車いすの使用に適していないため，一人で外出できません。週２回の通所介護では，料理や書道，機能訓練等に取り組み，生きがい活動としています。

在宅生活を続けるうちBさんから，一人で入浴したいので浴室を改修したい，できる限り自力で外出したいので玄関まわりを改修したい，家族から介護を受けるだけでなく自分が何かの役に立ちたい，といった要望が出てきました。そこで，介護支援専門員に介護サービス計画の見直しを求め，併せて福祉住環境コーディネーターと共に住宅改修プランを検討することにしました。

② 住宅改修と新しい介護サービス計画

福祉住環境コーディネーターが提案した浴室改修プランのポイントは次の７点です。

(a) 出入り口段差の解消と縦手すりの設置
(b) 和式浴槽はまたぎ越しが困難なので，和洋折衷式浴槽へ変更
(c) 浴槽の出入りを容易にするための足台を設置
(d) 立ち座りのためのL型手すりを設置
(e) 入浴用いすの設置

用語

介護サービス計画（ケアプラン）
要介護者に対し，適切なサービスを提供するための計画。居宅サービスを受ける場合は居宅サービス計画，施設サービスを利用する場合は施設サービス計画というケアプランを作成する。
➡ P48

(f) 移乗台の設置
(g) 移乗台までの移動用の手すりの設置

■ 浴室の改修

改修前

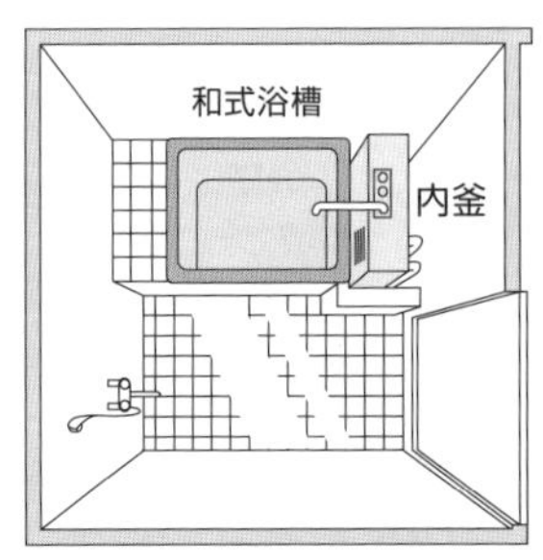
和式浴槽
内釜

改修後　※介護保険給付対象外の工事も含まれる

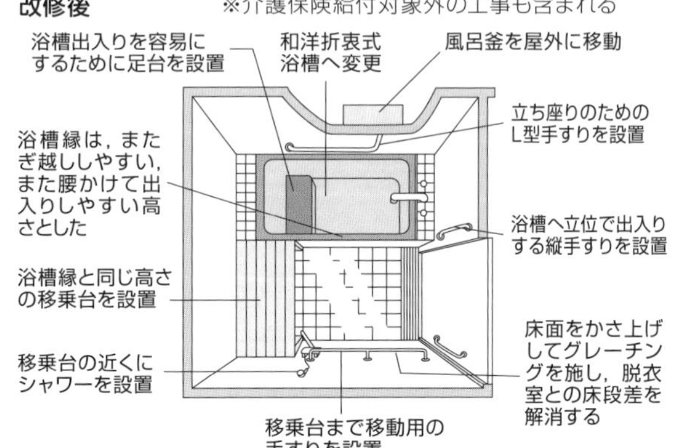
浴槽出入りを容易にするために足台を設置
和洋折衷式浴槽へ変更
風呂釜を屋外に移動
立ち座りのためのL型手すりを設置
浴槽縁は，またぎ越ししやすい，また腰かけて出入りしやすい高さとした
浴槽へ立位で出入りする縦手すりを設置
浴槽縁と同じ高さの移乗台を設置
床面をかさ上げしてグレーチングを施し，脱衣室との床段差を解消する
移乗台の近くにシャワーを設置
移乗台まで移動用の手すりを設置

玄関については，車いすが出入りできるスペースがあったので，段差解消スロープを設置して解決しました。

こうした住宅環境の整備により，Bさんは一人での入浴が可能となり，ちょっとした外出もできるようになりました。さらに，新しい介護サービス計画で週1回の訪問介護（ホームヘルプサービス）時に介助を受けられるようにしたので，入浴や外出の回数が増えました。また通院時の送迎ボランティアやショートステイを活用することで，家族の負担も大幅に軽減されました。

Bさんが充実した在宅生活を送ることができるようになったのは，次のような要因があげられます。

(a) 適切な医療機関でのリハビリテーション治療
(b) 家族環境に恵まれた
(c) 介護保険制度における適切なケアマネジメント
(d) 適切な福祉用具と住宅改修の導入
(e) 通所介護による，より広い社会との交流と社会参加

(3) 自立の要因

障害のある人が充実した在宅生活を送り，社会への復帰・

参加を果たすための要因をまとめると,次のようになります。

(a) 障害者本人の意欲や，家族など周囲の人々の姿勢

(b) 適切な医療とリハビリテーション

(c) 適切な介護サービス

(d) デイサービス利用などの社会参加，生きがいづくり

(e) 成人の場合は就労のための職業リハビリテーション

(f) 福祉用具や住環境の整備

また，バリアフリーのまちづくり，地域支援ネットワークの構築，職場での障害者理解への啓蒙活動など，地域社会や職場で，取り組むべき課題もたくさんあります。

Key	確認したらチェック ☑
障害の種類	□ 障害は，障害を受けた時期，障害を受けた部位などによって分類される。
障害者の自立生活	□ 機能的な障害が生じると，歩行困難になったり，日常生活動作が不自由となったりする活動制限が出る。

第3章

ユニバーサルデザイン共用品と福祉用具

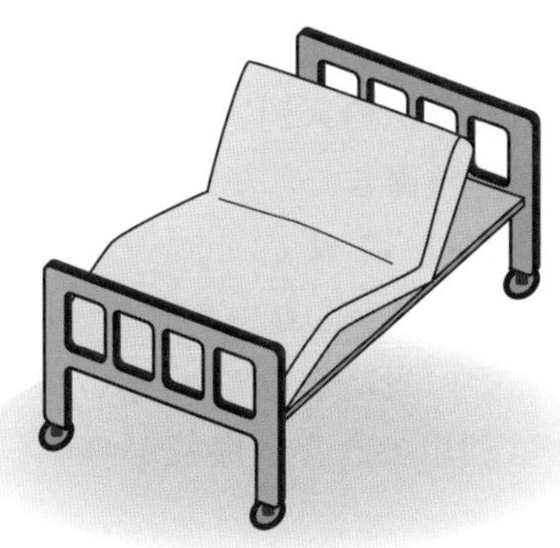

レッスン 12

バリアフリーとユニバーサルデザイン（1）

7日目

A 重要度

学習のねらい ノーマライゼーションを実践するための方法として，バリアフリーとユニバーサルデザインの考え方があります。ここでは，これらの概念の誕生と発展，具体的な考え方などについて学習しましょう。

❶ バリアフリーの誕生と考え方

(1) バリアフリーの普及

バリアフリーの世界的普及のきっかけは，1974（昭和49）年の国際連合障害者生活環境専門家会議報告書である。

1974（昭和49）年，**国際連合**が発表した国際連合障害者生活環境専門家会議報告書「Barrier Free Design」をきっかけに，バリアフリーの概念が世界的に広まったといわれています。

報告書は，それまで統計上の標準的な体格の人間の寸法や運動能力をもとにした，「ミスター・アベレージ（平均的な人体寸法の人）」という想定上の人物に合わせて建築物などを整備してきたために，障害のある人が暮らしにくい環境がつくられている，と指摘しました。つまり，実際の社会では存在しない人をモデルにものづくりをしてきたため，その規格から外れた人たち（例えば障害のある人）などは利用できない環境がつくられているというわけです。

また，建物や交通機関などの物理的な障壁だけでなく，**障害に対する人々の意識といった社会的な障壁も，障害者の社会参加を妨げる要因であるとし，**障害者の生活上の制約は，このような人間がつくり出した要因による障壁であると述べています。そのうえで報告書は，障害のある人も

用語
バリアフリー
高齢者や障害者にとって活動の妨げとなるバリア（障壁，障害）のない状態。また，住宅や公共の場からバリアを取り除くこと。

用語
国際連合
第2次世界大戦後の1945（昭和20）年に，国際平和と安全の維持，国際協力の達成のために設立された国際機構。安全保障理事会などの主要機関と，世界保健機関（WHO）などの専門機関を持つ。日本は1956（昭和31）年に加盟。

障害のない人と同様に，公共施設や公共交通機関を利用すること，住まいを選んだり教育を受けること，働くこと，さらに文化に接したり，スポーツを楽しむことなどの権利があり，それを実現させるための環境整備が必要であると訴えたのです。このような障害者の社会参加を妨げる要因が社会環境にあるとし，それを取り除くのは社会の責務だとする考え方を「障害の社会モデル」といいます。

平等な社会参加は，あらゆる人々に共通の権利です。バリアがあることで，特定の人がそれを妨げられているような状況は改善すべきであり，バリアフリーはそれを実現するための手段の一つです。つまり，バリアフリーは，平等な社会参加の実現というゴールを目指すことを意味していると認識する必要があります。

(2) 4つのバリア

障害者白書が示したバリアは，物理的バリア，制度的バリア，文化・情報面のバリア，意識上のバリアの4つ。

高齢者や障害者が社会生活を送るうえで障壁となるものの除去を意味するバリアフリーという言葉は，広く知られるようになりました。しかし，すべてのバリアを解消することは容易ではありません。目の前にある問題の背後には，多種多様な問題が存在し，その解決には単に建築や土木といった物的な取り組みだけでは不十分なのです。

日本では，「1995（平成7）年版　障害者白書」において，初めて「バリアフリー社会をめざして」という副題が使われました。白書では，生活環境の中に存在するバリアを，**物理的バリア，制度的バリア，文化・情報面のバリア，意識上のバリアの４つ**に分類して定義しています。

① **物理的バリア**

住宅や道路の段差や階段，急なスロープ，狭い通路など，建造物や都市環境，製品などの物の形態にかかわる

バリアフリーはもともと建築物などの物的環境に対する考え方でしたが，社会制度や文化，情報を対象とする広い意味で使われるようになっています。

プラスワン

バリアフリーという言葉は，海外ではあまり使われていない。国際的には，アクセシビリティやその形容詞であるアクセシブルが広く使われている。

用語

障害者白書

「障害者基本法」に基づき，1994（平成6）年から毎年政府が国会に提出している年次報告書で，障害者のために講じられた施策の概況を明らかにしている。

障壁のことです。高齢者や障害者が利用するのに妨げとなるもので，この物理的バリアは日常生活のあらゆる場面に存在しています。

② **制度的バリア**

障害を理由として，能力以前の段階でさまざまな条件や基準を設定され，資格や免許の取得，就学，就職，社会参加について制限されるものです。

③ **文化・情報面のバリア**

点字や手話通訳，音声情報などがないため，文化や情報に接する機会が制約されるなど，情報自体の提供手段が受け手のニーズと合っていない場合に生じます。

④ **意識上のバリア**

段差などの物理的バリアだけでなく，目に見えないさまざまなバリアがあるのね。

高齢者や障害者に対する無知や無関心による偏見や差別など，人々の意識に潜むバリアです。これは，障害に対する正しい知識や理解を持っていないことから生じるものです。真のバリアフリーを実現するためには，この意識上のバリアを解消することが不可欠といえます。

❷ ユニバーサルデザインの誕生と考え方

(1) ユニバーサルデザインの誕生と７つの原則

バリアの存在を前提とせず，もとからバリアを生じないようにするのがユニバーサルデザインの考え方である。

そもそも当時のアメリカでは，車いすで使えるように設計された住宅自体が多くありませんでした。

アメリカの建築家で製品デザイナーのロナルド・メイス（Mace,R.L.）は，1970年代後半に，バリアフリー住宅に関して疑問を抱きました。それは，車いすで使える共同住宅が，健常者には不人気だということです。これには，流し台の下のキャビネットが車いす使用者のひざが入るよう取り払われている，キッチンの作業面を低くしたためキッチンカウンターが不連続になって美しくない，浴室の手すりが逆にじゃまになっているなどの理由がありました。

「車いす専用にしたのがいけなかったのではないか」と気づいたメイスは体型や年齢，能力が異なる多様な人々のニーズに応えられる住宅をつくるべきだと考えました。彼はこれをユニバーサルデザインと名付け，「建物や施設を追加の費用なく，あるいは最低の費用で，すべての人にとって機能的で魅力的にデザインする方法」と定義し，1985（昭和60）年に初めて雑誌で発表しています。さらにメイスらは，ユニバーサルデザインが備えるべき性能として「ユニバーサルデザインの７原則」を示しました。これは，具体的な数値等を示したものではないため，客観的な基準とはなりませんが，つくり手が目指すべき方向性を決める際に役立つものといえます。なお，「７原則」の最初のものは，1995（平成７）年につくられましたが，その後改訂され，次にあげるのは1997（平成９）年の改訂版です。

■ ユニバーサルデザインの７原則

① だれにでも使用でき，入手できること
② 柔軟に使えること
③ 使い方が容易にわかること
④ 使い手に必要な情報が容易にわかること
⑤ 間違えても重大な結果にならないこと
⑥ 少ない労力で効率的に，楽に使えること
⑦ アプローチし，使用するのに適切な広さがあること

さらにメイスは，居住者の変化するニーズに対応できるよう，わずかな手間で調整できたり，何かを付け加えたり，取り除くことができるという，アダプタブルの考え方を積極的に取り入れました。例えば，ハンガー掛けやカウンターの高さを上下に移動できるようにしておくことで，だれでも利用できるようにしたり，流し台のキャビネットを容易に取り外せるようにしておくことで，健常者でも車いす利用者でも，作業に支障がないようにするというものです。

バリアフリーが，バリアがある環境や社会を前提にして，

用語

アダプタブル
わずかな手間で，調整，付加，撤去することができ，居住者のニーズに対応できる性質。

障害のある利用者を特別扱いすることや，その選択肢が限定されることがあったのに対し，ユニバーサルデザインは，バリアの存在を前提とするのではなく，もとからバリアが生じないように考えようという提案です。言いかえれば，能力の違いに関係なく，特別扱いをせず，差別感を持たなくてもすむような社会環境をつくり出そうというものなのです。

バリアフリーとユニバーサルデザインとでは，前提となる考え方が異なる点に注意しましょう。

(2) ユニバーサルデザインの考え方

ユニバーサルデザインは「すべての人々に対し，その年齢や能力の違いにかかわらず，（大きな）改造をすることなく，また特殊なものでもなく，可能な限り最大限に使いやすい製品や環境のデザイン」と定義されています。

この定義では，「すべての人々」と「可能な限り最大限に」という２つのポイントが重要です。

１つ目の「すべての人々」について，「対象を特定しない」と解釈している例をみますが，これは誤りです。「すべての人々」と「対象を特定しない」ということは根本的に異なっています。だれにでもいいというのは，だれの満足も生まないが，だれもがほどほどに使えるといった意味にとられがちです。しかし，ユニバーサルデザインは「すべての人々を目指す」のであって，そのためにつくり手はむしろ個々の利用者と向き合い，ニーズに応えていく中で，それらを集約し，製品や環境をつくり出していく姿勢をとる必要があります。

また，１つの製品や１つの方法だけでは，すべての利用者のニーズに応えきれません。したがって，用途や使用状況に合わせて，利用者自身が希望するものや環境を選ぶことが好ましいといえます。

そのためには，どこにどのようなものがあるかという情報があり，求める製品や環境すべてが一般用・特殊用の区別なく利用者に提示され，適切な選択を後押しするという形が，最も望ましいと考えられます。

しかしそれでも，実質的には「すべての人々」は実現不可能かもしれません。メイスは，たとえそうであっても，よりよいものを目指す姿勢こそが重要と考え，少しずつでも前進していくという意味合いを込めて，定義に２つ目の「可能な限り最大限に」という表現を取り入れました。

ノーマライゼーションとユニバーサルデザインの目指す方向は同じだと考えられています。その一方で，ユニバーサルデザインは物的環境づくりを重視することによって，平等で差別感のない社会参加をつくり出そうという考え方であり，ノーマライゼーションは物的側面だけでなく，生活全般に及ぶ考え方だという説明もあります。しかし，ユニバーサルデザインの考え方を進めていくと，社会制度を含めた生活全般にかかわる，幅広い概念であることはあきらかであり，ノーマライゼーションとユニバーサルデザインに本質的な違いはないともいえます。

ユニバーサルデザインは，製品など物的側面以外にも，生活全般にかかわる広い概念なのね。

レッスン 13

バリアフリーとユニバーサルデザイン (2)

7日目

B 重要度

学習のねらい バリアフリーやユニバーサルデザインは，いずれも国際社会で取り上げられ，世界的に普及した概念ですが，ここでは，日本における取り組みや法整備の流れを追い，さまざまな発展の形をみていきましょう。

❶ 日本での取り組み

(1) 日本の取り組みと海外の動き

1971（昭和46）年の「福祉のまちづくり市民の集い」は，「福祉のまちづくり」の活動が全国へ広がる先駆けとなった。

日本では，1970年代初頭からバリアフリーの取り組みが始まりました。1969（昭和44）年に仙台で，車いす利用者の「まちに出たい」という声を受けて,「福祉のまちづくり」がスタートしました。2年後の1971（昭和46）年には「福祉のまちづくり市民の集い」が開催され，「福祉のまちづくり」の活動が全国へと拡がる先駆けとなりました。

1973（昭和48）年には，建設省（現・国土交通省）より，「歩道および立体横断施設の構造について」という通達が出されました。この通達は，歩道と車道との境界の段差の切り下げなどについて触れています。利用者の多様性についての配慮はまだまだ十分ではありませんでしたが，ここで注目すべきは，通達の目的が「老人，身体障害者，自転車，乳母車等の通行の安全と利便を図るため」となっている点です。当時から，高齢者や障害者，乳母車などが対象として含まれていたのです。

このように，日本におけるバリアフリーの取り組みは，世界的にみても遅くはなかったのですが，以後は大きな変化もなく，停滞期に入ってしまいました。

その後，日本に刺激を与えたのは，1980年代以降に活発化した国際社会の動きでした。

国際連合は，1981（昭和56）年を「**国際障害者年**」と定め，障害者の「完全参加と平等」をスローガンとしました。さらに，1983（昭和58）年から1992（平成4）年までの10年間を「**国連・障害者の十年**」として，さまざまな施策を展開しました。

1990（平成2）年には，アメリカで「**ADA（障害をもつアメリカ人法）**」が制定されました。この法律は，人種や性別などと同様，障害による差別を禁止し，社会参加や環境整備への取り組みを促す画期的な法律でした。

こうした海外の動きは日本にも多く紹介され，停滞気味だったわが国のバリアフリーへの取り組みもようやく再開へ向けて動き出しました。

（2）1990年代以降の法整備

ADAの成立などを契機に，高齢社会における福祉対策を模索していた地方公共団体は，次々と「福祉のまちづくり条例」の策定を始めました。また，国は1994（平成6）年に，デパートやホテル，学校などの建築物を対象とした「**高齢者，身体障害者等が円滑に利用できる特定建築物の建築の促進に関する法律（ハートビル法）**」を，2000（平成12）年には，公共交通機関と周辺環境の整備を目的とした「**高齢者，身体障害者等の公共交通機関を利用した移動の円滑化の促進に関する法律（交通バリアフリー法）**」が制定され，物的な環境整備の推進力となりました。

「ハートビル法」は，日本で初めて高齢者や障害者などの建築物の利用を考慮することを規定した法律です。デパートやホテル，学校など多くの人が利用する建築物の出入り口や階段，トイレなどを対象に，高齢者や身体障害者などが円滑に利用できるように努めなければならないとされました。また，「交通バリアフリー法」は，公共交通事業者などに対して公共交通機関の旅客施設や車両などのバ

プラスワン

国際障害者年

国際連合は1976（昭和51）年に，1981（昭和56）年を国際障害者年とした。続いて障害の予防とリハビリテーションの充実，社会参加の機会均等などを推進する行動計画を策定した。1983（昭和58）～1992（平成4）年を「国連・障害者の十年」とした。

プラスワン

ADA

ADAは，Americans with Disabilities Actの略称。1990(平成2）年制定。

福祉のまちづくり条例

➡ P278

リアフリー化，市町村などに対して旅客施設を中心とする一定地区の道路や駅前広場などの施設のバリアフリー化をそれぞれ推進することを目的としていました。

さらに，2004（平成16）年に参議院本会議が「ユニバーサル社会の形成促進に関する決議」を可決し，翌2005（平成17）年には，国土交通省が「ユニバーサルデザイン政策大綱」を発表するなど，国の政策はユニバーサルデザイン推進へと展開していきます。

そして，2006（平成18）年6月には「高齢者，障害者等の移動等の円滑化の促進に関する法律（バリアフリー法）」が制定され，同年12月20日より施行されました。

用語

バリアフリー法

「ハートビル法」と「交通バリアフリー法」を合わせたうえ，建築物，旅客施設および車両等，道路，都市公園，路外駐車場について，個別の施設整備とともに，一定の地区における，総合的一体的な整備の枠組みを定めた法律。

プラスワン

「バリアフリー法」の施行に伴い，「ハートビル法」と「交通バリアフリー法」は廃止された。

❷ユニバーサルデザインの成長

(1) ユニバーサルデザインの定着と発展

ユニバーサルデザイン実現のための具体策として，「スパイラルアップ」が重視されている。

これまで述べてきたように，従来の社会は「ミスター・アベレージ」という想定上のモデルを規準にしていたため，平均的ではないニーズを切り捨ててきたという実情がありました。ユニバーサルデザインは，そうした「規準をみて人をみない」という姿勢を反省し，人の現実に目を向けることを主張しています。

その前提には人間は多様である，という考え方があり，これを基本とした社会ではさまざまな人が計画に参画し，ニーズを出し合い，合意を形成していくことが必須です。参加ではなく，より根源的に参画（計画に加わる）するという表現がふさわしいのです。

実際には，すでにある製品などを評価し，その問題点や利点を反映させ，さらによいものをつくっていくという，段階的・継続的な発展を図っていくことが大切です。現状に満足するのではなく，経験に基づき少しでも理想とするところに近づけていくわけです。

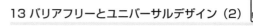

これは「スパイラルアップ」と呼ばれ,「バリアフリー法」の考え方にも導入され，ユニバーサルデザインの実現のための具体策として重視されています。

ユニバーサルデザインに類似した言葉として，インクルーシブデザイン（Inclusive Design），デザインフォーオール（Design for All），アクセシブルデザイン（Accessible Design）などがあります。それぞれ異なる経緯で広く使われるようになっていますが，利用者のニーズを重視し，それを実現するために全力を尽くすという点では共通です。

「バリアフリー法」の規定を，さらに強化・拡大させる条例を定めている自治体も多い。

(2) 政策としてのユニバーサルデザイン

日本では，すでに全都道府県で「福祉のまちづくり条例」の策定を経験しており，バリアフリーに関しては広く浸透してきているといえます。こうした条例では，主として対象となる施設の用途と規模を定め，整備基準に適合させるように求めています。

さらに，最近では，ユニバーサルデザインに関する要綱や指針などの作成から条例の制定まで行っている地方自治体も増えています。

静岡県浜松市は，2003（平成15）年４月に「浜松市ユニバーサルデザイン条例」を施行しました。これは全国初のユニバーサルデザインに関する条例でした。次いで，2005（平成17）年４月には，京都市が「京都市みやこユニバーサルデザイン推進条例」を施行し，国レベルでも国土交通省が同年７月に「ユニバーサルデザイン政策大綱」を発表してユニバーサルデザインを政策の大きな柱とするなど，ユニバーサルデザインを掲げた社会づくりへの取り組みが数多く行われています。

プラスワン

京都市みやこユニバーサルデザイン推進条例
同条例において，「みやこユニバーサルデザイン」を「京都が有する多様かつ豊かな蓄積にユニバーサルデザインを採り入れた社会環境の整備」と定義している。

(3) 浜松市の事例にみる地方自治体の取り組み

ここでは，全国初の取り組みである，静岡県浜松市の事例を紹介します。

「浜松市ユニバーサルデザイン条例」によれば，ユニバーサルデザインによるまちづくり施策推進のための計画は，市長が策定します。計画策定の際には市民や審議会の意見を聴き，反映させること，公共施設を新築する際などには，「利用者等の意見を聴く」ことが求められています。

また，公共交通事業者，施設の設置・管理者，商品の製造者，サービス提供者は，ユニバーサルデザインに基づく整備に努めることとされています。

計画段階からの利用者の参画やスパイラルアップは社会の仕組みとして継続的に行う必要があり，そのためには政策にきちんと位置づけられ，法律や条例で社会的に定着されることが重要です。一つひとつの法律や条例の所管部署が異なっていても，それらを総合することで，目指すものの姿を明確にしなければいけません。それが政策としてユニバーサルデザインを展開していく目的であり，意義であるといえるのです。

キーホルダー

Key	確認したらチェック ☑
バリアフリーの誕生と考え方	□ バリアフリーの世界的普及のきっかけは，1974（昭和49）年の国際連合障害者生活環境専門家会議報告書である。
	□ 障害者白書が示したバリアは，物理的バリア，制度的バリア，文化・情報面のバリア，意識上のバリアの４つ。
ユニバーサルデザインの誕生と考え方	□ バリアの存在を前提とせず，もとからバリアを生じないようにするのがユニバーサルデザインの考え方である。
日本での取り組み	□ 1971（昭和46）年の「福祉のまちづくり市民の集い」は，「福祉のまちづくり」の活動が全国へ広がる先駆けとなった。
ユニバーサルデザインの成長	□ ユニバーサルデザイン実現のための具体策として，「スパイラルアップ」が重視されている。

レッスン 14

共用品とは（1）

8日目 B 重要度

学習のねらい 用具を上手に活用できれば，高齢者や障害者の動作の自立の助けとなり，QOLの向上や社会参加の促進につながります。また，介護の負担も軽減されます。ここでは，共用品の定義や内容について理解しましょう。

❶ 共用品の考え方と定義

(1) 生活を支える用具とその考え方

共用品とは，特定の人だけでなく，だれもが利用しやすくつくられている用具をいう。

動作の自立を助ける用具には，さまざまなものがあります。私たちの身の回りにある一般製品のほか，車いすや介護用ベッドなどの福祉用具，そして近年，普及してきているものに共用品があります。

福祉用具は，高齢者や障害者を対象につくられた用具で，身体機能の低下や障害を補い，自立を促す役割を担っています。例えば，電動車いすは，自立歩行が困難な身体障害者でもレバー1つで簡単に操作でき，外出や積極的な社会参加が可能となります。

これに対して，共用品（アクセシブルデザイン）とは，**特定の人にだけでなく，より多くの人が使いやすいようにつくられた用具のこと**をいいます。例えば，シャンプー容器の側面に付いているギザギザもその一つです。あるメーカーが，さわっただけでシャンプーとリンスの容器が判別できるようにシャンプーの容器に凹凸を付けたところ，視覚障害者だけでなく多くの利用者に好評でした。これを自社で独占せず，業界内での活用を推進することで，共通のデザインとなりました。

こうして現在，共用品の分野は，大きく広がっています。

文字を大きく表示するスマートフォンは，当初，高齢者向けの機種として開発され，後に高齢者以外にも普及しました。これも共用品の例です。

用語

共用品

国際標準化機構（ISO）で制定され2014（平成26）年に改訂されたISO/IECガイド71では，アクセシブルデザインと訳されている。また，同ガイドの中でアクセシブルデザインは，ユニバーサルデザインと同じ意味で使用される場合があるとしている。

日用品だけでなく，衣料品，玩具，家電製品，IT機器，自動車，さらには住宅設備，エレベーターといった設備関連にまで及んでいます。また，こういったハード面だけでなく，小売店や外食，レジャーなどサービス分野にまで応用されています。

共用品や福祉用具を適切に使用することは，障害や低下した身体機能を補うばかりでなく，生活の豊かさの向上にも結び付きます。さらに，動作の自立を促すことによって，個人の尊厳の回復や介護負担の軽減にもつながります。

(2) 共用品の定義

（公財）共用品推進機構は，共用品について「身体的な特性や障害にかかわりなく，より多くの人々が共に利用しやすい製品・施設・サービス」と定義しています。

なお，共用品は，一般製品をベースにしたものと，福祉用具をベースにしたものに大別されますが，いずれであっても次の5原則を満たすものとされています。

用語

（公財）共用品推進機構

1999（平成11）年4月に設立。バリアフリー（共生）社会の実現を目的として，共用品・共用サービスの開発と普及のために活動を行っている公益財団法人である。

■ 共用品における5原則

① 多様な人々の身体・知覚特性に対応しやすい
② 視覚・聴覚・触覚など複数の方法により，わかりやすくコミュニケーションできる
③ 直感的でわかりやすく，心理負担が少なく操作・利用できる
④ 弱い力で扱える，移動・接近が楽など，身体的負担が少なく，利用しやすい
⑤ 素材・構造・機能・手順・環境などが配慮され，安全に利用できる

(3) 共用品の開発と普及

最近の共用品には，生活上の「不便さ」を調査し，その分析結果に基づいて開発，普及した製品もあります。

（公財）共用品推進機構が発表した「車いす使用者の日常生活の不便さに関する調査報告書」「高齢者の家庭内での

不便さ調査
➡ P116

プラスワン
共用福祉用具…初めは障害のある人たちのために作られたもので，のちに障害のない人にも広く使われるようになったもの（もともとは肢体不自由の人のために作られた温水洗浄便座や電動歯ブラシなど）。共用設計製品…最初から共用品として作られたもの。また，数では，バリア解消型の共用品が圧倒的に多い。

■ 共用品の範囲

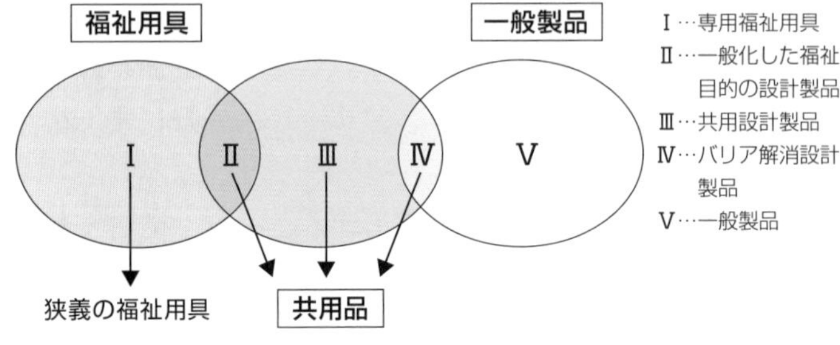

＊広義の福祉用具…Ⅰ＋Ⅱ＋Ⅲ＋Ⅳの範囲

不便さ調査報告書」では，障害者や，高齢者が日常生活で感じているさまざまな不便さが報告されています。このような不便さの現状を知ることが，共用品の開発や普及にとって非常に有効となってくるのです。

❷ 共用品の具体例

共用品については，使いやすさのための配慮のポイントが，①わかりやすさへの配慮，②アプローチのしやすさへの配慮，③扱いやすさへの配慮，④その他の配慮，という４つに分類されています。それぞれについて具体的にみていきましょう。

(1) わかりやすさへの配慮

① 複数の手段による情報提供

文字や音声，振動，光，凹凸および点字といった複数の手段で情報を提供し，視覚や聴覚に障害のある人だけでなく，見えづらい人や聞こえづらい人などにも，情報をわかりやすく伝えます。

プラスワン
加工乳ではない牛乳の紙パックの上部には，半円の切り欠きがあり，同じようなほかの紙パック飲料との違いを，触って識別できるようにしている。

■ シャンプー・リンス容器の区別

似たような容器で見分けがつかない
↓
シャンプー容器の側面に凹凸（ギザギザ）があり，触っただけでリンスやボディソープの容器と区別できる

② 視覚・聴覚情報の強化

大きな文字（書籍など），聞こえやすい音量・周波数（高さ）・話す速さ（ラジオ）などで，見えづらさ，聞こえづらさを補い，見過ごしたり聞き逃したりするのを防止します。危険などの注意を促す場合にも効果があります。

最近では，新聞の活字も大きくなっているわ。

(2) アプローチのしやすさへの配慮

① アプローチのための情報提供

触知（しょくち）案内図や案内表示，音声案内などで，さまざまな人のアプローチをしやすくします。

■ 触知案内図

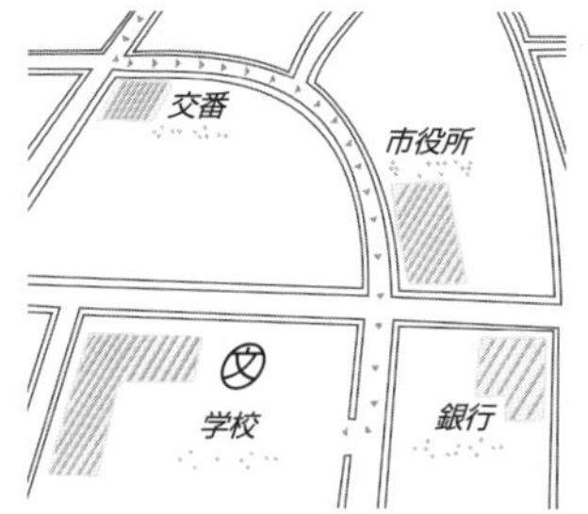

地図の細かい文字や図が見えない・見えにくい
↓
凹凸のある線・面，触知記号，点字などに触ってわかる

（JIS T 0922：2007 触知案内図の情報内容及び形状並びにその表示方法）

■ 案内表示

おなかが痛い

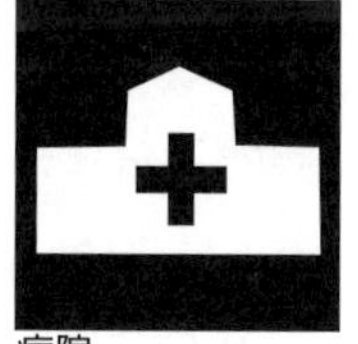
病院

言葉による人とのコミュニケーションが困難
↓
絵記号を利用することで，自分の意思や要求を伝えやすい（JIST0103：2005 コミュニケーション支援用絵記号デザイン原則）

② 移動のしやすさ

エレベーターやスロープ，自動ドア，手すりなどが，移動しやすいように配慮されています。車いすのまま乗車できるノンステップバスもこの例です。

③ 使いやすい位置や配置

使う人の姿勢や身長に応じて，操作しやすい高さに設定できます。高さ調節機能が付いた机や商品の取り出し口の高さに配慮したバリアフリー自販機など。

(3) 扱いやすさへの配慮

① 操作の容易さ

握力の弱い人や左利きの人，また片手でも，操作が容易になるように配慮されています。くびれがあって持ち

プラスワン

エレベーターの内部に鏡があると，車いす使用者が後ろ向きで出るとき後方を確認することができる。

プラスワン

ノンステップバスは，中扉にスロープを備え，低床であるため，スロープを使う車いす使用者だけでなく，つえの利用者，高齢者，ベビーカー利用者などのスムーズな乗降を可能としている。

やすい牛乳びんやペットボトル，片手で紙をちぎれたり，交換できるトイレの紙巻器など。

■ 持ちやすい牛乳びん

② **操作のフィードバック**

誤った操作を防ぐなど操作性の向上を図るために，音や表示，振動などで操作状況が確認できます。家電製品・玩具など。

③ **自動化**

複雑な操作を自動化，簡略化することで，労力が減り，使いやすくなっています。全自動洗濯機など。

全自動洗濯機など，共用品には身近な製品も多いのね。

(4) その他の配慮

① **新しい配慮**

新開発の製品やサービスが，結果的に以前より多くの人に対して配慮されたものとなり，新たな価値を提供しています。ボタンの配置・形状に配慮したトイレの操作部など。

■ トイレの操作部等の配置・形状

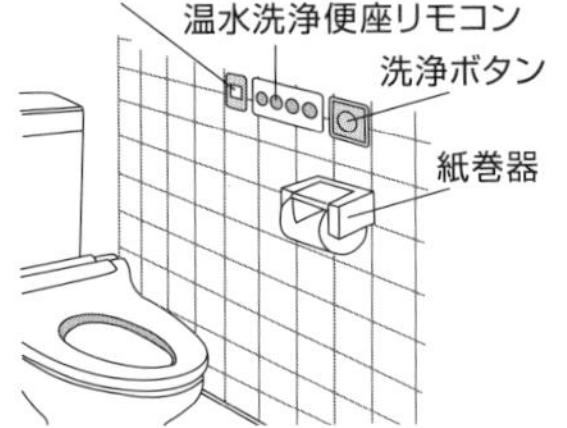

トイレごとに紙巻器や洗浄ボタンなどの形や配置が異なりわかりにくい
↓
便器洗浄ボタンは丸形，呼出しボタンは四角形など，形を変える。また，統一されたボタンの配置だと識別しやすい

② **多様な人への安全配慮**

さまざまな人に対し，より的確に，よりすばやく危険を知らせるなど，安全性に留意しています。IHクッキングヒーターの安全装置や駅のホームドアなど。

■ 駅のホームドア

線路に転落するなどの危険がある
↓
転落や電車との接触防止が図られる

③　入手・利用しやすさ

さまざまな人が入手または利用できるように，販売方法や利用システムに配慮がなされています。音声カタログや，片足ずつサイズが異なる靴の販売など。

レッスン 15

共用品とは（2）

8日目

B 重要度

学習のねらい 多くの人が使いやすいと感じられる共用品の開発や普及には，配慮部分の標準化が欠かせません。ここでは，製品・サービスの標準化を推進する機関や団体の取り組み，さらには日本の規格や国際規格について学習します。

❶ 共用品の標準化に向けて

（1）普及に向けて

共用品が広く普及するためには，業界全体で配慮部分を統一し，標準化していくことが求められる。

多くの人が感じている生活上の不便さに注目して，その特徴を認識することは，より多くの人にとって使いやすい用具，すなわち共用品を開発するために非常に重要な要素です。まさに不便さの認識こそ，新たな共用品開発のスタートになるといえます。

最近は多くのメーカーが，障害のある人はもとより，高齢者，妊産婦などさまざまな人が日頃の生活で感じている不便さを調査し，それをもとに新しい製品を開発しています。

共用品の中には，もともと障害のある人向きの用具・製品だったものを改良してできあがったものもありますが，その反対に，最初から多くの人が使うことを想定して設計・開発されたものもあります。

いずれにしても，そうしてできた共用品が広範囲に普及しなくては意味がありません。それには業界全体および業界横断で統一したものをつくらなくてはなりません。普及のためには**配慮点の標準化**が求められているのです。そうした共用品の好例としてよく引き合いに出されるのが，シャンプー容器の側面に付けられた凹凸です。これは，あるメーカー１社の開発をほかの社が受け入れて普及したものです。

このように，多くの人にとって使いやすい共用品が広く普及するかどうかのポイントは，多くの企業や関係機関がより多くの人たちのニーズを受け入れ，**配慮部分をいかに標準化していくか**にあるといえるでしょう。

(2) 日本の規格

わが国の代表的な規格の一つである日本産業規格（JIS）は，鉱工業品，データ，サービス等の品質や性能などの基準を定めている。

共用品が認知され，広く使われるようになるためには，配慮点やデザインを統一し，それを標準化していくことが必要です。もし，標準化がうまくいかず配慮点が不統一になってしまった場合は，利用者の混乱を招くばかりではなく，共用品本来の趣旨から外れてしまうことになります。

国内における代表的な規格の一つである**日本産業規格（JIS）**は，鉱工業品，データ，サービス等の品質や性能などの基準を定めています。

日本で初めて，高齢者・障害者配慮設計指針として日本産業規格（JIS，当時は日本工業規格）に制定されたのは，**プリペイドカードの切り欠き**でした。それまでは，どのような種類のカードであっても形や厚みがほとんど同じでした。そのため，視覚障害者にとっては，自分の持っているカードがどの種類のカードなのか判別しにくいという不便さがありました。そこで，視覚障害者が識別しやすく，すべての人がわかりやすいようにと，電話，乗り物，買い物のカードの端にそれぞれ違う形の切り欠きを入れ，識別できるようにしたものです。

用語

日本産業規格（JIS）
JISはJapanese Industrial Standardsの略。JISは従来，「工業標準化法」に基づいて鉱工業品の品質や性能等の基準を定めていたが，2019（令和元）年7月より，データやサービス，経営管理等も標準化の対象となり，「産業標準化法」に基づく「日本産業規格」に変更された。

第3章 ユニバーサルデザイン共用品と福祉用具 8日目

■ プリペイドカードの識別

こうした標準化に向けた日本の取り組みは，世界に先駆けて行われ，国際社会に大きな影響を与えました。日本は，高齢社会の経験を活かし，この分野において国際社会をリードしながら，より多くの国への普及を図ることが重要です。

(3) 国際社会における規格

日本産業標準調査会（JISC）の提案をきっかけに国際的な基本規格である「ISO/IECガイド71」は制定された。

標準化機関には，地域的なものから国際的なものまでさまざまなものがあります。国際社会における代表的な標準化機関としては，**国際標準化機構**（ISO）と**国際電気標準会議**（IEC）があります。

2001（平成13）年11月，規格を作る際，高齢者および障害のある人への配慮を行うための参考書（ガイド）である「ISO/IECガイド71」が制定されました。

同ガイドは，**日本産業標準調査会**（JISC）が，ISOの消費者政策委員会（COPOLCO）に作成を提案したものであり，提案国である日本が議長国となるなど，ガイドの制定に大きく貢献しました。その後，ヨーロッパの規格作成機関であるCEN/CENELECにもガイド6として採用され，ガイド6が欧州各国，韓国，中国でも国家ガイドとして採用されています。

また，「ISO/IECガイド71」は日本においてもJIS Z 8071「高齢者及び障害のある人々のニーズに対応した規格

用語

国際標準化機構（ISO）
電気分野および電子技術分野を除く産業分野の標準化を目的とする国際機関。製品やサービスの国際流通を促し，知的，科学的，技術的，経済的な活動分野の国際間協力の発展を目的としている。1947（昭和22）年に設立された。

用語

国際電気標準会議（IEC）
電気および電子技術分野の規格の標準化を目的とする国際機関。現在はISOの電気・電子部門を担当。1906（明治39）年に設立された。

作成配慮指針」として，2003（平成15）年に採用されています。

その後日本では，同ガイドをもとにして2021（令和３）年６月までに42種類の高齢者・障害者配慮設計指針の規格ができています（高齢者・障害者配慮JIS）。

また，2010（平成22）年３月には日本の提案により，福祉用具の委員会（TC173）に新たな作業グループができました（SC7）。ここでは，点字表示やアクセシブルミーティングのテーマを国際規格にする作業が行われています。

プラスワン
「ISO/IECガイド71」は，2014（平成26）年12月に改訂版が発行されている。

プラスワン
アクセシブルミーティング
障害のある人たちが会議に参加する場合，会議の主催者が配慮すべき規格。JISでは，会議前，会議中，会議後の場面ごとの参加者に対する配慮点（身体，感覚，認知等）が特性別に記されている。

（4）ISO/IECガイド71とは

見る・聞く・触る・嗅ぐなどの「感覚能力」，話す・握る・歩くなどの「身体能力」，記憶する・考えるなどの「認知能力」といった能力のレベルは，人によってさまざまです。また，食物などの「アレルギー」の有無や程度もそれぞれ異なっています。こうした多様な人々に対して考慮すべき事項を，このガイドは示しています。

このガイドでは，国際基準として「アクセシブルデザイン」の概念を取り上げています。これは，「何らかの機能に制限がある人に焦点を合わせ，これまでのデザインをそのような人々のニーズに合わせて拡張することによって，製品や建物やサービスをそのまま利用できる潜在顧客数を最大限まで増やそうとするデザイン」と定義されています。

つまり，最初からすべての人が使いやすいデザインを目指すのではなく，「何らかの機能に制限がある人」が使いやすいものを開発するということです。そうすることによって，結果的により多くの人が使いやすくなるという意味があります。

アクセシブルデザインを実現する方法として，「修正・改造することなくほとんどの人が利用できるように，製品，サービスおよび環境を設計する」「製品またはサービスをユーザーに合わせて改造できるように設計する（操作部の改造等）」「規格の採用により，障害のある人々向けの特殊製品との互換性を持たせ，相互接続を可能にする」の３項目があげられています。

(5) ISO/IEC ガイド 71 の改訂

「ISO/IECガイド71」は，2014（平成26）年12月に改訂され，タイトルが以前の「高齢者及び障害のある人々のニーズに対応した規格作成配慮指針」から「**規格におけるアクセシビリティ配慮のためのガイド**」に変わりました。これにより対象が，高齢者および障害者だけでなく，**日常生活に何らかの不便を感じている多くの人**に広がりました。

また，従来の配慮点からのアプローチに加え，新たに「アクセシビリティ目標」という理論的な章を設け，「アクセシビリティ目標」からのアプローチを追加するなどの変更が行われています。

この改訂版においても「アクセシブルデザイン」の定義はそのまま残り，ユニバーサルデザインと同様な意味で使用される場合があるとしています。

(6) 不便さ調査

「不便さ調査」については，（公財）共用品推進機構から報告書が出ていますね。

共用品には，「**不便さ調査**」から開発され，普及したものもあります。「不便さ調査」とは，障害者や高齢者，妊産婦などを対象に，日常生活でどのような不便さを感じているのかを調査したものです。報告書としてもまとめられています。

車いすの使用者からは，「冷蔵庫などの，高いところにある物が，とれない，しまえない」「高さが合わないテーブルなどがある」「高い段差があると進めない」などの不便さを，家の内外で感じていることが示されました。

また，とくに障害のない高齢者でも，「家電製品，包装容器等の表示が見づらい」「包装容器がかたくて開けづらい」「高い物が取りづらい，しまいづらい」「家事を行うのがひと苦労」などの不便さが報告されています。

こういった生活上の不便さの現状を知ることは，共用品の開発・普及にとって重要なことなのです。

■ 不便さ調査報告書

1993/10	視覚障害者が朝起きてから夜寝るまでの不便さ調査報告書
1995/4	飲み物容器に関する不便さ調査報告書
1995/9	耳の不自由な人が感じている朝起きてから夜寝るまでの不便さ調査報告書
1995/10	妊産婦の日常生活・職場における不便さ調査研究報告書
1997/4	高齢者の交通機関とその周辺での不便さ調査報告書
1998/7	車いす使用者の日常生活の不便さに関する調査報告書
1999/6	高齢者の家庭内での不便さ調査報告書
2000/2	弱視者不便さ調査報告書
2000/3	障害者・高齢者の不便さリスト
2001/3	子どもの不便さ調査報告書
2001/3	知的障害者の不便さ調査報告書
2002/3	聴覚障害者が必要としている音情報
2002/12	高齢者の余暇生活の実態とニーズ調査報告書
2011/8	視覚障害者不便さ調査成果報告書

(7) 良かったこと調査

（公財）共用品推進機構は，前身にあたる市民団体，財団法人の時代を含め，約20年間，障害者や高齢者等の日常生活における「不便さ調査」を実施し，報告書としてまとめてきました。「不便さ調査」は，今まで不便だった製品やサービスを明らかにすることで，マイナスだったところをゼロに戻す役割を担ってきたともいえます。

しかし，「不便さ調査」は，さまざまな対象（障害等）ごとに行っていたため，相反する意見は出てきませんでした。そのため，製品やサービスを企画・開発・製造・販売および実施する側は，異なる対象（障害者等）から出される異なるニーズについては，次年度以降に聞くこととなり，広い視野に立ったくふうがなかなか出てこない状況でした。

そこで，上記の課題を解決するために「良かったこと調査」を実施し，①「不便さ調査」から「良かったこと調査」へ，②「一障害」から「複数の障害」へ，そして「高齢者」への２つの意図で，恒常的に効率よく，より多くの人たちが使える製品・サービスが創出できるよう報告書としてまとめています。

■ 良かったこと調査報告書

2014/5	旅行に関する良かったこと調査
2015/4	コンビニエンスストアに関する良かったこと調査
2016/3	医療機関に関する良かったこと調査
2017/6	家電製品，家事の道具等に関する良かったこと調査
2018/3	パッケージに関する良かったこと調査
2019/3	東京・杉並区の良かったこと調査
2020/3	公共トイレに関する良かったこと調査
2021/3	沖縄県，岡山市の良かったこと調査報告書

キーホルダー

Key	確認したらチェック ☑
共用品の考え方と定義	□ 共用品とは，特定の人だけでなく，だれもが利用しやすくつくられている用具をいう。
	□ 共用品が広く普及するためには，業界全体で配慮部分を統一し，標準化していくことが求められる。
共用品の標準化に向けて	□ わが国の代表的な規格の一つである日本産業規格（JIS）は，鉱工業品，データ，サービス等の品質や性能などの基準を定めている。
	□ 日本産業標準調査会（JISC）の提案をきっかけに国際的な基本規格である「ISO/IECガイド71」は制定された。

レッスン 16

福祉用具とは

9日目

A
重要度

学習のねらい 福祉用具を適切に選択し使用することは，障害者・高齢者の自立や社会参画の促進につながります。ここでは，福祉用具の分類と導入の留意点，また介護保険で利用できる福祉用具について学習します。

❶ 福祉用具の定義と分類

(1) 福祉用具の定義

福祉用具とは，高齢者や障害のある人に特別な配慮をした用具である。

福祉用具と共用品の解釈の違いをしっかり理解しましょう。

1993（平成5）年に制定された「福祉用具の研究開発及び普及の促進に関する法律（福祉用具法）」によると，福祉用具の定義は「心身の機能が低下し日常生活を営むのに支障のある老人又は心身障害者の日常生活上の便宜を図るための用具及びこれらの者の機能訓練のための用具並びに補装具をいう」とされています。

使用者を限定しない用具が共用品であるとすれば，障害のある人や高齢者を対象に特別な配慮をした用具が「福祉用具」といえます。

一方，国際標準化機構（ISO）による国際福祉用具分類では,「障害者のための用具，器具，機具，機器，ソフトウェアであって，特製品，汎用製品を問わず，以下のいずれかを目的とするもの。○社会参加。○心身機能／身体構造と活動の保護・支援・訓練・測定・代替。○機能障害・活動制限あるいは参加制約の防止。」としています。

すなわち生活機能の改善に有用であれば，共用品はもとより，一般の汎用製品も含めて福祉用具である，と広い解釈を示しています。

(2) 福祉用具の分類

福祉用具は使用目的や機能により分類され，使用者の状況によって選択・使用方法が異なる。

福祉用具は，使用する目的や機能などによって，いくつかのカテゴリーに分類されています。

例えば車いすでは，日常生活の介護をスムーズに行うための**介護機器**と，日常生活を自分で行うことを容易にする，あるいは便利にするための**自立機器**とでは用具が異なります。介護機器としての車いすは介助者が押すことを目的に作られた**介助式**であり，自立機器としての車いすは障害者が自分で操作することを前提とした**自走式**となります。

用語
エルゴメーター
スポーツを実際に行っているのと似た条件の負荷をかけて，運動者の体力測定やトレーニングを行う器具。

■ 福祉用具の分類例

分類	例
介護機器（日常生活の介護を容易にする機器）	日常生活用品（食事，整容，更衣，トイレ，入浴，意思伝達，睡眠，移動，体位保持） 外出用品（車いす，自動車など） 趣味用品（テレビ，ラジオなど）
自立機器（日常生活を自分で行うのに便利または容易にする機器）	日常生活用品（食事，整容，更衣，トイレ，入浴，意思伝達，睡眠，移動，体位保持） 家事，ホームメンテナンス用品 外出用品（ワゴン，自動車など） 趣味用品（カメラ，テレビ，トランプ，木工，手芸など） 健康管理増進機器（血圧計，体温計，エルゴメーター）
治療機器（心身機能を治療する機器）	生命維持機器（人工呼吸器など） 物理療法機器，運動療法機器，装具，評価測定機器
機能補填（ほてん）機器（喪失した機能を代替する機器）	眼鏡，補聴器，義肢，義歯，義眼，装具，酸素補給器
訓練機器（生活能力を訓練する機器）	日常生活訓練機器，作業能力訓練機器
職業能力開発機器（職業能力の開発を行う機器）	評価測定機器，作業訓練機器

出典：日本作業療法士協会「高齢者機器に関する調査研究」，1991より一部改変

そのため，福祉用具は使用する人の自立度や介護度の状況によって，選び方や使い方が異なります。

❷ 福祉用具導入の留意点

福祉用具は，利用者や家族の状況，用具の機能やコストなどを考慮して導入する。

福祉用具を導入する際には，基本的な機能や性能，コストなども十分理解したうえで，利用者の心身の状況や家族の介護力，用具を使用する生活環境などを把握し，それに見合った福祉用具を選ぶことが大切です。

導入時に留意すべき点は，主に次の５つです。

① 目的に合った用具を選択する

機能や構造，素材，性能の違い，また自立機器か介護機器かといった用途の違いをしっかり理解しましょう。そのうえで，利用者の心身の状況，家族の介護能力，生活環境に適したものを選択することが重要です。

② 導入の時期を見極める

利用者の心身状況は変化するため，ふさわしい福祉用具もそのつど変わってきます。とくに進行性疾患の場合は，変化する症状に合わせてどの福祉用具をいつ導入するのか，タイミングを見極めなければなりません。

③ 活用の目的を明確にする

仕事に使うのか，買い物に使うのか，それとも趣味の活動をするために使うのかなど，福祉用具を何のために導入するのか，利用者にとっての目的を明確にすることが重要です。そうすれば，利用者のモチベーションも高まり，用具をより有効に活用することができます。

④ 適切な使い方を指導する

福祉用具に頼りすぎると，廃用症候群（生活不活発病）を招く場合があります。また，福祉用具の使用方法を間違えると事故を起こしたり，けがをする可能性もありま

用語

廃用症候群（生活不活発病）

安静や寝たきりなどで心身を長期間使用しないことにより引き起こされる機能低下のこと。心肺や消化器官の機能低下，皮膚・筋肉の萎縮，関節の拘縮などの症状がみられる。

す。とくに認知症高齢者など，判断能力が低下している利用者への導入は，安全面への配慮が必要です。福祉用具の使い方や付き合い方について，必ず専門職のアドバイスを受けましょう。

⑤　福祉用具は福祉住環境整備の一つ

住宅改修や介護サービスと同じように，福祉用具は福祉住環境整備の一つの選択肢といえます。コストを含め，有効な活用方法を考えていくことが重要です。また，福祉用具を導入するだけでは，生活上の障害をすべて解決することは困難です。家具の配置や介護の役割分担など，生活のあり方全体を考慮していくことが必要です。

③ 介護保険で利用できる福祉用具

介護保険の給付対象となる福祉用具は19種目あり，貸与品目と購入品目に分けられる。入浴・排泄関連のものなどは購入となる。

介護保険制度では，要介護・要支援と認定された人は，福祉用具の給付を受けることができます。給付対象の福祉用具は19種目で，「心身の機能が低下し日常生活を営むのに支障がある要介護者等の日常生活上の便宜を図るための用具及び要介護者等の機能訓練のための用具であって，要介護者等の日常生活の自立を助けるためのもの」と定義されているものです。

給付対象の福祉用具は，**貸与品目**と**購入品目**に分けられます。貸与の場合は，原則として貸与に要した費用の１割（第１号被保険者のうち，一定以上所得者は２割または３割）が利用者負担となります。また，入浴・排泄関連のものなど貸与にふさわしくない福祉用具（特定福祉用具）は購入となります。その場合，購入後に**償還払い**（しょうかん）を受ける仕組みになっており，こちらも利用者負担は１割（２割または３割）です。ただし，購入費の支給限度基準額は同一年

福祉用具貸与の見直し

貸与価格のばらつきを抑制し，適正価格での貸与を確保するため，下記の見直しがされた。

①国による全国平均貸与価格の公表

②福祉用具専門相談員に対し，貸与する際に貸与価格と全国平均貸与価格等を利用者に説明することや，機能や価格帯の異なる複数の商品を提示することを義務付け

③貸与価格の上限を設定

※②のうち複数の商品提示は2018（平成30）年４月から実施，それ以外は同年10月から実施

度で10万円と定められています(実際に給付される金額は，9割である9万円〔8割である8万円，7割である7万円〕まで)。

また，一般的に福祉用具と呼ばれているものであっても，「介護保険法」で定められていない場合があります。したがって，利用者は希望する用具の構造や機能だけでなく，介護保険制度における給付対象種目であるかどうかも介護支援専門員や**福祉用具専門相談員**などに相談することが必要です。

用語

福祉用具専門相談員
福祉用具関連の専門知識を持ち，福祉用具選びのための適切なアドバイスや情報提供などを行う。

福祉用具貸与の対象となるもの	
①車いす ★	自走用標準形車いす，普通形電動車いす，または介助用標準形車いすに限る
②車いす付属品 ★	クッション，電動補助装置などであって，車いすと一体的に使用されるものに限る
③特殊寝台 ★	サイドレールが取り付けてあるもの，または取り付けることが可能なものであって，次の機能のいずれかを有するもの ①背部または脚部の傾斜角度が調整できる機能 ②床板の高さが無段階に調整できる機能
④特殊寝台付属品 ★	マットレス，サイドレールなどであって，特殊寝台と一体的に使用されるものに限る
⑤床ずれ防止用具 ★	次のいずれかに該当するものに限る ①送風装置または空気圧調整装置を備えた空気マット ②水などによって減圧による体圧分散効果を持つ全身用のマット
⑥体位変換器 ★	空気パッドなどを身体の下に挿入することにより，居宅要介護者等の体位を容易に変換できる機能を有するものに限り，体位の保持のみを目的とするものを除く
⑦手すり	取り付けに際し工事を伴わないものに限る
⑧スロープ	段差解消のためのものであって，取り付けに際し工事を伴わないものに限る
⑨歩行器	歩行が困難な者の歩行機能を補う機能を有し，移動時に体重を支える構造を有するものであって，次のいずれかに該当するものに限る ①車輪を有するものにあっては，体の前および左右を囲む把手(とって)などを有するもの ②4脚を有するものにあっては，上肢で保持して移動させることが可能なもの
⑩歩行補助つえ	松葉つえ，カナディアン･クラッチ，ロフストランド･クラッチ，プラットホームクラッチ，多点つえに限る

福祉用具貸与の対象となるもの（つづき）	
⑪認知症老人徘徊感知機器 ★	認知症高齢者が屋外へ出ようとしたときなど，センサーにより感知し，家族，隣人などへ通報するもの
⑫移動用リフト ★（つり具の部分を除く）	床走行式，固定式または据置式であり，かつ，身体を吊り上げまたは体重を支える構造を有するものであって，その構造により，自力での移動が困難な者の移動を補助する機能を有するもの（取り付けに住宅の改修を伴うものを除く）
⑬自動排泄処理装置 ★	尿または便が自動的に吸収されるものであり，かつ，尿や便の経路となる部分を分割することが可能な構造を有するものであって，居宅要介護者等またはその介護を行う者が容易に使用できるもの（交換可能部品〔レシーバー，チューブ，タンク等のうち，尿や便の経路となるものであって，居宅要介護者等またはその介護を行う者が容易に交換できるものをいう〕を除く）

表内★印のものは軽度者（要支援１，２および要介護１。自動排泄処理装置については加えて要介護２，３）は原則対象外。ただし，身体状態によって例外として給付される場合もあります。

福祉用具購入費の対象となる特定福祉用具	
①腰掛便座	次のいずれかに該当するものに限る ①和式便器の上に置いて腰掛け式に変換するもの（腰掛式に変換する場合に高さを補うものを含む） ②洋式便器の上に置いて高さを補うもの ③電動式またはスプリング式で便座から立ち上がる際に補助できる機能を有しているもの ④便座，バケツなどからなり，移動可能である便器（水洗機能を有する便器を含み，居室において利用可能なものに限る）
②自動排泄処理装置の交換可能部品	自動排泄処理装置の交換可能部品（レシーバー，チューブ，タンク等）のうち尿や便の経路となるものであって，居宅要介護者等またはその介護を行う者が容易に交換できるもの 専用パッド，洗浄液等排泄の都度消費するものおよび専用パンツ，専用シーツ等の関連製品は除かれる
③排泄予測支援機器	膀胱内の状態を感知し，尿量を推定するもので，排尿の機会を利用者または介護者に通知するものが対象となる
④入浴補助用具	座位の保持，浴槽への出入りなどの入浴に際しての補助を目的とする用具であって，次のいずれかに該当するものに限る ①入浴用椅子　②浴槽用手すり　③浴槽内椅子　④入浴台 ⑤浴室内すのこ　⑥浴槽内すのこ　⑦入浴用介助ベルト
⑤簡易浴槽	空気式または折りたたみ式などで容易に移動できるものであって，取水または排水のための工事を伴わないもの
⑥移動用リフトのつり具の部分	身体に適合するもので移動用リフトに連結可能なもの

④ 福祉用具の役割と今後の発展

福祉用具は，単に身体機能を補うだけでなく，自立や社会参加を促進するものとして期待されている。

共用品が使用者を限定しない用具であるのに対し，福祉用具は障害のある人や高齢者を対象に特別な配慮がなされた用具とされ，高齢者や障害者が低下した身体機能や障害を補う道具として発達してきました。

福祉用具の役割も変化してきているのね。

しかし現在では，福祉用具の役割も変化してきており，低下した身体機能を単に補うだけではなく，QOLの向上や自立と社会参加を推進し，人間としての尊厳の回復を目指すものとして期待されるようになっています。

実際，障害者の社会参加の促進には，パソコンの急速な発展と普及を背景に，コミュニケーション機器の開発が進んだことも貢献しているといえます。また，用具にもさまざまなくふうが施され，機能面だけでなく意匠面での配慮も進んだことで，使う人の心理的なハードルを下げる手助けをしています。

福祉用具は，こうした変化の中で求められる役割像へと近づきつつあります。しかし，さらに福祉用具が有効に活用されるためには，利用者や介護者の心身の状況や家族関係，生活環境などを総合的に判断し，アドバイスする専門職との連携が重要となっています。

キーホルダー

Key	確認したらチェック ☑
福祉用具の定義と分類	□ 福祉用具とは，高齢者や障害のある人に特別な配慮をした用具である。
	□ 福祉用具は使用目的や機能により分類され，使用者の状況によって選択・使用方法が異なる。
福祉用具導入の留意点	□ 福祉用具は，利用者や家族の状況，用具の機能やコストなどを考慮して導入する。
介護保険で利用できる福祉用具	□ 介護保険の給付対象となる福祉用具は19種目あり，貸与品目と購入品目に分けられる。入浴・排泄関連のものなどは購入となる。
福祉用具の役割と今後の発展	□ 福祉用具は，単に身体機能を補うだけでなく，自立や社会参加を促進するものとして期待されている。

レッスン 17

移動用福祉用具（1）

10日目　A 重要度

学習のねらい 移動が困難な高齢者や障害者を支援する福祉用具には，つえ，歩行器･歩行車，車いすなどがあります。ここでは，それぞれの機能や特徴，使用時の留意点についてしっかりと理解しておきましょう。

❶ つえ

(1) つえの特徴

つえの素材は，軽量化を図るため，主にアルミニウム合金が使われている。

> **プラスワン**
> **介護保険の給付**
> 介護保険では歩行補助つえとして，松葉つえ，カナディアン・クラッチ，プラットホームクラッチ，ロフストランド・クラッチ，多点つえが福祉用具貸与の対象となっている。なお，多脚つえは介護保険では「多点つえ」という名称になっている。

① **目的**……つえは歩行を補助する，最も一般的な福祉用具。立位姿勢の保持や歩行機能の向上を目的としている。

② **適応**……下肢の機能低下，片麻痺などで歩行能力が低下した人などが使うのに適している。

③ **素材と構造**……種類によって握りやつえ先の形状が異なるが，基本的に**握り・支柱・つえ先**で構成されている。素材は，軽量化を図るために**アルミニウム合金**製が多く，通常はつえ先に滑り止めのゴムキャップが付いている。

(2) 主なつえの種類

多脚つえは，ステッキやT字型つえの使用者よりも歩行の安定性が低い人が利用する。

●C字型（彎曲型）つえ（ステッキ）

① **C字型（彎曲型）つえ**（ステッキ）……握り部分がC字に彎曲している。下肢の機能がやや低下した高齢者が，ちょっとした支えとして使用する場合に適している。体重をかけた時の安定性に欠けるので注意が必要。

② **T字型つえ**……ステッキよりも体重をかけやすい点

が特徴のつえ。一般的に脳血管性障害などによる下肢の機能低下や片麻痺などの障害がある人が使用する。

③　**多脚つえ（多点つえ）**……ステッキやT字型つえを使っている人より，歩行の安定性がさらに低下している人に向いている。つえ先が3～5脚に分かれているため支持面積が広く，つえに体重を十分にかけられるので，安定した足の運びができる。

④　**ロフストランド・クラッチ（前腕固定型つえ，エルボークラッチ）**……下肢の骨折や片足切断，対麻痺，股関節症，膝関節症などによる障害がある時などに使用される。握り上部に前腕を支持するためのカフと呼ばれる輪があり，前腕と握りの2点で支持できるため，握力の弱さをカバーすることができる。

（3）使用上の留意点

つえの高さは，手首あるいは足の付け根（大腿骨大転子）の高さにする。

つえの多くはプッシュボタン式になっており長さが調節できるので，身長や身体機能に合わせて使用することができます。つえの高さは，手首の高さ，あるいは足の付け根（大腿骨大転子（だいたいこつだいてんし））の高さが目安になります。

歩行障害の場合は，疾患によって適応するつえの形が異なるので，専門機関での指導を受ける必要があります。また，多脚つえは平らな接地面でないと安定しません。屋内・屋外など，使用する場所を考慮して選びましょう。

❷ 歩行器・歩行車

（1）歩行器・歩行車の特徴

歩行器・歩行車は，安定した自立ができるのでつえ歩行の前段階で用いられることも多い。

①　**目的**……歩行支援のための用具。つえより安定性が

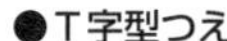
●T字型つえ

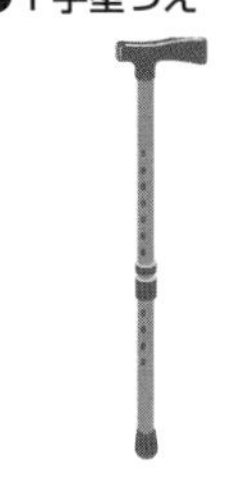

●多脚つえ（多点つえ）

●ロフストランド・クラッチ
（前腕固定型つえ,エルボークラッチ）

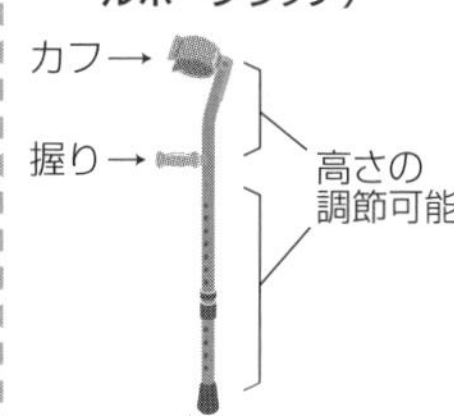

プラスワン

介護保険の給付

介護保険では，歩行器（介護保険では歩行器・歩行車の分類に関係なく「歩行器」という統一表記がなされている）は，福祉用具貸与の対象となっている。

第3章 ユニバーサルデザイン共用品と福祉用具

10日目

あるので，回復期においてつえ歩行へと改善する前段階で用いられることも多くなっている。

② **適応**……つえを使用する状態より，さらに歩行の耐久性が低い場合や，バランスをとるのが困難な人が使用する。

プラスワン
「歩行の耐久性が低い」とは，安定した歩行を長く続けることができないこと。

③ **素材と構造**……歩行器は，**握り部とフレーム**，**脚部**で構成されている。脚部は滑り止めのゴムが付いているものもある。

(2) 種類

交互型歩行器は，片麻痺など半身の身体機能が低下している場合には適さない。

① **交互型歩行器**……歩行器のフレームが斜めに変形し，左右交互に前方に押し出しながら進む。フレームを持ち上げる必要はない。構造上，片麻痺など半身の身体機能が低下している場合には適さない。

検定試験では，つえや歩行器，車いすなどの移動用福祉用具についてよく問われています。種類や特徴，使用上の留意点などをしっかり覚えましょう。

② **固定型歩行器**……本体を持ち上げて，前方に下ろすことで進む。交互型と異なり，フレームは変形しない。下肢の支持性はあっても，歩行の耐久性が低い場合に使用する。軽量化されているが，握力の低下，肩や肘の支持や動きが十分でない場合は使用しづらくなる。

③ **歩行車**……二輪以上の車輪が付いており，両手で操作するもの。三輪，四輪またはそれ以上車輪が付いているもの，シート付きのものもあり，安定性が高く，押し出しによる歩行が可能で，回復期のつえ歩行の前段階として，また転倒のおそれが高い場合に有効。

プラスワン
ブレーキが装備されている歩行車の場合は，ブレーキ操作の必要がある。

④ **シルバーカー**……主に屋外で使用される。三輪，四輪のものなどがあり，支持面積が広く，手元にはブレーキが付いている。カゴが付いている機種などは，高齢者の買い物などに用いられる。体重をかけると前輪が浮いて転倒のおそれがあるため，体重保持機能が必要な場合には歩行車を選択する。

（3）使用上の留意点

歩行器・歩行車・シルバーカーは，ある程度の広さがあり，段差がない場所での使用が適している。

歩行器・歩行車・シルバーカーは，つえと同様に利用者の状態に合わせて高さを調節して使用します。また，スムーズに移動するためには，**段差がなく，ある程度の広さを確保できる場所**を選ぶ必要があります。

■ 歩行器・歩行車・シルバーカー

● 交互型歩行器

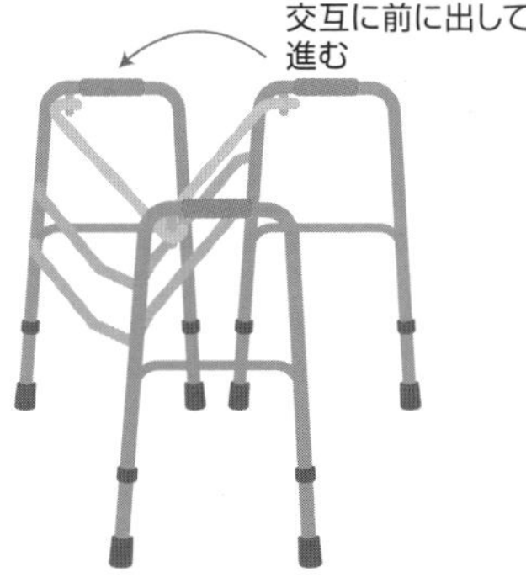

● 固定型歩行器

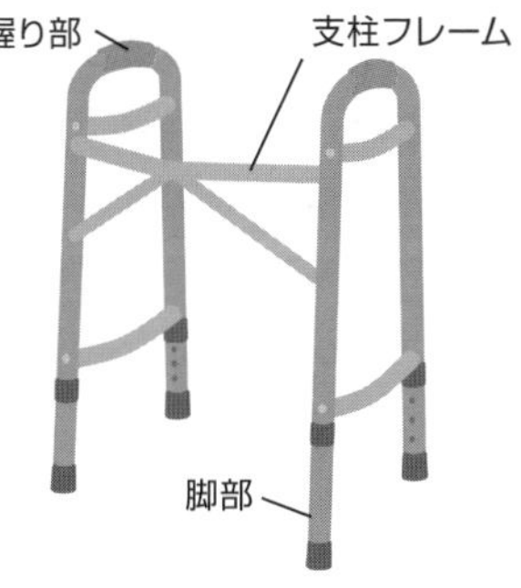

● 歩行車（二輪の例）

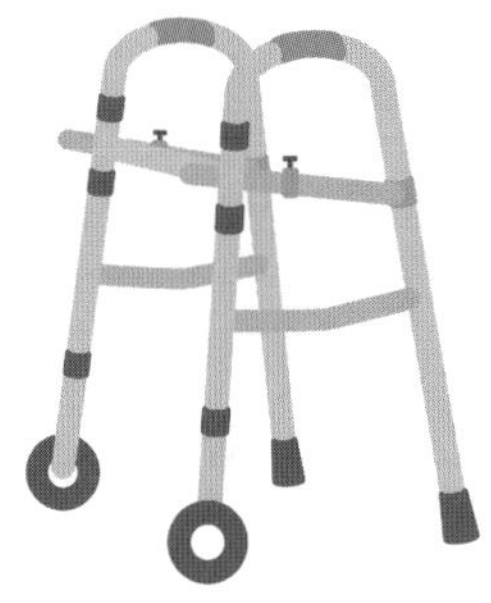

● シルバーカー

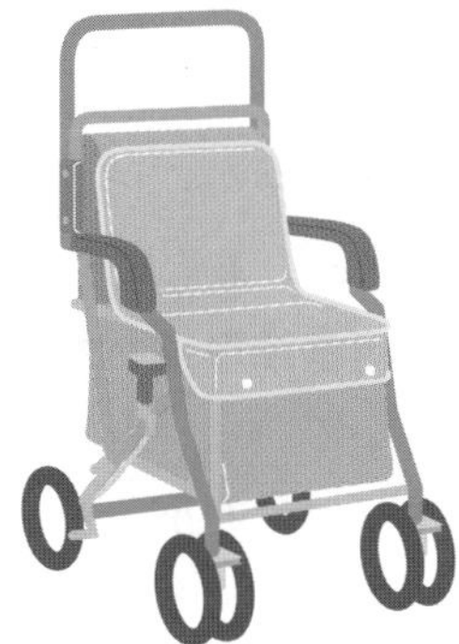

❸ 車いす

(1) 車いすの特徴

駆動方式の違いにより，車いすは大きく手動と電動に分けられる。

① **目的**……移動のための歩行を代替する機器。駆動方式の違いにより，**手動**と**電動**に大きく分けられる。

② **適応**……疾患や障害で歩行が困難になった場合に使用する。上肢の機能や使用の目的，場所，介助者の能力などによって，適切な車いすのタイプは異なり，適切な姿勢の維持や容易な移乗にも配慮する。

③ **素材と構造**……使用する人や目的に応じて各種サポート機能が加えられている。手動車いすに用いられる素材は，一般的に**スチール製**が普及しているが，耐久性を考慮した**ステンレス製**，軽量化を図った**チタン合金製**や**アルミニウム合金製**などもある。重量はスチール製で18～20kg前後，アルミニウム合金製は10kg前後。

(2) 種類

座位変換形車いすには，リクライニング式や座席昇降式のものがある。

① **自走用（自操用）標準形車いす**……利用者自身が駆動輪をハンドリムで操作して自走する車いす。**手押しハンドル**や**ティッピングレバー**で介助者が操作することもできる。最も多く使用されているタイプ。

② **介助用標準形車いす**……**駆動輪が小さく**，ハンドリムが付いていないもので，介助者が押して走行させる車いす。比較的小さくできているため，**取り出し・収納が容易**で，**持ち運びしやすい**のが特徴。ただし，フレームの構造上強固さに欠けているため，整地されていない屋外などでの使用には適さない。

プラスワン

介護保険の給付

介護保険では，以下の車いすと車いす付属品が福祉用具貸与の対象となっている。

- ○ 自走用標準形車いす
- ○ 介助用標準形車いす
- ○ 普通形電動車いす
- ○ 車いす付属品（クッション，電動補助装置など車いすと一体的に使用されるものに限る）

プラスワン

車いすは単なる移動の補助だけでなく，歩けなくなった人が座位をとって活動的に生活をするためのものでもある。その点も考慮して，移動のための駆動方式を選定する。

段差がある場合，介助者がティッピングレバーを踏み，キャスタを上げることで，段差を越えることができます。

■ 車いすの基本構造（自走用〔自操用〕標準形車いす）

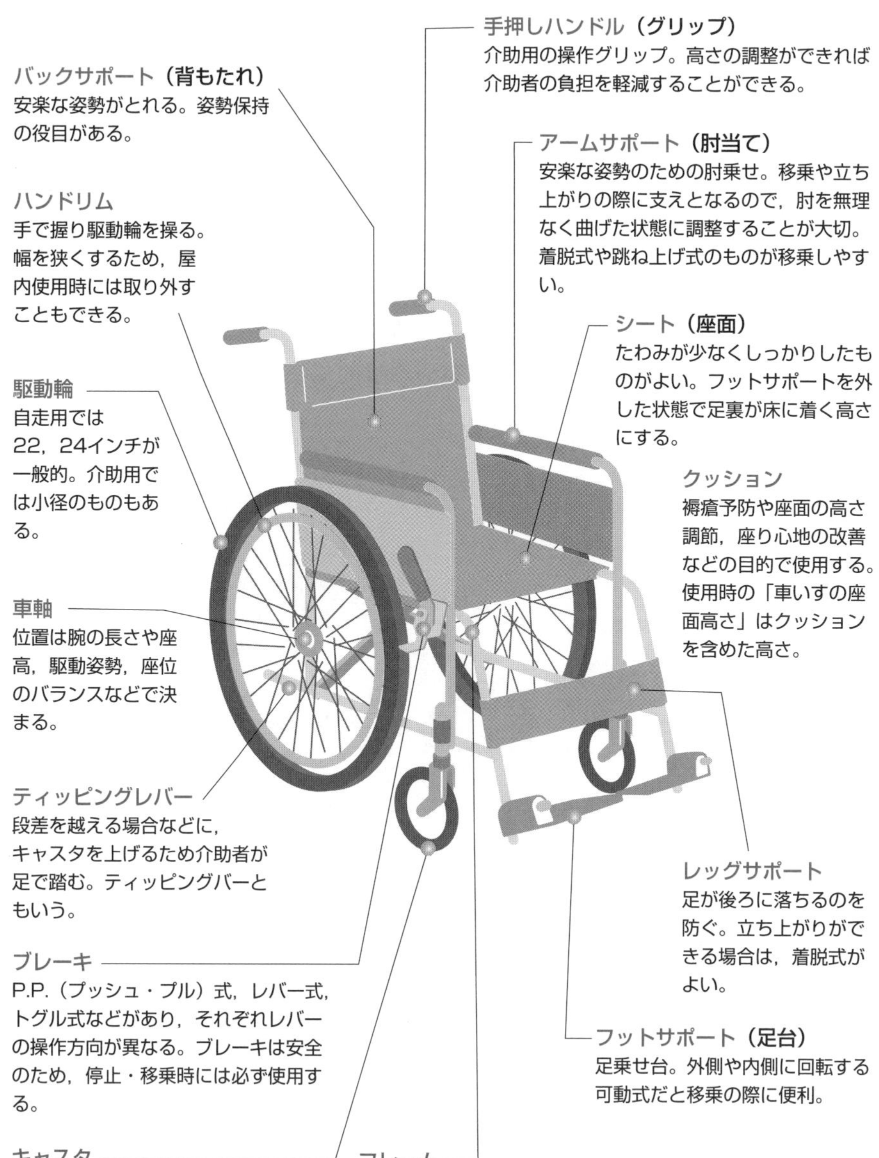

バックサポート（背もたれ）
安楽な姿勢がとれる。姿勢保持の役目がある。

ハンドリム
手で握り駆動輪を操る。幅を狭くするため，屋内使用時には取り外すこともできる。

駆動輪
自走用では22，24インチが一般的。介助用では小径のものもある。

車軸
位置は腕の長さや座高，駆動姿勢，座位のバランスなどで決まる。

ティッピングレバー
段差を越える場合などに，キャスタを上げるため介助者が足で踏む。ティッピングバーともいう。

ブレーキ
P.P.（プッシュ・プル）式，レバー式，トグル式などがあり，それぞれレバーの操作方向が異なる。ブレーキは安全のため，停止・移乗時には必ず使用する。

キャスタ
走行の安定性を保ち，方向転換を容易にする。

手押しハンドル（グリップ）
介助用の操作グリップ。高さの調整ができれば介助者の負担を軽減することができる。

アームサポート（肘当て）
安楽な姿勢のための肘乗せ。移乗や立ち上がりの際に支えとなるので，肘を無理なく曲げた状態に調整することが大切。着脱式や跳ね上げ式のものが移乗しやすい。

シート（座面）
たわみが少なくしっかりしたものがよい。フットサポートを外した状態で足裏が床に着く高さにする。

クッション
褥瘡予防や座面の高さ調節，座り心地の改善などの目的で使用する。使用時の「車いすの座面高さ」はクッションを含めた高さ。

レッグサポート
足が後ろに落ちるのを防ぐ。立ち上がりができる場合は，着脱式がよい。

フットサポート（足台）
足乗せ台。外側や内側に回転する可動式だと移乗の際に便利。

フレーム
スチール製やステンレス製，アルミニウム合金製などがある。構造では，折りたためるXパイプ構造のものもある。

③　座位変換形車いす（昇降式，リクライニング式）

……昇降式の座席，または姿勢変換機能がある車いす。**座席昇降式**は，机や洗面台の高さに合わせたり，床や畳に下りることができるよう，座面の位置（高さ）を調節できる。**リクライニング式**は，背もたれを倒せる車いす。座面と背もたれの角度はそのままに，座面全体の角度を変える**ティルト機構**を備えたものもある。いずれも持続して座位を保つことが困難な人や起立性のめまいを起こす人に対し，徐々に背もたれを起こして，耐久性を高める目的で使用することもできる。

■ 座席昇降式車いす

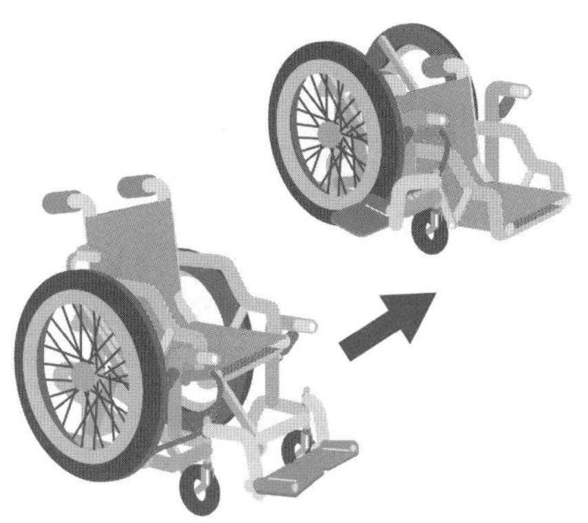

■ リクライニング式車いす

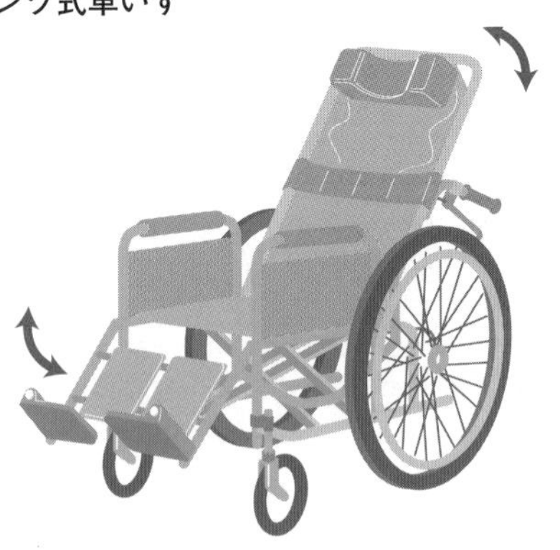

④ **電動車いす**……重度の障害や上肢の機能障害によって，手動の車いすの駆動操作が困難な場合に使用する。充電式のバッテリーが搭載されており，モーターで駆動する。後輪駆動や四輪独立駆動のものなどがある。操作はコントロールボックスのジョイスティックレバーで行う標準形電動車いすと，ハンドルで行うハンドル形電動車いすとがある。

■ 標準形電動車いす

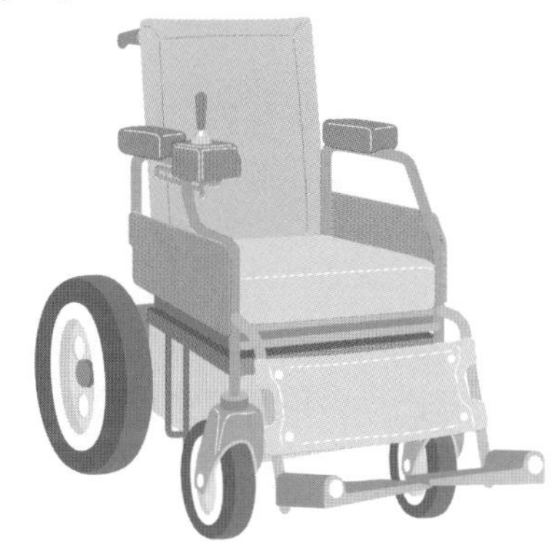

(3) 使用上の留意点

車いすの基本操作を利用者や介助者が十分に習得することが，事故の防止にもつながる。

車いす利用者のニーズは多種多様です。そのため，それぞれのニーズに合った個別的な対応をすることが必要になります。適切な調整をしないで導入すると，高齢者特有の滑り座りや斜め座りなどになりやすく，ずり落ちなどの事故につながることもあるので注意が必要です。事故を防ぐためには，車いすの基本的な操作方法を利用者本人だけでなく介助者も習得することが必要です。

とくにハンドル形電動車いすでは，踏切や横断歩道での事故が多数報告されているため，導入時には十分な配慮が必要です。

プラスワン

一般に標準形電動車いすは座位保持のための適合が必要で，重度の障害者（脊髄損傷など）で，若く活動的な人が用いる。ハンドル形電動車いすは，両手でハンドルを操作できる高齢者が，屋外用にスクーター代わりに用いる。

プラスワン

標準形電動車いすの操作

重度の障害によりジョイスティックレバーの操作ができない場合は，顎の動きで操作できるようにするなど，障害に応じたくふうが必要である。

レッスン 18

移動用福祉用具（2）

10日目

A 重要度

学習のねらい ここでは移動用の福祉用具の中でも，主に段差の解消や階段の昇降，家の中を自力で移動できない場合などに利用される用具について，その目的や適応，機能や使い方など基本的な知識を学習します。

❶ スロープ

スロープは車いすの移動には必要な用具で，高低差のあまりない段差の解消に利用される。

（1）目的

スロープは玄関の上がりがまちなどの段差を解消し，緩やかな勾配（こうばい）に変えるための用具です。**高低差の小さい段差の解消のために，よく使われます。**

（2）適応

スロープは車いすの利用者にとってはとくに必要な用具です。屋内と屋外のアプローチなど，日常生活の範囲で，段差があるさまざまな場所を移動する際に必要となります。可搬型のスロープにすれば工事の必要もありません。

障害のある人の立位での移動の場合にも利用します。ただし，足関節を固定する**下肢装具を装着している場合は，逆に移動しにくくなる可能性があります。**

（3）素材と構造

スロープは，平面状やくさび型のもの，車いすの車輪部分だけを乗せるレール状のものなど使用状況によって対応する形が違います。また，常に設置しておくタイプと，使用する時のみ設置する折りたたみ式や伸縮式のタイプがあります。

材質は使われる場所によって異なり，木製や金属製，特殊樹脂製などさまざまです。

プラスワン
スロープは，段差解消のためのものであり，取り付けの際に工事を伴わないものに限り，介護保険での福祉用具貸与の対象となる。

用語
くさび型
V字形をしたくさび（一端が厚く，他端に至るに従って薄くなるようにつくった刃形のもの）に似た形。

(4) 使い方と留意点

車いすでの使用がスムーズに行われるためには，スロープは緩やかな勾配でなくてはなりません。そのため高低差が大きい場合は，勾配を緩やかにしようとするとスロープが長くなってしまいます。**スペースなどに問題がある場合は，段差解消機などほかの方法で解決しなければなりません。**また，スロープの導入時には，利用者の能力だけでなく，介助者の車いすの操作能力やスロープ設置時の労力なども考慮しなくてはなりません。

❷ 段差解消機

段差解消機は，歩行が困難な人や車いす使用者の自立移動のため，比較的大きな段差を解消するための垂直移動装置である。

(1) 目的

段差解消機は，屋外と屋内，道路と敷地など，比較的大きな**段差を解消するための垂直移動装置**です。

(2) 適応

歩行が困難な人や車いす使用者の自立移動を助けます。比較的狭い敷地でも設置が可能なので，スロープを長くとれない場合や，階段の上り下りが難しい場合などにも使用されます。

(3) 使い方と留意点

車いす，または車いすと介助者がテーブル状の台に乗り，垂直に昇降します。介助者の負担軽減や早期に身体能力低下が予想される場合などには，スロープよりも有効となる場合が多いです。

しかし，安全に利用するためには，操作方法など利用者や介助者への訓練が必要です。設置後はメンテナンスにも気を配り，転落防止や子どもなどによる誤操作にも十分配慮して管理しなければなりません。

（4）種類

介助者がハンドルや足踏みペダルを操作する手動式と，本人も操作できる電動式があります。電動式には，台の下に昇降機構をもつパンタグラフ式のものと，台の側面の支柱に沿って昇降するフォークリフト式があります。

また固定式の台で乗り込む方向が進行方向に限られているもの，テーブル面を回転させて方向を変換できるもの，屋外設置に適した防湿型・防水型など，さまざまな種類があります。使用者の身体状況や設置場所などを考えて選択し，設置します。

■ 電動式段差解消機

● パンタグラフ式

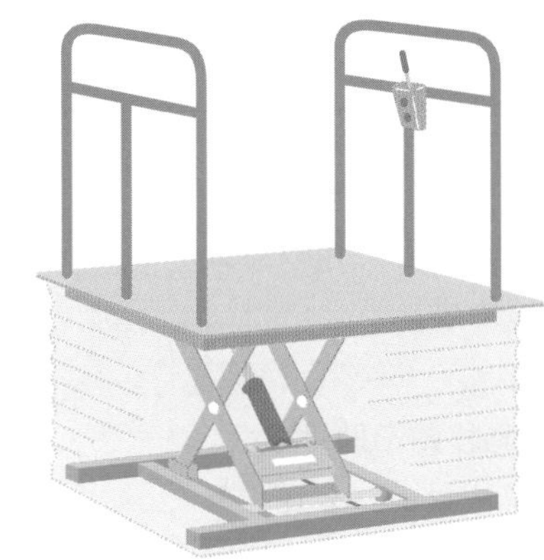

● フォークリフト式

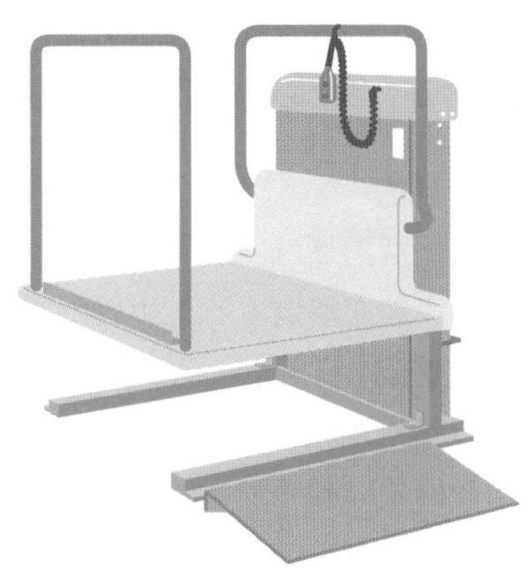

③ 階段昇降機（階段昇降装置）

階段昇降機（階段昇降装置）は，自力での階段の昇降が困難な場合に階段の昇降を支援する目的で用いる設備である。

（1）目的

階段昇降機（階段昇降装置）は，階段の昇降を支援する設備です。人的な介助のみでは困難な場合に導入します。

（2）適応

自力で階段昇降が困難な場合に使用します。

（3）構造

① **固定型階段昇降機（階段昇降機）**……階段に固定させたレールにいすを取り付けたもの。

② **可搬型（自走式）階段昇降機**……ゴムのキャタピラーで駆動する**クローラ方式**と，一段ずつ昇降する機能を組み込んだ**リフトアップ方式**がある。エレベーターがない共同住宅の階段などで使用されている。

（4）使い方と留意点

固定型階段昇降機（階段昇降機）は，いすに利用者が座り，レールに沿って走行させるため，安定した座位をとれることが必要です。いすの肘掛けなどに付いているスイッチを本人が操作するほか，階段の上と下に取り付けたスイッチを，介助者が操作することもできます。

使用時には安全ベルトの着用のほか，車いすから移乗する際の転落防止に配慮するなどの注意が必要です。

可搬型（自走式）階段昇降機の安全な使用のためには，とくに**介護者の訓練が重要**です。安全指導員による指導を受けて操作習熟度が適正であると確認することや，機種が使用環境に適していることが介護保険制度における貸与条件となっています。

■ 固定型階段昇降機（階段昇降機）

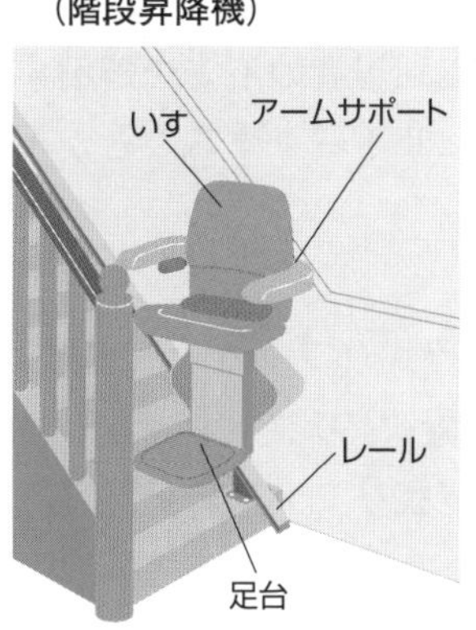

■ 可搬型（自走式）階段昇降機

プラスワン

可搬型（自走式）階段昇降機は2009（平成21）年度から「移動用リフト」の種目として介護保険における福祉用具貸与の対象となっている。

可搬型階段昇降機では，骨折事故などの報告例もあるんですって。

❹ 移動用リフト

自力で移動，移乗できない場合に利用される福祉用具で，移動式，設置式，レール走行式に分けられる。

(1) 目的と適応

移動用リフトはベッドから車いすへの移乗，浴室やトイレ，食堂などへの移動など，自力で移動，移乗できず，人的な介助のみでは困難な場合に使う福祉用具です。

(2) 素材と構造

吊り具（スリングシート）は布製で身体を包み込むものです。支柱やレール，駆動部分のアームは金属製で，電動式，油圧式などがあります。

(3) 使い方と留意点

吊り具で身体を吊るして上下・平行移動し，目的の場所まで移乗・移動させます。使用する際には，住宅内の空間や物理的条件を十分検討し，ゆとりあるスペースを確保することが重要です。これらを怠ると，結果的に使いにくいものになってしまいます。

とくに床走行式リフトは，住宅内の段差や移動スペースに十分な配慮が必要で，介護する人が高齢だったり，上肢の力が弱い場合は，操作が困難となります。そのようなケースでは，機器導入にあたって専門機関に相談するようにします。

また，吊り下げられることによる利用者の不安を解消するために，声かけや揺れないようにサポートすることが重要です。

(4) 種類

移動用リフトは，移動式（床走行式リフトなど），設置式（浴室などで使用する固定式〔設置式〕リフトなど），レール走行式（据置式リフトや天井走行式リフト）に分類されています。

それぞれのリフトの特徴や主に使われる場所を，しっかり覚えてください。

プラスワン

介護保険では，床走行式リフト，固定式（設置式）リフト，据置式リフトは福祉用具貸与の対象となる。また，移動用リフトの吊り具の部分は，福祉用具購入費の対象となる。

① **床走行式リフト**

吊り具を身体の下に敷き込んでハンガー部分にひっかけ，アームを上昇させて，身体を持ち上げたままの状態で床の上を移動させます。

リフトそのものの移動は，支柱部分のバーをつかんで操作します。アームの駆動方式には，**電動式と油圧式があります**。電動式には，充電式と電源コードタイプがあります。

② **固定式（設置式）リフト**

床面や壁面に設置する「**住宅設置式リフト**」と，ベッドや浴槽に設置する「**機器設置式リフト**」があり，ベッドから車いすへの移乗や，浴槽の出入りで使用します。

垂直の昇降と，支柱を中心にした回転範囲で可動できます。アームの上げ下げは電動式が多く，旋回操作は主に介助者によって行われます。

■ 床走行式リフト

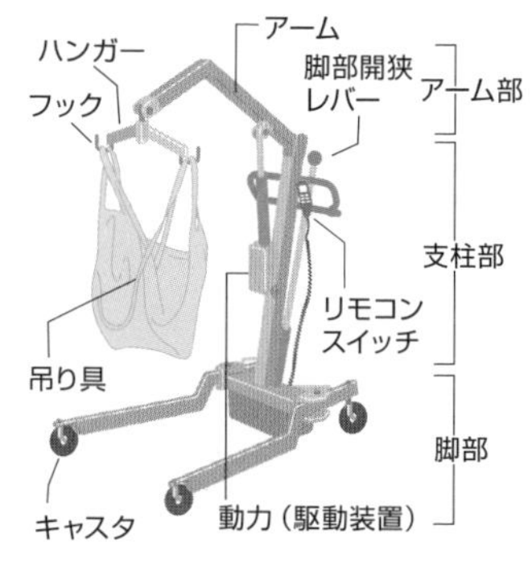

■ 固定式（設置式）リフト

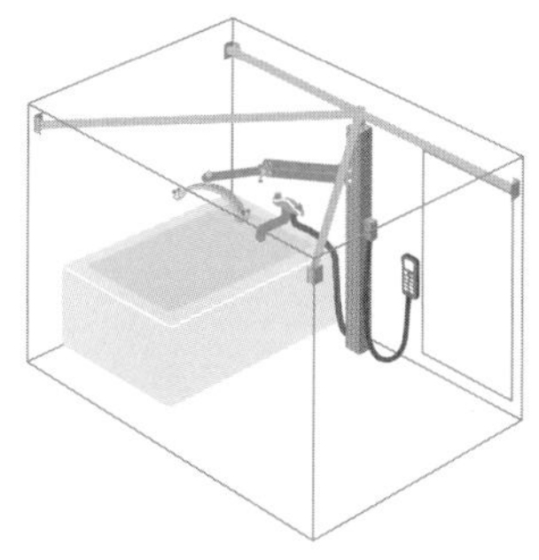

③ **レール走行式リフト**

レール走行式リフトには，**据置式リフトと天井走行式リフトの２つがあります**。

据置式リフトは，架台の上に組み立てられたレールに沿って懸吊（けんちょう）装置が走行するものです。レールの設置工事は必要ありません。

天井走行式リフトは，主に車いすなどの移動用福祉用具を使用しないで室内移動をするための用具で，レールの設置工事が必要です。直線や曲線など，レールの形状は用途や目的によって異なります。

■ レール走行式リフトの種類

●据置式リフト

●天井走行式リフト

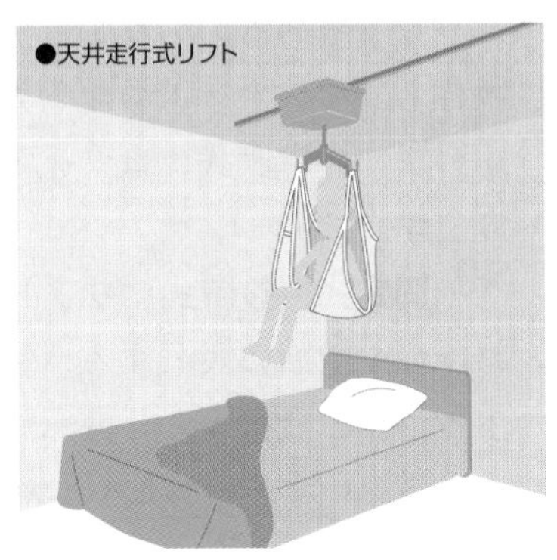

キーホルダー

Key	確認したらチェック ☑
つえ	□ つえの素材は，軽量化を図るため，主にアルミニウム合金が使われている。
	□ 多脚つえは，ステッキやT字型つえの使用者よりも歩行の安定性が低い人が利用する。
	□ つえの高さは，手首あるいは足の付け根（大腿骨大転子）の高さにする。
歩行器・歩行車	□ 歩行器・歩行車は，安定した自立ができるのでつえ歩行の前段階で用いられることも多い。
	□ 交互型歩行器は，片麻痺など半身の身体機能が低下している場合には適さない。
	□ 歩行器・歩行車・シルバーカーは，ある程度の広さがあり，段差がない場所での使用が適している。
車いす	□ 駆動方式の違いにより，車いすは大きく手動と電動に分けられる。
	□ 座位変換形車いすには，リクライニング式や座席昇降式のものがある。
	□ 車いすの基本操作を利用者や介助者が十分に習得することが，事故の防止にもつながる。
スロープ	□ スロープは車いすの移動には必要な用具で，高低差のあまりない段差の解消に利用される。
段差解消機	□ 段差解消機は，歩行が困難な人や車いす使用者の自立移動のため，比較的大きな段差を解消するための垂直移動装置である。
階段昇降機（階段昇降装置）	□ 階段昇降機（階段昇降装置）は，自力での階段の昇降が困難な場合に階段の昇降を支援する目的で用いる設備である。
移動用リフト	□ 自力で移動，移乗できない場合に利用される福祉用具で，移動式，設置式，レール走行式に分けられる。

レッスン 19

起居・就寝用具

11日目

B

重要度

学習のねらい 起居，就寝などの生活動作を支える福祉用具の種類やその特徴などを理解し，どのように生活に取り入れていけばよいかを学習します。それぞれの素材と構造，使い方と留意点なども正しく理解するようにしましょう。

❶ 特殊寝台（介護用ベッド）

特殊寝台（介護用ベッド）には，背上げや膝上げ，高さ調節などの機能があり，寝返りや起き上がり，立ち上がりなどの動作をしやすくする。

(1) 目的

特殊寝台（介護用ベッド）は，寝返りや起き上がり，立ち上がりなどの動作をしやすくする福祉用具で，背上げや膝上げ，高さ調節などの機能があります。

(2) 適応

起居・就寝時の動作が困難な障害者や高齢者が使用します。また，介助者の介護負担を軽減するためにも使われます。

(3) 素材と構造

金属製のベースフレームの上に，可動式のボトム，ヘッドボードやフットボードを取り付けた寝台です。マットレスを支持するボトムは，使う人の身体や症状に合わせて可動するように，4～5枚に分割されていたり，臀(でん)部が後方にスライドしたり，腰部のボトムが蛇腹(じゃばら)構造になっているものなど，多様な形状・構造の製品が揃っています。手動式と電動式があり，在宅用はほとんど電動式です。

(4) 使い方と留意点

特殊寝台（介護用ベッド）は，ベッド上で生活するための用具ではありません。背上げや膝上げなどの機能を使う

特殊寝台（介護用ベッド）は，ベッド上で生活するための用具ではありません。高齢者や障害者の自立を促し，寝たきりから解放されることを目標に使用することが望ましいといえます。

ことで座位姿勢を保持でき，寝たきりを予防することにつながります。ベッドの端に足を下ろして座ることができれば，車いすへの移乗が容易になり，本人の自立を促すことも可能になります。

介助者が介助しやすい高さ，また本人がベッドから立ち上がりやすい高さ，どちらにも調節して使用できます。

急性期を過ぎてもベッド上での生活を続ければ，寝たきりになってしまう可能性が非常に大きくなります。介護用ベッドの利用は，あくまで，脚を投げ出して座る長座位から，ベッドの端に腰かける端座位を経て，寝たきりから解放されることを目標にすべきです。

認知症高齢者の場合などは予測できない行動をとることがあるので，転落事故や，サイドレールとヘッドボードの間に頸（くび）や手首，足首などを挟む事故が起こらないように注意することが必要です。

用語

サイドレール
利用者がベッドから転落しないように取り付ける柵。

プラスワン

ベッド用手すり
ベッドの側面に取り付けて使用するバー。座位を保ったり，起き上がり，立ち上がり，車いすへの移乗などを行うときに，身体を支えるために使う。

■ 特殊寝台（介護用ベッド）

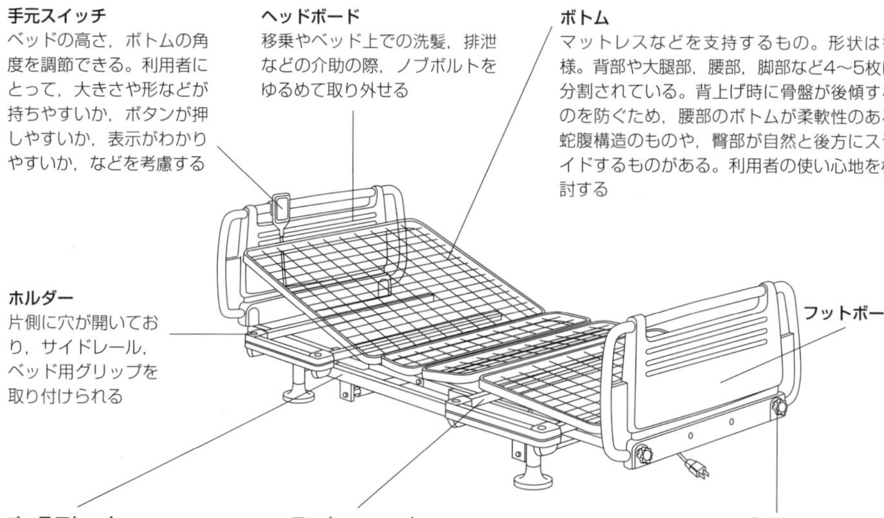
手元スイッチ
ベッドの高さ，ボトムの角度を調節できる。利用者にとって，大きさや形などが持ちやすいか，ボタンが押しやすいか，表示がわかりやすいか，などを考慮する
ヘッドボード
移乗やベッド上での洗髪，排泄などの介助の際，ノブボルトをゆるめて取り外せる
ボトム
マットレスなどを支持するもの。形状は多様。背部や大腿部，腰部，脚部など4～5枚に分割されている。背上げ時に骨盤が後傾するのを防ぐため，腰部のボトムが柔軟性のある蛇腹構造のものや，臀部が自然と後方にスライドするものがある。利用者の使い心地を検討する
ホルダー
片側に穴が開いており，サイドレール，ベッド用グリップを取り付けられる
フットボード
ベースフレーム
ベッドの重さを支えている部分。車いすからの移乗の際に妨げになっていないか確認する
モーターユニット
ボトム，脚部と連動してベッドの高さ，背上げ，膝上げなどの動作を行うモーター部分
ノブボルト
ノブボルトのつまみをひねり，ゆるめれば，ヘッドボード・フットボードが簡単に取り外せる

❷ スライディングボード，スライディングマット，スライディングシーツ

ベッドから車いすへの移乗など，座ったまま横方向に身体の位置をずらしたり，体位変換をしやすくしたりする道具。

(1) 目的・適応

スライディングボードやスライディングマット，スライディングシーツは，ベッドから車いすへの移乗など，横方向に身体の位置をずらし，移乗や体位変換をしやすくするための用具です。スライディングマットやスライディングシーツは，身体をずらすことが難しい場合に寝返りの介助などに使われます。自分で起き上がったり，移乗の際の介助者の負担を減らしたい時も有効です。

(2) 素材と構造

スライディングボードもスライディングマット，スライディングシーツも身体の下に敷き込みやすいよう，滑りやすい素材でできています。

(3) 使い方と留意点

身体の下に敷き込んで，ボードやマット，シーツを滑らせることで身体の向きや位置を変えます。移乗の動作には危険が伴うため，用具の使用には介護者の技術的な能力が要求されます。導入の際には本人の心身状態や利用環境のほか，介護者の介護能力も含めて検討することが重要です。

用語

移乗
別の物に乗り移ること。
例）車いすから便座に移乗する。

■ スライディングボード

■ スライディングマット，スライディングシーツ

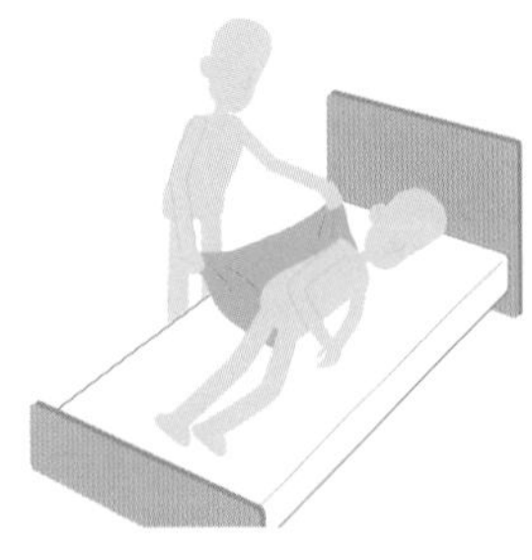

③ 床ずれ防止用具

身体の特定の場所に長時間圧力をかけないようにし，床ずれ（褥瘡）をつくらないようにするための用具。

(1) 目的

床ずれ防止用具は，身体の特定の場所に長時間圧力をかけないようにし，皮膚への圧迫を取り除いて，床ずれ（褥瘡）をつくらないようにするための用具です。

(2) 素材と構造

床ずれ防止用具は，身体への圧迫そのものを和らげる用具で，ウレタンなど身体を柔らかく支えながら体圧を分散させる素材や構造が中心となっています。

(3) 使い方と留意点

床ずれ防止用具は，身体の下に敷いて使います。ウレタンマットレスやエアマットレス，ゲル状のものやウォーターマットレス，さらに医療用のムートンなど，体圧分散機能を持つ多種多様な素材でつくられ，身体の特定の場所に圧力がかからないようにします。

長時間利用することから，使う人の身体機能や状況を踏まえたうえで，生活環境，生活様式，リハビリテーション計画全体の中で最適な用具を選ぶことが必要です。

用語

床ずれ（褥瘡）
全身の栄養不足を背景に，長時間皮膚を圧迫することによって血行が悪くなり，組織の末梢血管が閉塞して壊死を起こすこと。ひどい場合は潰瘍へと進み，感染症のリスクも高くなり，重篤な症状に至る場合もある。

プラスワン

かつては褥瘡の予防にドーナツ型のクッションの「円座」が使われていたが，現在では使われなくなっている。日本褥瘡学会の指針でも使用しないことを強く勧めている。

■ エアマットレス

●パッドタイプ（セルが薄めのもの）

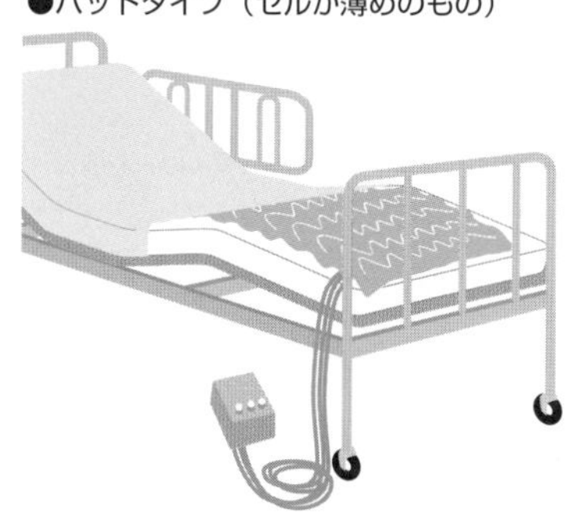

●セルが棒状のタイプ

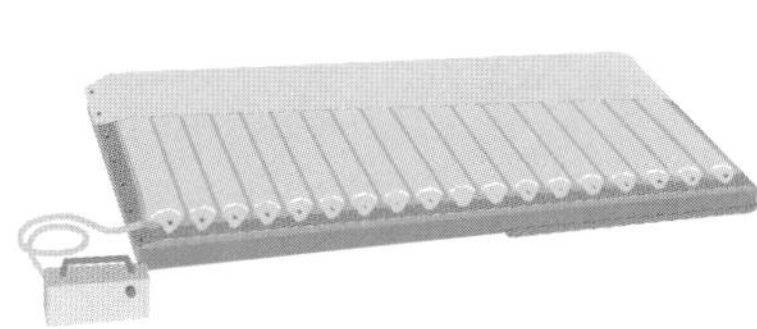

レッスン 20

排泄・入浴・その他

11日目

A 重要度

学習のねらい 排泄や入浴は日常に欠かせない生活動作ですが，最もプライベートな行為であり，人の尊厳に大きくかかわることです。これをサポートする福祉用具では，とくに使う人を尊重し，適切な選択ができるような配慮が必要です。

❶ 排泄関連用具

排泄関連用具の選択は，尿意・便意の有無，排泄のコントロールが可能かどうかがポイントとなる。

排泄に関する福祉用具は，使う人の心身の状態をよく考慮して使用することが大切です。

プラスワン

尿意・便意がない場合には，おむつや尿器（尿をとる機器）の使用を考えるが，ベッドサイドでの端座位が可能ならば，ポータブルトイレの活用などを検討する。

（1）目的・適応

一般的なトイレの使用が困難な場合に使用されます。多くの種類がありますが，排泄関連用具を選ぶ際には，尿意・便意の有無や排泄のコントロールが可能かどうかがポイントとなります。

（2）素材と構造

ポータブルトイレなどの便座部分はプラスチック製で，抗菌処理などを施したものが多く，最近では化学的処理や，微生物の働きを利用して汚物のにおいを処理する脱臭機能付きの製品もみられるようになりました。

（3）使い方と留意点

排泄に関する福祉用具は，使う人の意思を尊重しながら，心身の状態を判断し，活用することが重要です。また，家庭の便器を使用者の状態に合わせて変える場合には，共用する家族への配慮も必要です。

設置をする際は，とくにポータブルトイレは，移乗や立ち上がる際にバランスを崩してトイレごと転倒しないよう固定方法に十分留意します。

また，ポータブルトイレは，歩行が難しい場合に使われ

るため，手すりとの組み合わせに十分配慮します。

麻痺などの障害がある場合，**便器洗浄ボタンや温水洗浄便座リモコンは，操作に不自由しない位置に取り付けます。**

尿意・便意がない場合や寝たきりの状態では，おむつや尿器（尿を取る機器）などの使用を考えます。

(4) 種類

① ポータブルトイレ

便座を含めた本体と汚物を受けるバケツ様の部分からなる**可動式トイレ**です。ベッドサイドで端座位がとれるならば，使用が検討できます。肘掛けや背もたれ付きのもの，家具調の木製のものなど，さまざまなデザインがあります。

また，立ち上がりを楽にするため，足もとが後ろに引ける**四脚タイプ**のものなどもみられます。

ポータブルトイレは居室で使う分，プライバシーへの配慮も必要になりそうだわ。

■ ポータブルトイレ

●スツール形ポータブルトイレ

●標準形ポータブルトイレ（木製いす型）

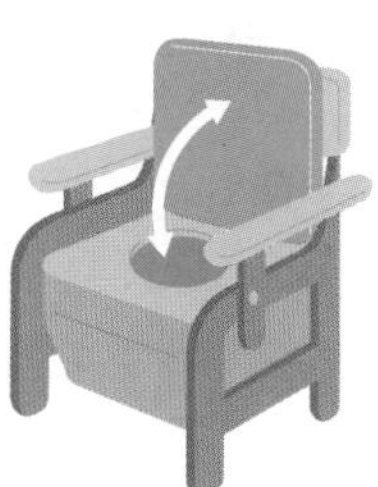

② 立ち上がり補助便座（昇降機構付き便座），補高便座

伝い歩きや介助を付けての歩行が可能な場合は，日中はできる限り，家の中のトイレを使用するようにします。立ち上がり補助便座（昇降機構付き便座）は，便座部分を電動で駆動し，臀部を押し上げて立ち上がりやすくする便座です。

補高便座は，既存の便器の上に載せて高さを補い，立ち上がりを容易にする用具です。

③　据置式便座（床置き式補高便座）

和式便器の上にかぶせて洋式の便座とし，排泄動作を助けます。

■ 立ち上がり補助便座（昇降機構付き便座）

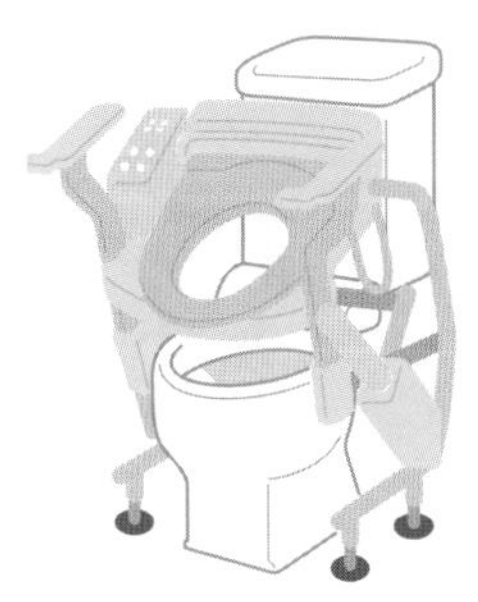

■ 補高便座

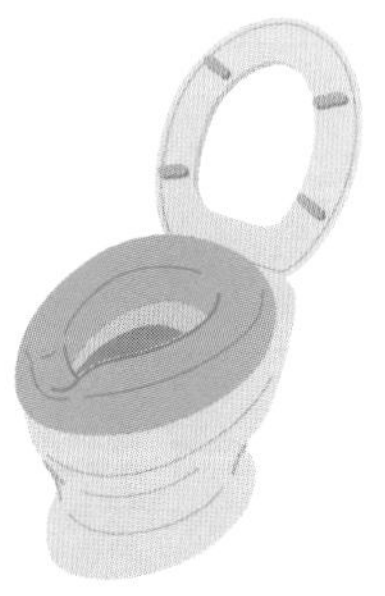

■ 据置式便座（床置き式補高便座）

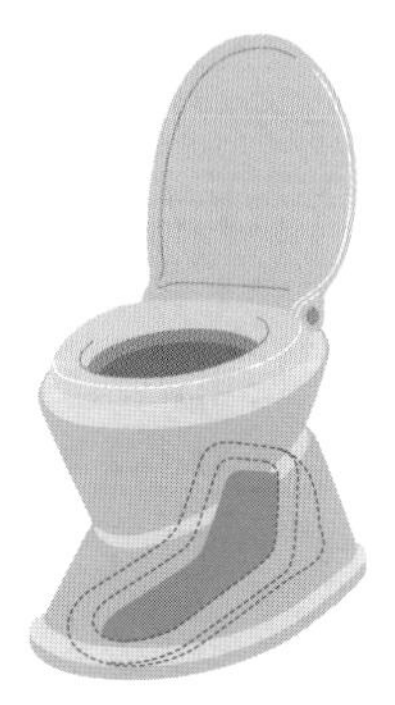

❷ 入浴関連用具

入浴に関する福祉用具は，洗体時の立ち座り・座位保持・浴槽への出入りなどを補助し，入浴動作を安全に行うために利用される。

（1）目的

入浴は心身に対しさまざまな効果があります。身体を清潔にするのはもちろんのことですが，さらに血行の促進，疲労回復，心身のリフレッシュなどもあげられます。

入浴に関する福祉用具は，**洗体時の立ち座り・座位保持・浴槽への出入りなどを補助し，入浴動作を安全に行うために利用される**もののほか，浴室への移動や脱衣などを助けるものもあります。

（2）適応

障害・疾病のある人や虚弱高齢者など，自力での入浴が困難な人，あるいは危険性がある人が用います。

（3）素材と構造

抗菌処理をした製品も多くみられます。

(4) 使い方と留意点

濡れて滑りやすくなっている浴室での転倒に注意します。また，脱衣室と浴室の温度差や，熱い湯につかることなどで血圧が急激に変動しないよう，室温や湯の温度を適切に管理することが重要です。入浴用いすやバスボード，手すりなどを設置する場合は，利用者の入浴動作を考えるほか，介助者が介助しやすいスペースを確保できるよう，浴室全体の空間を考慮して用具を選ぶことも大切です。

(5) 種類

① 入浴用いす

洗体時，安定した座位をとるために使用します。背もたれや肘掛け付きのものは，座位バランスの悪い場合などに使用します。浴槽の縁の高さにいすの座面の高さを合わせると，入浴台（ベンチ型シャワーいす）としても使用できます。

② シャワー用車いす

心身の状態が低下している場合に，脱衣場と浴室の間を移動する際に使用します。一般の車いすよりも小さく，防水性に配慮しているので，ベッドサイドで脱衣をすませ，浴室まで移り，段差がなければ浴室に直接乗り入れてシャワー浴ができます。

■ 入浴用いす

■ シャワー用車いす

プラスワン
介護保険では，入浴補助用具（入浴用椅子，浴槽用手すり，浴槽内椅子，入浴台，浴室内すのこ，浴槽内すのこ，入浴用介助ベルト），簡易浴槽が福祉用具購入費の対象となる。
➡ P125

③　バスボード

浴槽の縁に設置することで，入浴行為で最も困難な動作である浴槽への出入りを安全に助けます。設置の際は，身体の状態や浴槽の広さ，水栓の位置，介助者の介助能力などを考慮します。とくに片麻痺がある場合は，健側から浴槽に入れるようにバスボードを設置します。

用語
健側
病状のない側のこと。

■ バスボード

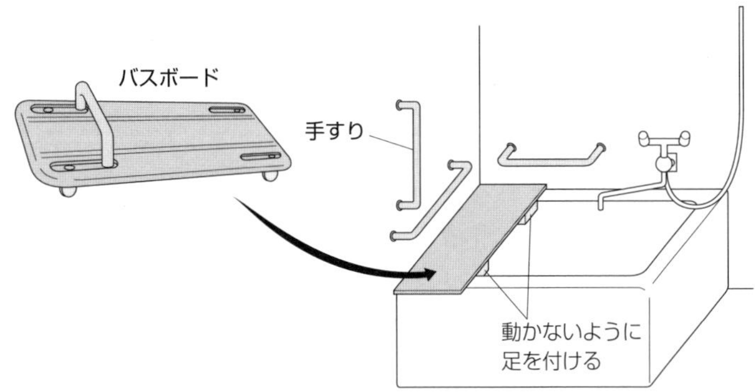

④　その他の入浴関連用具

入浴関連用具には，上記のほか，浴槽の縁から外に取り付けてその上に腰かける**入浴台**（ベンチ型シャワーいす），障害が重度の場合には浴室に固定して使用するリフト，浴槽内に設置する**浴槽設置式リフト**，**浴槽用手すり**，**浴槽内いす**，**入浴用介助ベルト**などがあります。

用語
入浴用介助ベルト
入浴時に利用者の身体に直接巻き付けて使用する介助用ベルト。浴槽への出入り等の介助を容易にするためのもので，2009（平成21）年４月より特定福祉用具（介護保険制度の福祉用具購入費の対象となるもの）に加えられた。

■ 浴槽設置式リフト

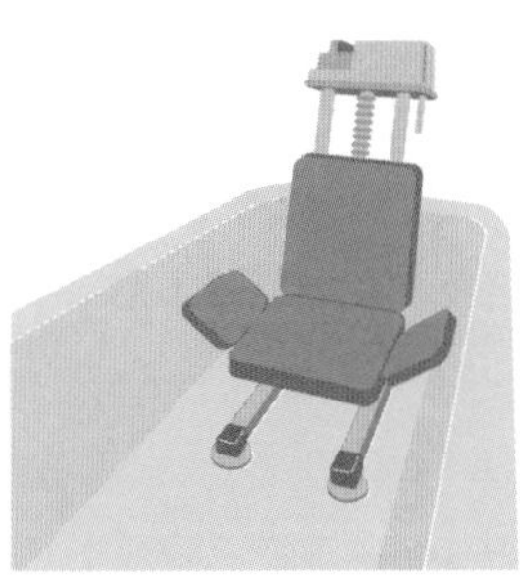

■ 浴槽用手すり

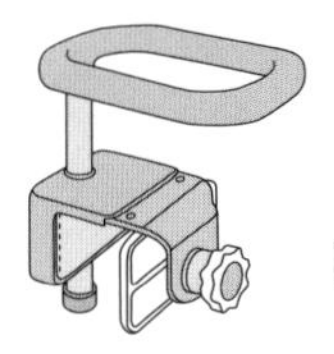

■ 浴槽内いす

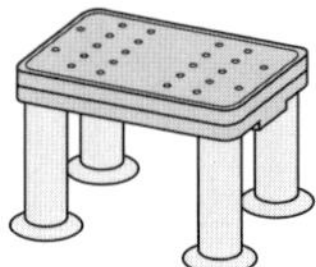

③ コミュニケーション支援用具

コミュニケーション支援用具は，複数の補完・代替手段を組み合わせて対応することが重要。

(1) 目的

コミュニケーション障害を生じた器官や機能を補い，代替するための用具です。

(2) 適応

視覚や聴覚など感覚器官の障害，音声言語にかかわる運動器の障害，脳血管障害などによる認知障害でコミュニケーションに支障がある場合に用います。

(3) 使い方と留意点

コミュニケーション能力は，機器や道具によって完全に補完できるわけではありません。したがって，使う人の状態に合わせて，補聴器とファックスなど，**複数の補完・代替手段を組み合わせて対応することが重要です。**

また，**緊急時や非常時のコミュニケーション手段について**も，**十分検討しておくことが必要です。**

(4) 種類

① 視覚に障害がある場合

弱視の場合，有効なのは，**弱視用の眼鏡**や（**視覚障害者用）拡大読書器**などです。また，**点字器**を使ったり，文字を音声に変換する機器を使用することにより，視覚情報を触覚情報や聴覚情報に変換して伝えます。

② 聴覚に障害がある場合

代表的なものとして，**補聴器**があげられます。そのほか，**携帯電話のメール機能**なども，すばやい情報の送受信に有効です。

③ 発声，発語が困難な場合

最も手軽な情報発信は，五十音の文字盤の文字を押すことで意思を表示する方法です。**携帯用会話補助装置**は，文字盤に文章表示機能と音声機能が付いたものです。

■ コミュニケーション支援用具の種類

● (視覚障害者用)
拡大読書器

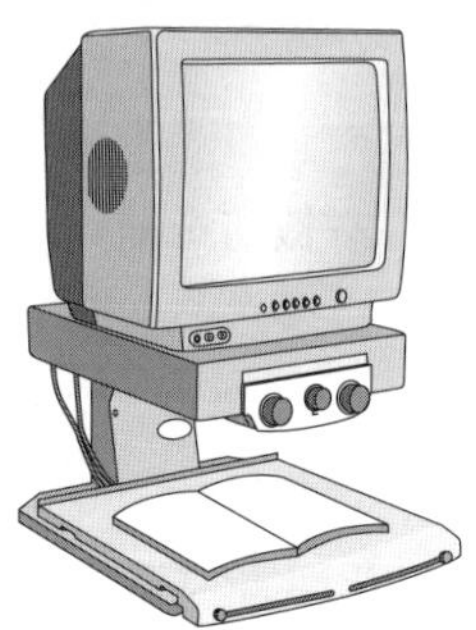

● 補聴器 (耳かけ型)

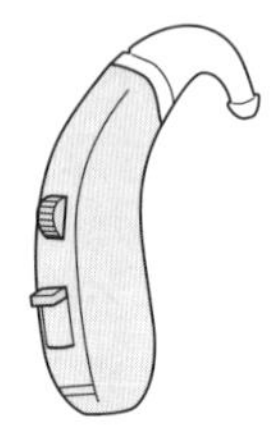

● 携帯用会話補助装置

④ 自助具

自助具には「操作を容易にする」という目的のものが多い。

(1) 目的

自助具とは，自らの動作を助けるために用いる道具やくふうのことです。整容・更衣，食事動作などの際に使う用具が多く，市販の製品からオーダーメイドのものまで，さまざまなものがあります。

(2) 適応

関節可動域に制限のある場合や，筋力低下により物を固定したり保持することが困難な場合，手指の巧緻性に障害がある場合，片手動作などで物を固定できない場合などに用います。

(3) 素材と構造

目的やデザインによってさまざまな素材と構造がありますが，高齢者や障害者が自ら使う用具なので，操作を容易にしたものが多いのが特徴です。下記以外にも，手指の動きが不自由だったり，握力が弱くても持てる太柄・曲がりスプーンやフォーク，コップなどがあります。

(4) 使い方と留意点

整容・更衣，食事動作は手指の動きにかかわることが多く，市販の用具では使いにくい場合があります。そのため，使う人の障害や状況に合わせて，微妙な調整を加えることも少なくありません。用具の製作や使用のための訓練などには，主に作業療法士（OT）が携わっています。

(5) 種類

① リーチャー

長い柄にマジックハンド状の端部を取り付けた用具で，リウマチ疾患などで，上肢の関節可動域に制限や痛みがある場合に活用される用具です。カーテンの開け閉めや洗濯機内の衣類の出し入れなど，手を伸ばす代わりに使います。

② ストッキングエイド（靴下・ソックスエイド）

関節を動かしにくい人が，ストッキングや靴下の着脱をする際に使用します。ただし，操作する手指や肩などにも，ある程度の筋力や関節可動域が必要です。

③ ボタンエイド

両手指の細かな動きが困難な人が，自分でボタンの留め外しをしやすくする用具です。

④ 長柄（ながえ）ブラシ

肩の動きに制限や痛みがある場合に使用する，柄を長くした整髪用のブラシです。

⑤ 固定式爪切り

片手での操作が可能であり，身体の柔軟性が低い場合に使用します。

いろいろな自助具があって，さまざまな場面で使われているのね。

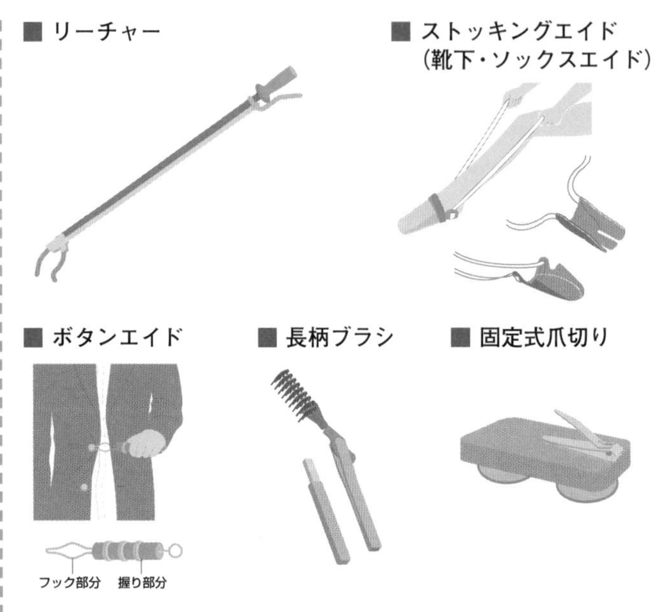

⑤ 介護ロボット

厚生労働省は，介護ロボットを「ロボット技術が応用され利用者の自立支援や介護者の負担の軽減に役立つ介護機器」と定義している。

プラスワン

政府の「日本再生戦略」から「成長戦略(2021)」などにおいて，介護ロボットが大きく取り上げられ，ロボット介護機器の開発・実用化・普及を促進するための施策が2013（平成25）年から続けられてきた。

政府のロボット介護機器の開発プロジェクトで重点分野として取り上げられているのは，移乗支援，移動支援，排泄支援，入浴支援，見守り・コミュニケーション支援などの分野です。

ロボットの定義に関する全般的合意はありませんが，混乱を避けるために経済産業省では，「センサー，知能・制御系，駆動系の３つの要素技術を有する，知能化した機械システム」としています。厚生労働省はこの定義を受け，介護ロボットを「**ロボット技術が応用され利用者の自立支援や介護者の負担の軽減に役立つ介護機器**」と定義しています。

この開発プロジェクトが発端となり，多くの介護ロボットが開発・実用化され，すでに介護保険の給付対象になっているものもあります。主な介護ロボットは次のとおりです。

① **見守りロボット**……感圧センサーや人感センサーなど，センサーによって利用者の状態を観測し，異常を感知すれば警報を発する機能があるロボット。

② **移乗支援ロボット**……装着型と非装着型がある。装着型は，移乗介護の際に介護者の負担を軽減するためのパワーアシストを行うロボットで，動力としては，空気圧による人工筋肉を用いるもの，モーターを使うものなどがある。

非装着型には，利用者を抱え上げるタイプと，利用者が抱え込むタイプとがある。非装着型の中には，短距離の室内移動（ベッドからトイレなど）を支援する機能のついたロボットもある。

③ **移動支援ロボット**……コスト面でも，臨床現場で活用できる電動歩行車が屋外用移動支援ロボットとして開発プロジェクトの中で取り上げられ，実用化された。転倒リスクを低減するためのロボット制御（水平移動時の片流れ防止，上り坂ではアシスト制御，下り坂ではブレーキ制御など）やパワーアシストがついている。

④ **コミュニケーションロボット**……アニマル・セラピーを参考に開発され，介護目的として発売されたアザラシ型メンタルコミットロボット「パロ」などがある。

介護ロボットにはこのほか，頸髄損傷等で両手の機能を喪失した人向けの食事支援ロボット，不全脊髄損傷者の機能回復を目的とした機能回復ロボットがあります。

■ **介護ロボットの種類**

● 移乗支援ロボット

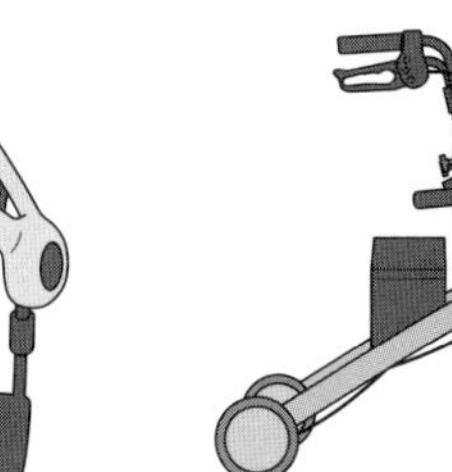

● 移動支援ロボット

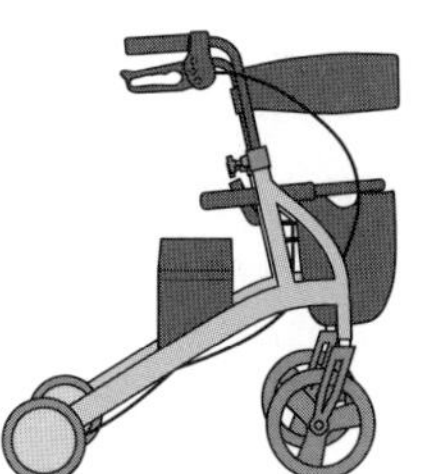

● コミュニケーションロボット

キーホルダー

Key	確認したらチェック ☑
特殊寝台（介護用ベッド）	□ 特殊寝台（介護用ベッド）には，背上げや膝上げ，高さ調節などの機能があり，寝返りや起き上がり，立ち上がりなどの動作をしやすくする。
スライディングボード，スライディングマット，スライディングシーツ	□ ベッドから車いすへの移乗など，座ったまま横方向に身体の位置をずらしたり，体位変換をしやすくしたりする道具。
床ずれ防止用具	□ 身体の特定の場所に長時間圧力をかけないようにし，床ずれ（褥瘡）をつくらないようにするための用具。
排泄関連用具	□ 排泄関連用具の選択は，尿意・便意の有無，排泄のコントロールが可能かどうかがポイントとなる。
入浴関連用具	□ 入浴に関する福祉用具は，洗体時の立ち座り・座位保持・浴槽への出入りなどを補助し，入浴動作を安全に行うために利用される。
コミュニケーション支援用具	□ コミュニケーション支援用具は，複数の補完・代替手段を組み合わせて対応することが重要。
自助具	□ 自助具には「操作を容易にする」という目的のものが多い。
介護ロボット	□ 厚生労働省は，介護ロボットを「ロボット技術が応用され利用者の自立支援や介護者の負担の軽減に役立つ介護機器」と定義している。

第4章

安全・安心・快適な住まいづくり

レッスン 21

住宅整備 基本技術（1）

12日目

A 重要度

学習のねらい 高齢者や障害者にとっては，わずかな段差も転倒の原因となるため，段差の解消は，福祉住環境整備の重要なポイントです。住宅の構造を理解したうえでの屋内外の段差解消法や適切な床材の選択について学びます。

プラスワン
身体状況によっては，スロープよりも階段のほうが昇降に適している場合がある。

プラスワン
スロープは通常，水平距離に対する高低差の比で傾きを表す。1mの高低差をつなぐのに12mの距離を使う傾きが1/12勾配になる。

工事が必要な地面や建築物に固定するスロープや手すりの設置は，介護保険制度における住宅改修項目に，据置式の段差解消機の設置は福祉用具の貸与対象品目になっています。

用語
べた基礎
建物の床下全面に基礎となるコンクリートを敷設すること。

❶ 屋外の段差解消

(1) 道路から玄関までの段差

アプローチ部分の状況によって，望ましい勾配が確保できるかどうかを判断し，対処方法を選択する。

周辺道路から玄関までの通路を通常，アプローチといいます。アプローチの段差解消法としては，スロープの設置，段差解消機の設置，階段の設置などが考えられます。スロープの場合，勾配はできるだけ緩やかなほうがよく，**少なくとも1/12は確保します**。高低差が大きくスロープでの解消が難しい場合には，段差解消機での対応を検討します。

また，階段で対応する場合にも勾配を緩やかなものにし，併せて手すりを設置し安全に移動できるようにします。

(2) 防湿土間コンクリートの敷設による対応

地面から湿度の影響を受けないようにすれば，1階床高を450mmより低くすることもできる。

建築基準法では，1階居室の木造床面は直下の地面から450mm以上高くしなければならないとされています。地面からの湿気を防止するためのこの原則が段差を生んでいます。しかし，湿気が上がってこないようにする**防湿土間コンクリート**を敷設した場合や**べた基礎**にした場合は，**1階床高を450mm以下にすることもできます**。ただし，床下

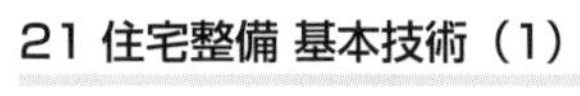

の通気が悪くなるので，白アリ被害のある地域では好ましい方法とはいえません。

■ 防湿土間コンクリートの敷設

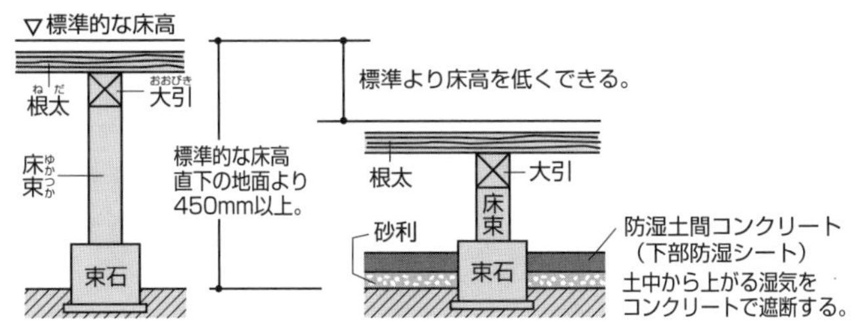

防湿土間コンクリートを敷設して床面を下げると，給排水管などのメンテナンスに問題が生じやすいため，配管経路や設置方法など，十分な事前検討が必要です。

❷ 屋内の段差解消

（1）和洋室間の床段差

使用者の身体状況や移動手段によっては，一般的なミニスロープでの段差解消は不向きな場合もある。

近年の一般的な住宅では，和室と，フローリングなどで仕上げた廊下や洋室が混在しているのが通常です。畳に比べて，フローリング材が薄いため，一般的に**和室の床面は洋室の床面より10～40mm程度高く**なっています。この段差が，高齢者や障害者のつまずきによる転倒事故の大きな原因です。

① **ミニスロープを設置する**

和洋室の出入り口部分の建具下枠（たてぐしたわく）に**ミニスロープ**を設置し，段差を小さなスロープに変えます。最も一般的で，簡便な方法です。

■ ミニスロープの設置

ミニスロープの端部につまずかないような処理を施す。

ミニスロープの上面を滑らない仕上げにする。

プラスワン

ミニスロープは，段差をなくすために高い部分と低い部分とに渡すくさび形状の板で，最近では樹脂製や木製の製品が市販されている。

ミニスロープは介護保険制度における住宅改修項目（段差の解消）に該当し，改修費は支給対象となっています。

プラスワン
加齢に伴い視機能や下肢機能など身体機能が低下すると，わずかな段差が転倒・骨折の原因となる。橈骨遠位端骨折や大腿骨近位端骨折は，寝たきりにつながることもある。

② 床をかさ上げする

ミニスロープによる段差の解消をしても，歩行時にかえって支障をきたしたり，介助用車いすでの移動の際に障害になることもあります。その場合は，既存の低いほうの床に調整を施します。

既存の床仕上げの上に，高さ調節のための合板や木材などを設置してかさ上げし，その上に新しい床を仕上げて，和洋室の段差を解消します。リフォームの場合などに，住宅を改修して段差を解消する方法です。

■ 合板などのかさ上げによる段差の解消

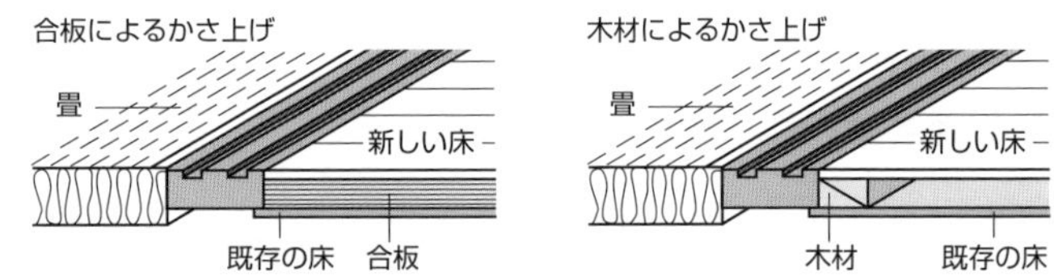

このように，方法はありますが，新築の場合には，屋内に段差ができないような設計・工事をすることも重要です。

(2) 敷居段差

建具(たてぐ)の敷居（下枠）段差の解消により，つまずきや転倒，車いすの車輪のぶれが解消できる。

用語
建具
建築物の開口部に取り付ける窓やドア，戸，襖，障子などの可動部分と枠の総称。

用語
フラットレール
金属などの板の中央にわずかな溝をつけた引き戸用レールのこと。戸車がその溝に沿って移動することで，戸を開閉する。

用語
V溝レール
断面がV字型をした引き戸用レールのこと。床面に埋め込んで使用する。金属製のものが一般的。

引き戸の敷居（下枠）段差の解消には，フラットレールを床面に設置する方法と，床面にV溝レールを埋め込む方法があります。フラットレールは，床板の施工のあとにレールを取り付けるため誤差が生じにくく施工も容易ですが，床板表面からレール厚さ（5mm程度）の緩やかな凸部が生じるため，生活に支障が出ないか確認が必要です。V溝レールは，床面から突出する部分がないため，つまずく危険性が少ないというメリットがあります。

床板にV溝レールを直接埋める方法では，レールと床仕上げ材との接合面に隙間が空きやすいので，レールを堅固に固定するなど，施工に配慮が必要です。

■ フラットレールの設置

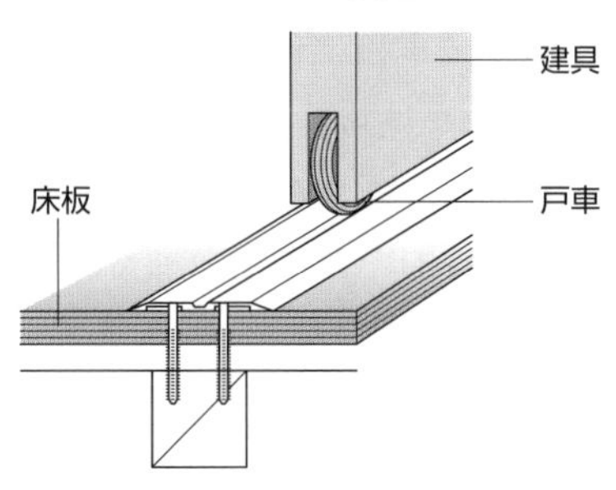

■ V 溝レールの埋め込み方法

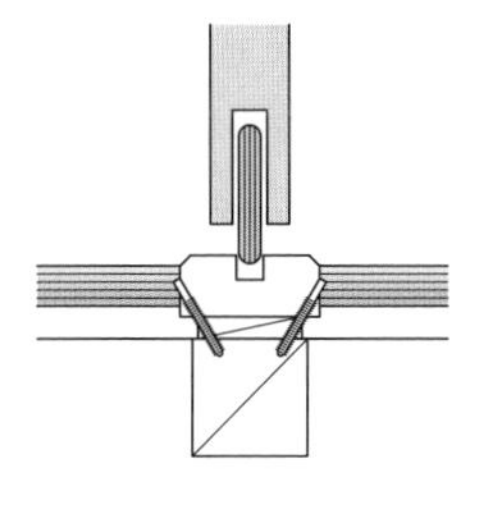

いずれの方法でも敷居の段差はなるべく小さくし，残ったとしても**5mm 以下**になるようにします。

（3）ホームエレベーター

階の移動には，階段昇降機のほか，ホームエレベーターの使用も有効です。ただし，ホームエレベーターを設置する場合は，住宅構造や建築条件を十分に検討するだけでなく，月々の電気代・定期的な維持管理費といった経済面も考慮してから購入を決めます。

③ 床材の選択

床材を選択する際には，滑りにくさと強さを考慮する。

（1）滑りにくさ

滑りにくさについては，とくに洗面・脱衣室やトイレなどの床面は濡れることがあるため，滑りにくい仕上げの**塩化ビニルシート**を採用します。ただし，発泡系の塩化ビニルシートは，シートの表面下に空隙があってクッション性はよいものの，表面の仕上げ板が薄いと耐久性が劣ることもあり，注意が必要です。

（2）強さ

自走用の車いすで移動した際に，車輪のゴム跡が床面に付く場合があります。こうしたゴム跡は取り除くことが難しいため，床材は車輪の**ゴム跡が付いても目立たない色を**

プラスワン
「住宅の品質確保の促進等に関する法律（住宅品確法）」第３条第１項の規定に基づく「日本住宅性能表示基準」では，5mm以下の段差については，「段差なし」として許容している。

階段昇降機とホームエレベーターは，介護保険制度における住宅改修費の支給対象ではありません。

選択します。

屋内外で同じ車いすを使う場合，車輪に付いたわずかな砂や小石で床材を傷付ける例が多く見られます。とくに，フローリング材は，表面の仕上げ板の厚さが0.3mm前後のものだと，下地まで傷付けてしまうおそれがあります。**仕上げ板の厚さは1mm以上**あるものを選びます。

プラスワン

木目調の床材の多くは，合板の上に本物の木を薄くスライスした仕上げの板（つき板）を貼り付けている。

(3) 加重への対応

電動車いすを使用する場合，使用者の体重と電動車いすの重量が床面に加わります。既存の住宅では，床下地を補強する改修工事が必要となる場合があります。

レッスン 22

住宅整備 基本技術（2）

12日目

A 重要度

学習のねらい 手すりの設置は，歩行や階段の移動，浴室・トイレでの移乗動作の補助として重要です。利用状況をよく理解したうえで，適切な手すりを選択・設置する必要があります。手すりの取付方法や下地補強についての知識も必要です。

① 手すりの種類

手すりは，身体支持用と転落防止用の２つに大別されますが，ここでは身体支持用をみていきます。

身体支持用の手すりを使用場所で大別すると，ハンドレールとグラブバーの２種類ある。

(1) ハンドレール（handrail）

からだの位置を移動させるときに手を滑らせながら使用する手すりで，屋外の通路・階段や屋内の廊下・階段などで用いられます。通常はしっかりと握るケースが少なく，太いほうが安定します。直径は太めの32～36mm程度を目安とします。

(2) グラブバー（grab bar）

からだの位置はそれほど移動させませんが，主に浴室やトイレなどでの移乗動作や立ち座り動作のときに，しっかりつかまって使用する手すりです。廊下などの伝い歩きで使用する手すりよりも一回り細いほうが握りやすいため，直径は28～32mm程度を目安とします。

■ 使用場所による手すりの種類と使用方法

●ハンドレール

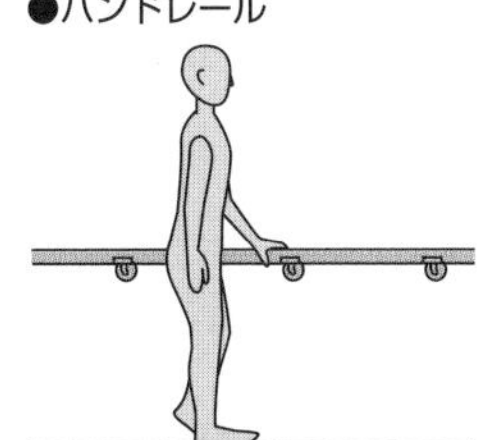

●グラブバー

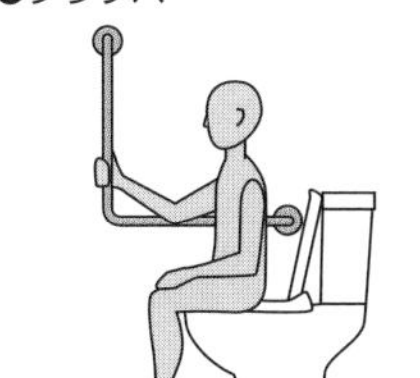

いすから立ち上がる際にテーブルに手をついたりするのは，下肢機能が低下したのを上肢の力でカバーしてバランスをとろうとする行動の現れです。なるべく早く手すりを設置するなどの配慮が必要です。

プラスワン

建築空間における人や物が移動したときの動き，方向，量，つながりを示す線を動線という。動線上を往復することを考えると，手すりは両側に設置することが望ましい。

❷ 手すりの取付方法と下地補強

(1) 軸組構法（じくぐみこうほう）の場合

間柱（まばしら）は，手すり受け金具を木ネジで留めるのには適していない。

■ 間柱への手すりの取り付け

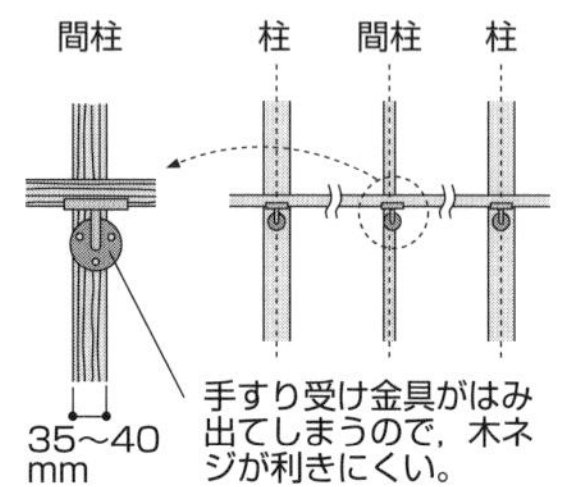
間柱
柱
間柱
柱
35～40
mm
手すり受け金具がはみ出てしまうので，木ネジが利きにくい。

通常，手すり受け金具は３本の木ネジで留めるようになっていますが，一般的に間柱の幅は35～40mmしかないため，２本の木ネジしか留まらず，十分な支持力が得られません。手すり受け金具は，下地補強をした部分にしっかりと取り付ける必要があります。

(2) 枠組壁構法の場合

構造用合板を使用する場合は，全ネジタイプの木ネジで取り付けます。せっこうボードの場合は受け材で下地を補強し，受け材に手すりを取り付けます。

(3) 壁下地の補強

手すりを取り付ける位置には，堅固な壁下地補強を行います。利用者の身体状況が変化して，使いやすい場所が変わっても対応できるように，あらかじめ広範囲にわたって補強します。

■ 壁下地の補強範囲

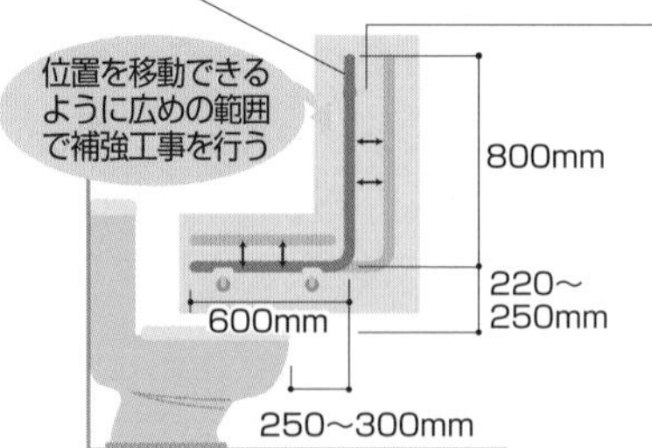
L型手すり 800mm×600mm（直径28～32mm）
位置を移動できるように広めの範囲で補強工事を行う
800mm
220～
250mm
600mm
250～300mm
加齢に伴って身体機能が低下してくると，立位動作の際，姿勢をこれまでより大きく前屈させる場合が多い。そのため，使いやすい手すりの位置が徐々に遠くなる傾向にあるので，手すり下地補強範囲は，より遠方が望ましい

用語

軸組構法
柱，梁などの軸組をつくり，建物を構成していく工法。日本の木構造の代表的な工法の一つ。

用語

間柱
壁下地を支持するために，主な柱と柱の間に配置する，断面の小さな補助柱のこと。

用語

枠組壁構法
1枚1枚のパネル(平板)を，箱をつくるように組み立てて建築物を構成していく工法。2×4（ツーバイフォー）構法ともいう。

プラスワン

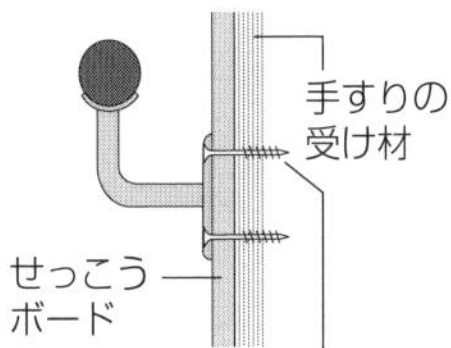
手すりの
受け材
せっこう
ボード

ネジ山が途中から始まる木ネジは肝心の下地部分でネジが噛まず，木ネジの利きが甘い場合がある。

プラスワン

福祉用具の手すりの導入
実際に使用する状態にセッティングした場合の強度や清掃のしやすさなどについて，展示場などで確認することが大切である。

③ 建築工事が不要な手すり

浴室やトイレでは，建築工事を行わずに利用できる福祉用具としての手すりもあります。

例えば，浴槽の縁に取り付ける「浴槽用手すり」があります。浴槽への出入りや浴槽内での身体保持に使うと便利ですが，手すりに全体重をかけてもずれないようしっかりと取り付けることが重要です。また，トイレでは，床の上に据置式の手すりを設置する方法があります。床へは簡易な工事で固定できますが，介護保険制度では建築工事とみなされます。

手すりの取付工事をする場合と，工事をしない場合では，介護保険上なにか違いがあるんですか？

介護保険制度の項目が違います。取り付けに際し工事を伴わない福祉用具の手すりの場合は，福祉用具貸与の対象となります。また，浴槽用手すりは，福祉用具購入費（特定福祉用具）の対象種目である入浴補助用具に含まれています。一方，取り付けに際し工事（床固定など簡易な工事を含む）を伴う手すりの場合は，住宅改修費の対象となっています。

このように，介護保険を利用して福祉用具や住宅改修費の給付を受ける場合には，対象となる種目・種類など給付条件がそれぞれ定められていますので確認することが必要です。

レッスン 23

住宅整備 基本技術（3）

12日目

A 重要度

学習のねらい 既存住宅では，基本モジュールの関係から，介助動作などにスペースが足りない場合が多いため，構造を理解して改善する必要があります。高齢者や障害者が使いやすい建具の構造・有効寸法とともに理解しましょう。

❶ モジュールと尺貫法

芯－芯距離が910mm（3尺）の住宅を3尺モジュールの住宅という。

建築におけるモジュール（module）とは，設計の基準となる寸法のことです。日本の軸組構法による木造住宅では尺貫法の影響が強いため，住宅建材は6尺＝1間（約1,820mm）または3尺＝半間（910mm）を標準につくられています。モジュールにのっとって住宅を造ると，設計が効率化され工事期間も短縮できるなどメリットがあります。

尺貫法
➡ P31

また，柱や壁の中心を芯といい，この芯から芯までの距離を**芯－芯距離**といい，柱や壁の芯－芯距離が910mm（3尺）の住宅を3尺モジュールの住宅と呼びます。

■ 標準モジュール

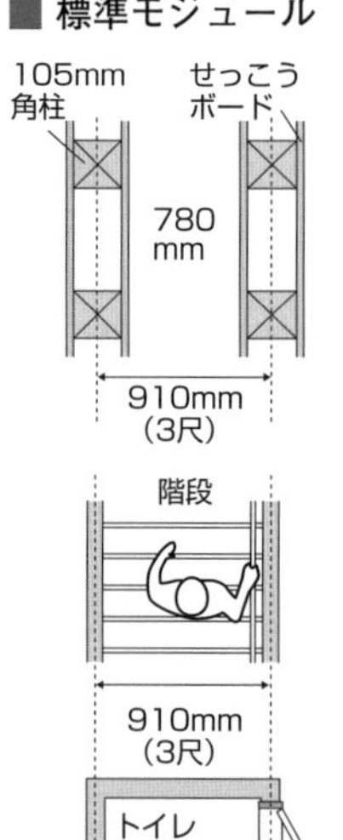

軸組構法で，柱に105mmの角柱，内壁材に厚さ12.5mmのせっこうボードが使用された大壁の場合，実際の生活スペースとして使える**有効寸法**（内法寸法）は，

「910mm －（105mm ÷ 2 ＋ 12.5mm）× 2 ＝ 780mm」となります。

"芯－芯距離" や "有効寸法" はよく出てくるので頭に入れておいてくださいね。

芯－芯距離
➡ P32

有効寸法
➡ P31

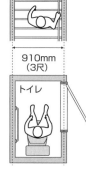

一方，プレハブ住宅を設計・施工する住宅メーカーでは，それぞれ独自のモジュールを持っている場合があるので，新築，改修前にはモジュールを確認することが大切です。

❷ スペースへの配慮の必要性

介助者がいる場合，生活スペースには1.5人分の有効寸法が必要。

近年では3尺モジュールの住宅に対応した車いすなどの福祉用具が造られていますが，スムーズに移動するのは難しいようです。

このような事柄を念頭においたうえで，スペースに対する配慮を検討します。ただし，スペースに対する配慮は，介護保険制度における住宅改修項目には含まれていません。

❸ 必要なスペースを確保する方法

スペースを確保する方法には「壁・柱を取り外す方法」と「モジュールをずらす方法」がある。

(1) 壁・柱を取り外す方法

日本の住宅は，部屋を壁で細かく仕切ってあることが多く，十分な介助スペースがとれないことがしばしばあります。部分的なリフォームでは，仕切りの壁を撤去して広いスペースとする方法がとられますが，軸組構法の木造住宅では，筋かいなどが入っていて構造的に取り外すことのできない壁や柱があります。リフォーム計画を立てる前に，設計者や施工者に確認しておきます。

また，上階部分の荷重を支えている壁や柱の移動や撤去は非常に難しい工事となります。工事に際しては，ほかの部分に補強工事が必要となる場合もあります。事前に設計者や施工者に見積もりを出してもらい，よく検討することが大切です。

用語

筋かい
柱や梁でつくった構造面に入れる斜め材のこと。地震力や風圧力に効果を発揮する。

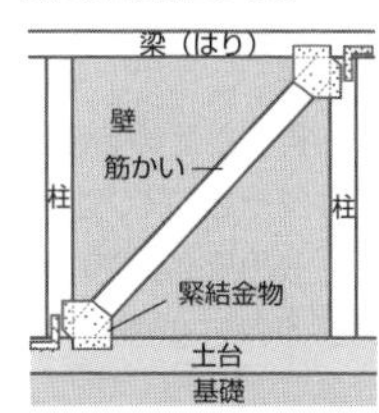

トイレと洗面・脱衣室の間仕切壁を撤去してワンルームにすれば，介助スペースが確保できます。しかし，音やにおい，気配について，同じトイレを使用する家族間で問題になることが多いため，事前に十分話し合うことが重要です。

欧米のようにトイレと洗面・脱衣室をワンルーム化する場合には，プライバシーに留意する必要があります。

(2) モジュールをずらす方法

新築や大規模なリフォームを行うときに用います。

軸組構法で建てられた住宅では，多くの場合，階段や廊下，トイレの柱や壁間の芯－芯距離が910mm（３尺）で造られており，有効寸法は最大でも780mmしかとれず，この寸法では，廊下やトイレでの介助スペースが十分に確保できません。

そこで，高齢者や障害者が使用する部屋と寝室やリビングルームを結ぶ動線にあたる部分が広くなるようにモジュールをずらし，車いすの通行や介助動作がしやすいスペースを確保します。

■ モジュールをずらして通路幅を確保した例

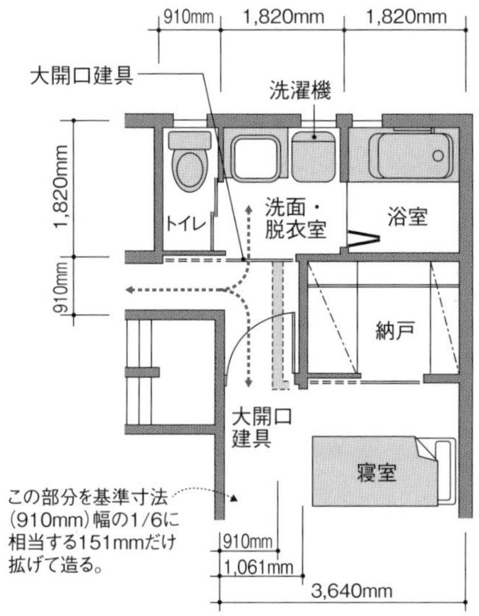

④ 建具の考え方

(1) 建具とは

折れ戸は，開閉時のからだの移動が少ない一方，戸の折りたたみ厚さの分だけ開口有効寸法が狭くなる。

建具とは，扉（ドア），戸，窓など，建築物の開口部にある可動部分と枠の総称です。住宅でよくみられる建具は片開き戸，片引き戸，引き違い戸，折れ戸の４種類で，これらはそれぞれの特徴によって使い分けられています。

用語
開き戸
建具の開閉方式の一つで，戸の端部を軸に回転するように開閉する。

用語
引き戸
建具の開閉方式の一つで，戸を溝やレールに沿って水平方向に動かし開閉する。

用語
折れ戸
扉が折りたためるようになったもので，折りたたみの厚さ分だけ開口部の有効寸法は狭くなる。

① **片開き戸**……開閉時にからだの大きな前後移動が必要となる。

② **片引き戸**……１枚の引き戸を引いて開閉する。開閉時のからだの移動が少なくてすむ。

③ **引き違い戸**……右にも左にも開くことができる２枚以上の引き戸。和室などで用いられることが多い。

④ **折れ戸**……開閉操作は容易ではないが，開き戸より開閉時のからだの移動が少ない。戸の折りたたみ厚さの分だけ開口有効寸法が狭くなる。浴室や収納で用いられることが多い。

■ 建具の種類

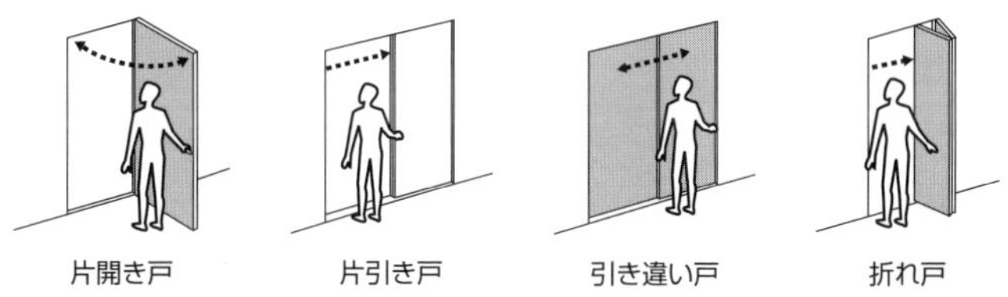

（2）建具枠の有効寸法

介助用車いすの使用を考慮する場合，建具の有効寸法は750mm以上必要である。

基準寸法910mm（３尺）で造られる木造住宅での建具の幅は，**枠の内法で通常700mmより小さくなります**。この寸法では，介助歩行や自走用車いすの使用は困難です。

また，トイレや浴室では，居間や寝室等の建具と比べてさらに狭い建具が用いられており，水回りでの建具の通過は非常に難しい動作となっています。大規模改修工事や新築の場合には，**幅広の建具**を用いると，通行が容易になります。

介助用車いすやシャワー用車いすの使用を考慮する場合には，直角に曲がって建具を通行できるよう建具の**有効寸法を750mm以上確保**します。自走用車いすの使用を考慮

有効寸法ってよくでてきますね。要チェック！ですね。

する場合には，介助用車いすよりも大きな建具幅が必要になります。

■ 車いすが通行可能な開口部の有効寸法

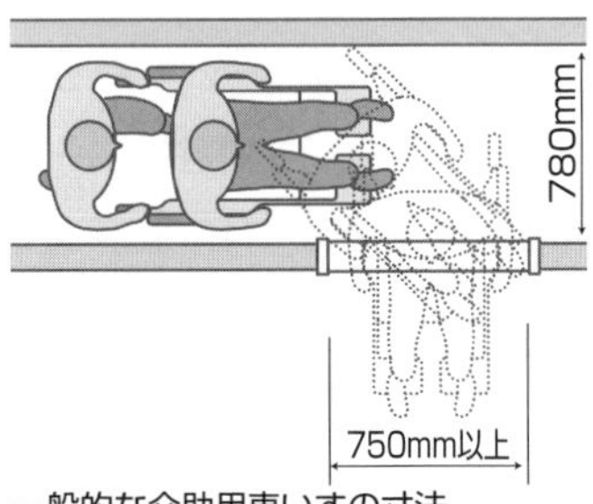

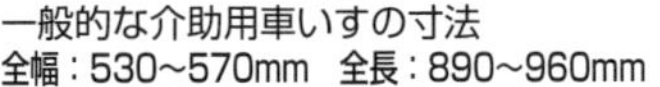
一般的な介助用車いすの寸法
全幅：530～570mm　全長：890～960mm

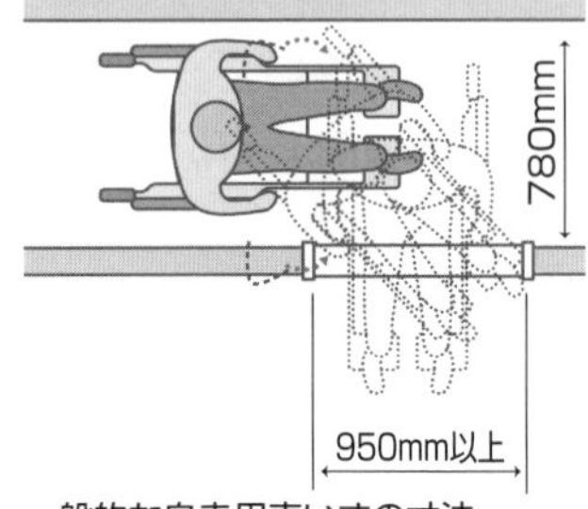

一般的な自走用車いすの寸法
全幅：620～630mm　全長：1,100mm

(2) 建具段差

床仕上げが部屋によって異なる場合，建具下枠部分で変わる場合が多いですが，その際に生じやすい段差は5mm以下とします。

(3) 建具の各種部品

① 把手

把手は手指の巧緻性が低い場合，種類によって非常に使い勝手が変わります。把手のノブ（握り玉）をレバーハンドル型など操作性のよいものに変更するとよいでしょう。把手の床からの高さは，レバーハンドル型は900～1,000mm，棒型は850～1,100mm程度です。

② ドアクローザー

開き戸や引き戸の上部に設置することで，建具が自動的にゆっくり閉まり，安全性を高めることができます。自分で戸を閉めることが困難な場合などに採用すると，中途半端に開いたままの戸にぶつかる危険の防止にもなります。

(4) 建具の交換

開き戸の開閉は，車いす移動や伝い歩き移動，床に両手足をついての移動，座位姿勢での移動の場合，開閉に困難

昔はノブ（握り玉）が一般的な把手だったんですって。

用語

ドアクローザー
開き戸や引き戸に取り付けられる装置で，人によって開けられた扉を自動的に閉める働きをする。

を伴うため，開閉時にからだの大きな前後移動を必要としない**引き戸**に変更することを検討します。ただし，開き戸と比べて気密性が低いので，使用場所に配慮が必要です。

日本古来の単位とか，在来工法とか，建築物の分類が難しくて。

住宅建築の構造種別は，主に木造，鉄骨造（S造），鉄筋コンクリート造（RC造）に分類されます。

構造種別	構法または構造形式	
木造	**軸組構法**	**柱**，**梁**，**筋かい**などを組み合わせて，建物の骨組を作る構法。
	枠組壁構法（2×4構法）	断面の寸法が2×4インチまたはその整数倍の**木材の枠組**に，構造用**合板等を打ち付けて，壁や床面を形成**する構法。
鉄骨造	ラーメン構造	柱と梁を剛接合した構造。
鉄筋コンクリート造		
	壁式構造	壁のような面状の構造要素で構成した構造。

構法とは建築物の構成方法を意味します。一方，工法とは建物の施工の方法です。

枠組壁構法（2×4（ツーバイフォー）構法）では，構造壁になっているところがほとんどなので，工事完了後に出入り口などの開口部を設置したり壁面を撤去するのは困難です。

また，施工方法で分類すると，以前から用いられている一般的な施工方法である**在来工法**と**プレハブ工法**とがあります。在来工法とは，従来用いられてきた一般的な工法全般を指します。一方，プレハブ工法とは，主要構造部材を工場で生産して現場で組み立てる工法がシステム化されたもので，施工の合理化を目的としています。あらかじめ工場で使用材料を加工して出荷するので，現場作業の削減，高精度の材料作製が可能です。最近では，軸組構法の住宅でもプレハブ工法が進んでいます。

キーホルダー

Key	確認したらチェック
屋外の段差解消	□ アプローチ部分の状況によって，望ましい勾配が確保できるかどうかを判断し，対処方法を選択する。
	□ 地面から湿度の影響を受けないようにすれば，1階床高を450mmより低くすることもできる。
屋内の段差解消	□ 使用者の身体状況や移動手段によっては，一般的なミニスロープでの段差解消は不向きな場合もある。
	□ 建具の敷居（下枠）段差の解消により，つまずきや転倒，車いすの車輪のぶれが解消できる。
床材の選択	□ 床材を選択する際には，滑りにくさと強さを考慮する。
手すりの種類	□ 身体支持用の手すりを使用場所で大別すると，ハンドレールとグラブバーの2種類ある。
手すりの取付方法と下地補強	□ 間柱は，手すり受け金具を木ネジで留めるのには適していない。
モジュールと尺貫法	□ 芯ー芯距離が910mm（3尺）の住宅を3尺モジュールの住宅という。
スペースへの配慮の必要性	□ 介助者がいる場合，生活スペースには1.5人分の有効寸法が必要。
必要なスペースを確保する方法	□ スペースを確保する方法には「壁・柱を取り外す方法」と「モジュールをずらす方法」がある。
建具の考え方	□ 折れ戸は，開閉時のからだの移動が少ない一方，戸の折りたたみ厚さの分だけ開口有効寸法が狭くなる。
	□ 介助用車いすの使用を考慮する場合，建具の有効寸法は750mm以上必要である。

レッスン
24 住宅整備 基本技術（4）

13日目

A
重要度

学習のねらい 日常的に使用する家具や収納は，形状や配置によって生活のしやすさが大きく変わります。また，小物や色彩への配慮は，気分が変わり生活に活気をもたらします。それぞれの役割や特徴を理解して計画する必要があります。

❶ 家具に関する検討

新築や増改築時に広い部屋を確保できても，家具がじゃまで生活しにくくなることもある。

（1）家具の見直し

現在まで使っていた家具が，身体機能の低下などを考慮に入れても変わらずに使っていけるかを検討します。その際，扉や引き出しの開閉のしやすさ，高さなどについて，実際に個々の動作を確認することが大切です。

生活動線に無理はないか，通行寸法は十分に確保されているか，動線上につまずきの原因となるものが置かれていないか，などが留意するポイントです。家具のレイアウトを少し変えるだけで，生活や介助がしやすくなることがあります。

（2）いすと机

いすや机については，使用目的を明確にして，生活動作のしやすさを考慮する。

いすは，立ち座りのしやすさ（形状，座面の高さや硬さ，肘掛けの有無，安定性など），座位姿勢のしやすさ（くつろぐのか食事をするのかなど，目的に合っているか），清掃のしやすさをポイントに，机と併せて検討します。

机は，高さや天板の厚さ（いすや車いすのアームサポートが当たらないかなど）がポイントとなります。

最近では，高齢者の動作特性を考慮した，使いやすい家具も市販されています。

プラスワン
レイアウトの検討には，家具を平面図（設計図書の一つで各階を上から見た水平投影図）に描き込むことが有効である。

プラスワン
いすの座面の高さが膝の高さよりも低いと，高齢者には立ち座り動作が困難になり，使いづらくなる。

(3) その他の家具

最近はユニバーサルデザインの観点から造られた家具も増えています。買い替え等を検討する場合はショールームなどで実際に使い勝手を確認するとよいでしょう。

❷ 収納の注意点

収納の使い勝手は，生活の利便性や安全性にも関連します。生活環境を整備するという視点においては，どの部屋に配置するか，適した形状や寸法などについて慎重に検討しなければなりません。

使う人が無理な姿勢をとらないで使用できる，というのがポイントですね。

要点 pick up!!

福祉住環境で行う“モノ”へのアプローチ

福祉住環境の視点でみると「モノであふれた住まい」は，安全面・衛生面において問題となる。モノにつまずいての転倒やホコリ・ダニの発生などである。

モノの整理

①処分の基準…使えるかどうかではなく，持ち続けることが快か不快か，で分類する。その人独自のルールがあってもよい。

②「捨てられない」への配慮…モノへのこだわりや価値観は人それぞれ。たとえ家族が処分を望んだとしても，本人の了解なしに行ってはならない。強制せず，じっくり時間をかけて検討することも必要である。

モノの収納

大切なのは，いかにしまうかではなく，いかに使いやすく，取り出しやすくしまうか。

①適正量の維持…一旦整理したら，総量を管理する。消耗品の買い置きをしすぎない。洋服や本は1つ買ったら1つ処分する，など。

②行動動線に配慮…使いやすい高さを確認する。移動の妨げになるようなモノを床に置かないなど。

③使用頻度収納…使用頻度の高いものを取り出しやすく，

わかりやすい位置に収納するよう配慮する。

④グルーピング…行動ごとに，使用するものを分けて収納する。

⑤定位置管理…複数の人が共同で使用するものは，定位置管理を徹底する。名前のラベルや写真を貼ったり，半透明のケースで外から中味がわかるようにするなども有効。

福祉「整理収納」整備による効果

①障害の受容…モノの整理という作業と向き合うことで，自分の身体状況や社会的状況を再確認する機会となる。

②生前整理…気力・体力があるうちにモノの整理をしておくことは，その後，生き生きとした老後を送るためにも必要である。

生前整理への関心が高まっているようですね。

（1）扉の形状

収納扉は，からだの動きなどを考慮して引き戸を原則とする。

収納扉は，開閉時にからだの前後の動きが少なくてすむ**引き戸**が最も適しています。折れ戸にする場合は，開閉時に折れた戸の部分で指を挟むことがあるため，操作性をショールームなどで確認します。

収納扉の形状には，引き戸や折れ戸のほか，開き戸もあります。それぞれの特徴についてはP171を参照してください。

（2）奥行きや高さ

奥行きが**600mm以上**の深い収納の場合，すり足で一歩一歩の歩幅が狭い高齢者の歩行を考慮して，収納の中に足を踏み入れて物の出し入れを行えるように**下枠部分の段差を設けない**ようにしましょう。

収納部分の目安は腰から肩の高さまでです。腰よりも低い部分の収納はしゃがんで使用せざるを得ないため，下肢機能が衰えている高齢者には負担がかかること，肩よりも高い部分の収納はからだのバランスを崩しやすくなるからです。

（3）その他

洗面・脱衣室やトイレなど使用する物品が限られている

ところは，壁厚を利用する**壁埋め込み収納**も有効です。出し入れしやすい高さに設けることができますが，壁面で取れる奥行きは100mm程度であり，収納量は限られていますので，生活者の使用頻度の高い収納物を考えて，効率よく使用しましょう。

③ インテリア計画

プラスワン
室内にいろいろな飾り付けをしたり，思い出の品々や写真を並べたりすることは，気持ちをリラックスさせ，楽しい雰囲気をかもしだす重要な要素となる。

配慮されたインテリアは，高齢者や障害者に安心感や快適感を与えます。仕上げの材質や色彩，細かな家具の配置などには，**本人の意見を最大限に尊重**します。インテリア計画では快適さのほかに，閉じこもりがちにならないための配慮も必要です。例えば，室内に全身を映す大きな鏡を掛けることは，外出の際に身だしなみを整え，人と会う心構えをつくったり，だれかに会ってみたい気持ちにさせるなど，実用的なインテリアといえます。

④ 色彩計画

高齢者には落ち着いた色が適していると思われがちだが，明るく華やかな色彩も取り入れる。

住宅全体を暗い色彩でまとめると，重苦しく変化の乏しい雰囲気になりがちなため，部屋の一部でも，明るい壁紙などをアクセントとして取り入れましょう。

(1) トイレや洗面・脱衣室の色彩

生活動作を快適な気分で行うためにも，部屋全体を明るい色調で仕上げます。設備や小物類も明るい色のものを使用するのがよいでしょう。洗面器や便器の色は，痰や便，尿の色を確認できるよう，**白を基本**とします。

(2) 床の色彩

視機能の低下した高齢者は，色彩の区別がつきにくく，床面の色や仕上げに変化があると，段差と見間違えることがあります。そのため，同一室内の床面の色彩や仕上げは，不用意に変えないようにします。

(3) 賃貸住宅の場合

仕上げを容易に変更できない賃貸住宅の場合には，絵画を掛けたり，小物やテーブルクロス，カーテンなどで色彩をくふうします。また，カーテンは薄いものと厚いものを二重にすると，外光の入り具合を調節できます。

⑤ 照明計画

高齢者の視機能の低下を考慮して照明計画を検討する。

住宅内でつまずいたり，物に衝突するような事故を防ぐためには，照明計画への配慮が必要です。また，視力の低下を本人が自覚していない場合があるので，実際に暗がりを見てもらって，本人や家族とともに確認しましょう。

(1) 照明の設置

ベッドに仰臥しているときに照明器具の光源が直接視界に入ると刺激が強すぎるので注意します。

(2) 照明の点灯

高齢者は廊下や階段などの照明を点灯するのを面倒に思い，薄暗いまま移動することがあります。

周囲の明るさを感知してOn・Offする「**明るさ感知式スイッチ**」や人が近づいたり離れたりするのを感知してOn・Offする「**人感スイッチ**」などの採用を検討しましょう。

また，高齢者や障害者が電球を交換しやすい場所・位置に照明器具を設置します。電球は，使用電力費が少なく，寿命の長いLED電球がよいでしょう。

プラスワン
高齢者の場合，若齢者よりも高い照度を必要とするが，目に疲労を与えないよう適切な照度を選択する。

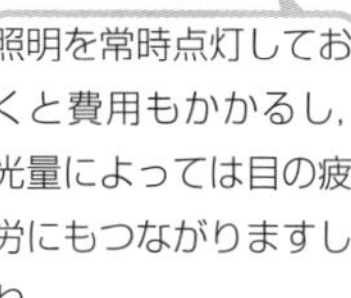

照明を常時点灯しておくと費用もかかるし，光量によっては目の疲労にもつながりますしね。

⑥ 冷暖房への配慮

暖房で各部屋の温度差が大きくならないようにしたり，外気が高温になった際には適切な温度調節ができるよう，冷暖房に配慮する。

高齢者は，若齢者に比べて，温度の変化に対応しづらくなります。また，障害の種類によっては，体温調整が難しくなる場合があります。そのため，室温には十分な配慮が必要です。

(1) 室間温度差への配慮

温度差がある場所へ急に移動すると，からだは血圧を急激に上昇・下降させて，体温を一定に保とうとします。この急激な変化「ヒートショック」は，身体に大きな影響をおよぼすため室間温度差のない住まいに向けた検討が重要です。

トイレや洗面・脱衣室，浴室などにも暖房の設置を検討しましょう。

用語

ヒートショック

温度の急激な変化により，血圧や脈拍が大きく変動する現象。心筋梗塞や脳血管障害の原因となる。

(2) 暖房方法

① 対流暖房

エアコンやファンヒーターなど，温風によって直接室内を暖める暖房方式です。

プラスワン

温風による暖房は，短時間で暖まり，冷房もできるため住宅で多用されている。間欠運転にも適し，トイレや洗面・脱衣室では小型のものがよく使われる。

温風による暖房だと，室内に温度差ができてしまいますけど…

そのとおり。温風による暖房は短時間で暖まるのが利点ですが，天井と床面の温度差が大きくなるのはいなめません。取り付けの際に空気の流れを考慮したり，寝室ならばからだに直接温風が当たらないように設置位置を検討する必要がありますね。

② 輻射(ふくしゃ)暖房

放熱体の放射効果を利用した暖房方式で，室内の床，内壁面，天井面などに蒸気や高温水を供給したり，電熱線を配置することで室内を暖めます。床暖房やパネルヒーターがこれにあたります。

対流暖房と比べて，室内が暖まるのに時間がかかりますが，空気の対流を起こさないため，ほこりもたたず，

輻射暖房には，エアコンなどの温風による対流暖房と違って空気を乾燥させず，室温にあまりムラが出ないというメリットがあります。

天井付近と床付近の温度差もあまりありません。

トイレや洗面・脱衣室に設置する場合は，床置き式や壁掛け式の小型のパネルヒーターなどが適しています。

寒冷・積雪地では個別のエアコン暖房では費用がかかりすぎるので，中央暖房方式を使った全室暖房を採用するケースも多くなっています。

用語

中央暖房方式

建物内部１か所に設けた暖房用熱源から，温風・温水・蒸気などを送り，各部屋を暖める方法。

中央暖房方式は輻射暖房ですよ。

（3）冷房方法

エアコンが最も一般的です。対流暖房の場合と同じように，吹き出した冷風が直接からだに当たらないように設置または風向きを調整します。とくに寝室で就寝している生活者には，冷風が直接からだに当たらないようにします。

また，最近，高齢者が就寝中に**熱中症**にかかる事例が多くみられますので，冷房方法には十分な配慮が必要です。

用語

熱中症

高温多湿の環境において，体内の水分・塩分のバランスが崩れる，あるいは，体温の調整機能が破綻するなどして発症する障害の総称。

レッスン 25

住宅整備 基本技術（5）

13日目

C 重要度

学習のねらい さまざまな緊急事態にも対応できるよう，あらかじめ対処のしかたを考えておくことは重要です。設備や機器の整備に加えて，近隣住民や知人などの関係者にもあらかじめ理解してもらいましょう。

❶ 緊急時の対応

住宅内の緊急事態については，設備面と同様，だれに，どこに，どのように知らせるのかを関係者が共通して認識することが重要。

(1) 住宅内での通報

同居家族がいて，在宅している場合には，インターホンやコールスイッチなどを使用します。通報装置には，音を鳴らして知らせるタイプや会話できるタイプなどがあります。

① 配線式……新築の場合はコードを隠すことが可能だが，増改築で設置する場合はコードが露出する場合があるので，じゃまにならないくふうをする。

② ワイヤレス式……設置は容易だが，電波が届かないことがあるので，設置位置を検討，確認する必要がある。また，定期的に電池を交換する手間がかかる。

ワイヤレス式コールスイッチは，浴室やトイレ，ベッドサイドでよく用いられています。

(2) 住宅外への通報

同居家族がいても外出頻度が高い場合や，独居または高齢者夫婦のみの場合などは屋外への通報を考えます。

① 家族や親戚・知人宅へ通報する場合……家族の携帯電話や親戚・知人宅を通報先にする場合には，事前に，緊急時に通報が行く旨や通報があった場合の対応方法などについて打ち合わせをしておくことが必要。

② 警備会社と契約する場合……契約した警備会社へ通

報する場合には，防犯や防災とセットになっていることが多く，本人がそれぞれの設定を理解し，使いこなせるかを確認する必要がある。また，設備に関するイニシャルコストや月々かかるランニングコストも検討しなければならない。

■ 自動ダイヤルを使った通報の手順

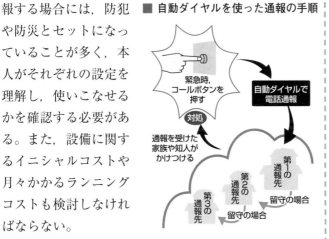

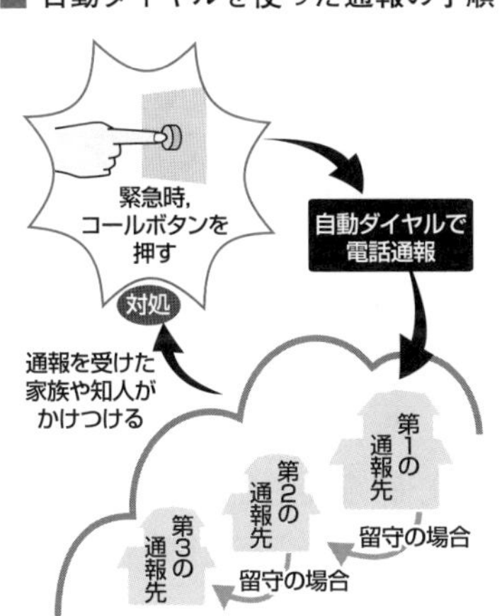

用語
イニシャルコスト
設置した時点でかかった費用。

用語
ランニングコスト
設備等を保全，修理等しながら使用していくためにかかる費用。

(3) その他

新築だけでなく既存の住宅を含む全住戸には，**住宅用火災警報器**の設置が義務付けられていますが，消火器の設置も併せて検討します。住宅用火災警報器を設置する際の留意点は次のとおりです。

① **警報音**は，就寝時でも十分認知できる音量かどうか。

② **消火装置**（スプリンクラーなど）**と連動**させる必要性があるかどうか。

万が一，火災が発生した場合には，家族や消防署への連絡と同時に消火活動を行います。高齢者や障害者がいち早く避難行動をとれるよう，日頃から避難経路に障害物がないか，屋外に出られるような構造になっているかなどを確認しておきます。

火災発生時の避難行動を有効にするには，その場から2つの方向へ避難できるように経路を確保しておくこと（**二方向避難**）と，その場から直接屋外へ出られるような住宅構造になっていることです。

警報に気がついたあとに，容易にかつ素早く避難できるように，避難動線の検討も重要ですね。

❷ 維持・メンテナンス

機器の採用はコストを総合的に計算して検討する。本人またはその家族が自己負担できる限度額を確認し，だれが負担するかなどを明確にしておくことも重要。

(1) 住宅改修費の確認

工事を始めてから予想以上の経費がかかる場合もあるため，多少の余裕をみて予算を立てるようにします。

(2) 制度の活用

① **介護保険制度**……**住宅改修費**として，原則，支給限度基準額（同一住宅で20万円）の９割（65歳以上の一定以上所得者は，８割または７割）を限度に，償還払いで支給される。自己負担は経費の１割（２割または３割）で，福祉用具の貸与や購入費の支給などもある。

② **地方公共団体による住宅改造費助成事業など**……これらの助成や融資制度は，自治体や団体ごとに条件が異なるので，事前に確認が必要である。一般的には，世帯の収入に応じて助成金額が異なっている。

(3) 経常的な維持経費

昇降機と総称されるホームエレベーターや階段昇降機，段差解消機の購入を検討する際には，販売店，代理店やメーカーと保守点検の契約を結び，最低１年に１回の定期検査を受けなければならない点や，設置後には月々の電気代に加え，メンテナンス費用がかかる点も考慮します。

また，万が一の故障の際にも日常生活には支障がないよう配慮しておきます。

プラスワン

住宅改修の見直し

2018（平成30）年度から次のような見直しが行われた。

①事前申請時に利用者が保険者に提出する見積書類の様式を国が示す

②複数の住宅改修事業者から見積もりをとるよう利用者に説明する

用語

メンテナンス

建築物の性能や価値の低下を防ぐために行う手入れや点検のこと。「建築基準法」では，敷地や，設備などは常に法律に適合した状態にしておくことが義務付けられている。

キーホルダー

Key	確認したらチェック ☑
家具に関する検討	□ 新築や増改築時に広い部屋を確保できても，家具がじゃまで生活しにくくなることもある。 □ いすや机については，使用目的を明確にして，生活動作のしやすさを考慮する。
収納の注意点	□ 収納扉は，からだの動きなどを考慮して引き戸を原則とする。
色彩計画	□ 高齢者には落ち着いた色が適していると思われがちだが，明るく華やかな色彩も取り入れる。
照明計画	□ 高齢者の視機能の低下を考慮して照明計画を検討する。
冷暖房への配慮	□ 暖房で各部屋の温度差が大きくならないようにしたり，外気が高温になった際には適切な温度調節ができるよう，冷暖房に配慮する。
緊急時の対応	□ 住宅内の緊急事態については，設備面と同様，だれに，どこに，どのように知らせるのかを関係者が共通して認識することが重要。
維持・メンテナンス	□ 機器の採用はコストを総合的に計算して検討する。本人またはその家族が自己負担できる限度額を確認し，だれが負担するかなどを明確にしておくことも重要。

レッスン 26

住まいの整備（1）

14日目　B 重要度

学習のねらい　高齢者や障害者などが安全に外出するために，アプローチの整備が欠かせません。利用者の身体機能などを考慮した，段差の解消をはじめとする安全なアプローチの整備方法について，確実に押さえましょう。

❶ アプローチ整備の視点

日常生活は住宅の中だけで成り立つものではありません。買い物，散歩，通院など，必要な目的を達成するための外出が可能になって，初めて成り立ちます。

しかし，高齢者や障害者の身体能力に対して，住まいの玄関から道路までのアプローチ（通路）部分の高低差，通路幅などが配慮されていないために，思うように外出することができないというケースが多々みられます。

最も望ましいのは，心身機能が低下してから対策を講じるのではなく，日頃から住まいを点検し，危険な場所は改修するなどして，安全で快適に外出できる環境づくりを目指すことです。

用語

アプローチ
ある特定の対象に到達するための動線（移動した軌跡）のこと。建築物への取り付け通路，住宅団地への進入路，地域や施設への導入交通路を含む。住宅計画では，道路などから住宅の出入り口に至る専用または共用通路を指す。

❷ アプローチの現状と課題

日本における住宅では，道路から玄関までのアプローチに高低差や段差があるために歩行が困難になる，通路幅が狭いために車いすが通れないなど，環境的な側面での課題が多くみられます。その要因となっているのが，**建築基準法**と敷地面積の問題です。

① **建築基準法**……床下通風を確保するため，「日本の木造住宅は，直下の地面から1階床面までの高さを450mm以上にしなければならない」と定めている。

② **敷地面積**……日本の住宅では敷地が狭いため，玄関から道路までの高低差を解消するスペースが十分に確

用語

建築基準法
1950（昭和25）年に施行され，建築物の敷地・構造・設備・用途に関する最低基準，都市計画区域内における建ぺい率・容積率などの最低基準を定めている。

保できず，アプローチ部分にある程度の段差が生じやすい。

このように高低差や段差がある住宅環境では，高齢者や障害者にとっては不自由に感じられる点が多く生じます。とくに，丘陵地など，道路と敷地の間の高低差が大きな住宅ではなおさらです。段差の解消や手すりの設置をはじめ，夜間の移動を安全にする照明の設置や，雨が降って地面が濡れて滑りやすくなったときの対策なども重要となります。

身体状況や移動方法によって，スロープより階段が適していることもあるんですって。確認が必要ですね。

③ アプローチの整備

道路から玄関までの高低差は，勾配の緩やかな階段やスロープなどを設置して対応する。スロープは車いすの使用に配慮する。

（1）階段による高低差解消

階段の勾配は身体機能が低下した人でも安全に移動できるように，緩やかにするのが基本です。高齢者や障害者の利用に配慮する場合，階段の寸法は**踏面（ふみづら）300～330mm程度，蹴上（けあ）げ110～160mm程度**を目安にします。

階段の先端部（段鼻（だんばな））は次のようなくふうを検討します。

① ノンスリップ（滑り止め）加工のタイルを用いる。

② 色を変えて注意を促す。

踏面は，足を乗せるための階段の平らな面のことで，蹴上げは階段の一段の高さのことです。

■ 階段の踏面，蹴上げ，段鼻

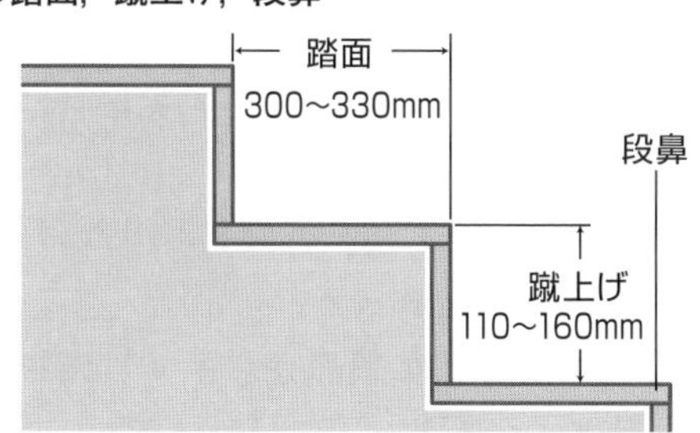

プラスワン

「建築基準法」では，住宅における階段は踏面150mm以上，蹴上げ230mm以下と定めている。

(2) スロープによる高低差解消

道路から玄関までの高低差を解消するには，緩やかな階段での対応のほかにスロープの設置などがあります。

スロープの設置にあたっては，出入り口を設ける場所，玄関の上がりがまちの段差を乗り越える方法など，居室へ移動する一連の動作に基づいて考えます。

勾配については，標準としては，1/12～1/15程度が基本ですが，なるべく緩やかにします。

プラスワン
1/12～1/15の勾配とは，高さ1mを上がるのに水平方向に12～15mの長さが必要となる傾斜の度合い。

車いすを使用する場合には，スロープでのアプローチを中心に考えますが，次のような点に配慮します。

① 車いす使用者の上肢機能や介助者が車いすを押す力に合わせて勾配を調整する。

② 住宅のどこから出入りするのかを検討し，屋内外の段差や出入り口の幅にも留意する。

③ 住宅への出入り口（玄関ドアや掃き出し窓）前には，車いすを方向転換するなどの操作のためのスペースとして，内法寸法で1,500mm×1,500mm以上の平坦部を確保する。雨天時，平坦部に水溜りができないよう，排水を考慮して水勾配を付ける場合は，車いすの操作に支障が出ないよう1/100程度とする。

④ 車いすの車輪が落ちて転落しないよう，スロープの両端に50mm程度の立ち上がりを設ける。

用語
水勾配
排水のために出入り口や浴室などの床面に付ける傾斜をいう。

(3) 手すりの設置

階段では，手すり上端が段鼻から750～800mm程度になるように設置する。下りるときの利き手側には，必ず手すりを取り付ける。

アプローチが階段になっている場合，2～3段程度であっても手すりの設置を検討します。

① **設置の高さ……**階段の段鼻から手すり上端まで750～800mm程度になるように取り付ける。

② **手すりの直径……**32～36mm程度を目安とする。

手すりの材質は，気温が低い時期に触っても感触がいい，樹脂被覆されたものが良いですね。

③　**設置位置**……下りるときの利き手側に取り付けるのが一般的だが，できれば両側に設ける。

■ **屋外階段と手すりの設置**

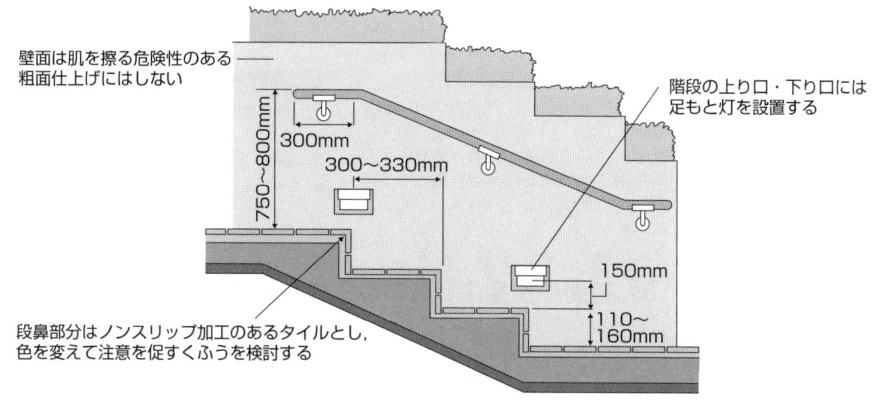
壁面は肌を擦る危険性のある粗面仕上げにはしない
階段の上り口・下り口には足もと灯を設置する
750〜800mm
300mm
300〜330mm
150mm
110〜160mm
段鼻部分はノンスリップ加工のあるタイルとし，色を変えて注意を促すくふうを検討する

(4) 転倒防止の通路面仕上げ

アプローチは凹凸がない平坦なものとし，表面仕上げは，雨天時の滑りにくさなどを考慮する。

アプローチが暗かったり，両手に荷物を持っていたりすると，段差などを確認しにくくなります。転倒防止を考え，アプローチの仕上げでは以下の点に注意します。

①　**平坦に仕上げる**……段差が5mmを超えるとつまずく危険性があるため，凹凸（おうとつ）のない平坦な床面に仕上げる。

②　**目地幅を小さく**……コンクリートの平板などを敷く場合は，目地幅をできるだけ小さくする。

③　**しっかり固定する**……踏み石は，歩行時にがたつかないよう，コンクリートで堅固に仕上げる。

また，雨天時に濡れた場合の滑りにくさや歩行の安全性を考慮して表面仕上げを選びます。石張りにする場合は，表面を粗くすることで濡れても滑りにくい状態にします。

コンクリートの平板などの継ぎ目を目地といいます。

■ アプローチのコンクリート平板

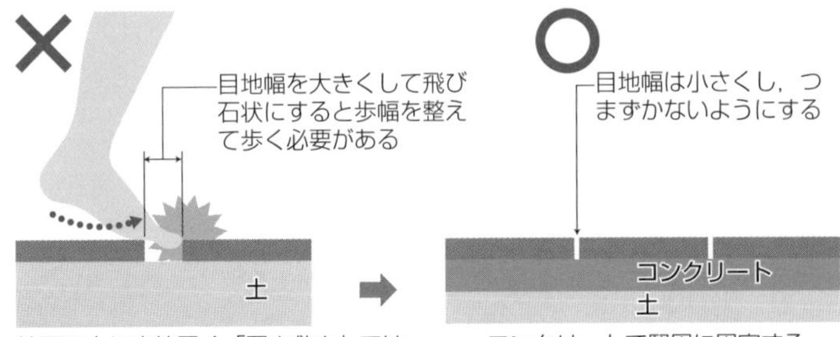

(5) 夜間の安全性を高める色彩・照明

屋外灯と足もと灯を活用する。動線部分を均一な明るさにすることを心がける。

夜間でも足もとの段差を目で確認できるように，照明や色彩にくふうを施します。

① **屋外灯**……道路から玄関までのアプローチが長い場合は，屋外灯を設けて安全性を確保する。

② **足もと灯**……階段の上り口や下り口には，段差の位置などを示すために足もと灯を設置して注意を促す。足もと灯の照度は高めにするが，あくまでも補助照明とし，別に屋外灯を設置する。

③ **均一な明るさの動線**……建物の影部分を段差と見間違えることを防ぐため，足もと周辺は均一な明るさになるように留意する。

また，階段では**段鼻部分の色を変える**などして注意を促すくふうも有効です。

庇
直射日光や雨などを防ぐために玄関や縁側，窓などの上部に付けられる，小さな片流れの屋根のこと。

(6) 玄関庇を設置

雨天時の出入り動作の際，濡れないよう庇（ひさし）の設置を検討する。

玄関ポーチは，施錠・開錠，玄関ドアの開閉などを行う

場所です。雨天時に傘を差しながら，これらの動作を行うことは困難ですし，とくに車いす使用の場合はなおさらです。雨でも，濡れずに住宅への出入り動作を行えるように，玄関ポーチには**庇の設置**を検討します。

レッスン 27

住まいの整備（2）

14日目

B 重要度

学習のねらい 住宅の顔ともいえる玄関は，アプローチ同様，安全に外出するための整備が重要となります。ここでは日本の玄関の特徴ともいえる上がりがまち段差の解消や手すりの設置など，具体的な整備方法を学習します。

❶ 玄関の現状と課題

日本には，玄関で履物を着脱する生活習慣があるため，玄関の土足部分と上足部分の間には「上がりがまち」と呼ばれる段差があります。

上がりがまち段差は，現在の木造住宅では180mm以下が多く，集合住宅では60mm以下が多くなっています。ただし，古くからある戸建住宅では，300mm以上あるケースもみられます。

300mm以上の上がりがまち段差だと出入りが結構大変そう。

こうした段差に加え，玄関スペースの狭さが，高齢者や障害者にとって，出入りの動作を困難にする要因ともなっています。

① **高齢者にとっての問題点**……視力の低下から段差が視認できず転落する，玄関マットにつまずく，履物の着脱の際に転ぶ，ドアを開閉する際に身体をうまく保持できないなど。

② **車いす使用者にとっての課題**……車いすの操作スペースや介助スペース，介助用車いすの置き場所の確保が困難である。

このように，玄関の整備にはさまざまな配慮が必要ですが，住宅構造上の制約があります。玄関からの出入りが困難な場合には，居間や寝室の掃(は)き出し窓から直接出入りする方法も検討します。

用語

掃き出し窓
下端が室内の床面と同じ高さに設けられた窓。庭に面したリビングなどに多く用いられ，屋外へ直接出入りできる。窓を開けてほこりを外へ掃き出せるため，こう呼ばれている。

❷ 玄関の整備

(1) 上がりがまち段差の解消

踏台は幅500mm以上，奥行き400mm以上を目安とし，階段1段分より広くなるようにする。

上がりがまち段差は，昇降しやすいように180mm以下とします。ただし，単に180mm以下とするのではなく，利用者が1回の昇降で安全かつ容易に越えられる高さを実測し，調整します。

そのほか，設計の際に玄関ドアの下枠部分の段差を最小限にするなど配慮し，歩行でも車いす使用の場合でも，玄関の床面はできるだけ段差をなくして平坦にします。

① **踏台・ベンチの設置**

踏台を置くことで，上がりがまち段差を小さく分割することができ，昇降しやすくなります。踏台のサイズは，進行方向から見て**幅500mm以上，奥行き400mm以上を目安とし，階段1段分より広め**とします。

踏台の上で靴の着脱を行うとバランスを崩すことがあるため，手すりを設置します。

② **段差解消機の設置**

車いすを使用するときや，段差が大きい場合は，テーブル状の台に乗って垂直に昇降する**段差解消機**の導入も有効です。

プラスワン
踏台の高さは上がりがまち段差を等分割するように設置する。

(2) 手すりの設置

手すりは，上端が玄関ホール床面に立った際の肩の高さより100mm程度上方，下端が土間床面から750～800mm程度に設置する。

安全な昇降をサポートするために，上がりがまち際（ぎわ）の壁面には**縦手すり**を設置します。手すりの高さは，**上端が玄関ホール床面に立った際の肩の高さより100mm程度上方，下端が土間床面から750～800mm程度**が適切です。

下駄箱などの収納があって壁に手すりを設置できない場合は，収納の一部をカウンター式にして手がかりにするなどの方法もあります。

■ 玄関の住環境整備例

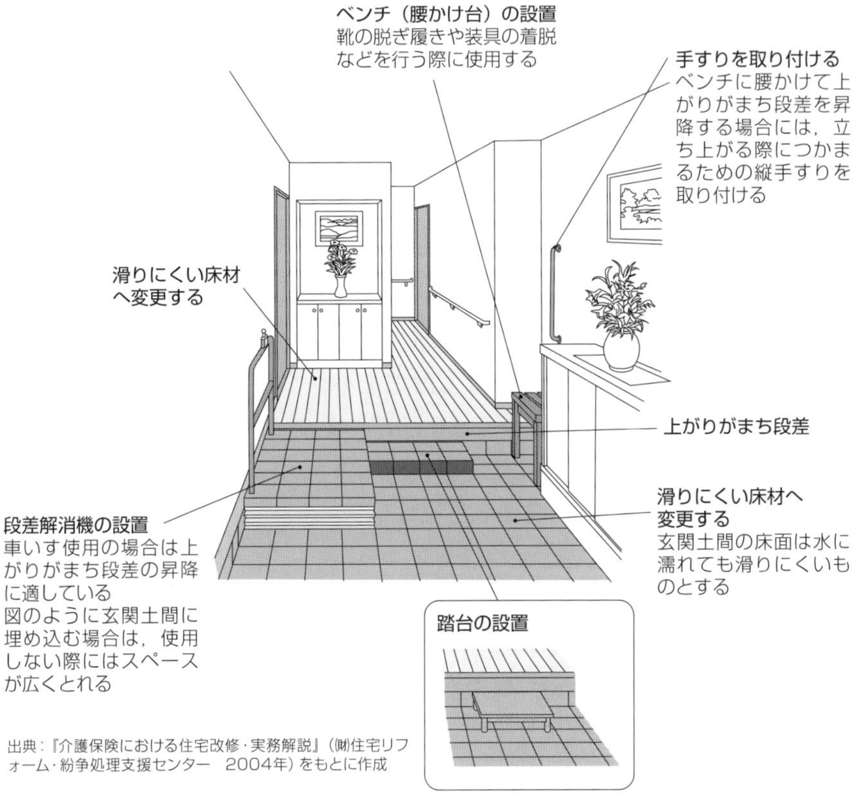

ベンチ（腰かけ台）の設置
靴の脱ぎ履きや装具の着脱などを行う際に使用する

手すりを取り付ける
ベンチに腰かけて上がりがまち段差を昇降する場合には，立ち上がる際につかまるための縦手すりを取り付ける

滑りにくい床材へ変更する

上がりがまち段差

滑りにくい床材へ変更する
玄関土間の床面は水に濡れても滑りにくいものとする

段差解消機の設置
車いす使用の場合は上がりがまち段差の昇降に適している
図のように玄関土間に埋め込む場合は，使用しない際にはスペースが広くとれる

踏台の設置

出典：『介護保険における住宅改修・実務解説』（㈶住宅リフォーム・紛争処理支援センター　2004年）をもとに作成

高齢者は視力が低下しているので，段差などの見分けがつくように，配色には十分注意しましょう。

(3) 色彩の仕上げ

上がりがまちと屋内の床面は，異なる色で仕上げて段差を見分けやすくするくふうもある。

高齢者は視力の低下により，玄関土間とかまち材・床材の素材が違っていても，見分けにくくなっています。

通常，上がりがまちと屋内の床面は同色とするのが一般的ですが，異なる色で仕上げることで，段差に気づきやすくなります。

(4) 玄関スペースの考え方

歩行の場合は玄関間口を有効寸法1,200mm程度，車いす使用の場合は土間の奥行きを有効寸法1,200mm以上確保する。

歩行による出入りのみか，あるいは車いすによる出入りも考慮するかによって，玄関の段差と土間の広さに対する考え方が変わってきます。

また，車いすを利用する場合，玄関スペースだけでなく，道路までのアプローチも含めて総合的に検討します。

① 歩行の場合

通常の玄関に手すりを付ける程度で対応できる場合，**玄関間口は有効寸法1,200mm程度**とします。

玄関の土間やホールにベンチや踏台を設置し，介助スペースなどの確保が必要な場合は，**玄関間口は有効寸法1,650mm程度**が必要です。この場合，実際に介助動作や装具・履物の着脱などを行い，必要なスペースを実測して調整します。

② 車いすを利用する場合

車いすが玄関土間に入るよう，土間の奥行きを有効寸法1,200mm以上確保します。

日本産業規格（JIS）による車いすの全長は1,200mm以下となっていますが，一般的に使用されている車いすの全長が1,100mm程度（介助用車いすは890～960mm程度）のため，これに100mm程度の余裕をもたせて有効寸法1,200mm以上と考えればよいでしょう。

■ 車いすを使用する場合の玄関スペース

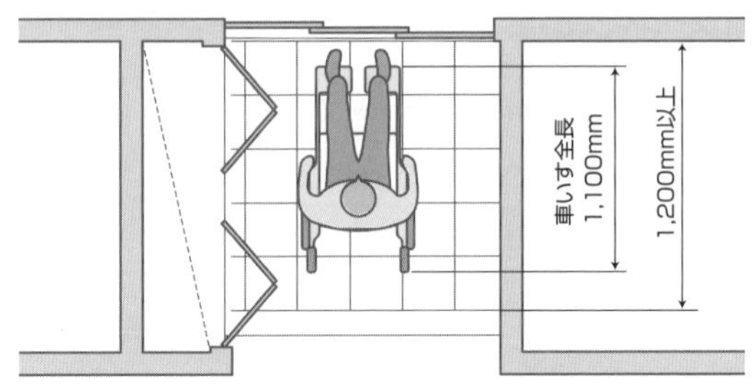

③ 庭・テラス（外構）

高齢者が庭いじりやテラスで過ごす時間を楽しむ場合，居室から庭などに移動しやすい**外構**の環境整備を行うことも重要です。また，地震や火災などの非常時に備え，玄関以外の居室や寝室から屋外へと出る避難通路も確保しておきます。

テラスは，れんがやタイル，デッキ材などで仕上げられた，居間に続く屋外のスペースです。庭から直接出入りでき，アウトドアリビングとして利用されます。非常時にはテラスを通って屋外へ出られる点が重要です。

用語

外構
庭，生垣，車庫，塀など，住宅の敷地内で住居の周りに造られるもの。

(1) スロープの形状

車いす使用の場合，スロープの傾斜部分は直線形状にする。

車いすを利用する場合，上がりがまちなどの段差やスペースの問題のために玄関からの出入りが容易でなくても，庭やテラスに十分なスペースがあれば，スロープを設置することによってそこからの出入りが可能になります。その場合，車いすの操作がしやすいように，**スロープの傾斜部分は曲線状ではなく，直線形状**になるように注意します。

(2) 居室や寝室から屋外への移動

掃き出し窓は有効寸法と段差に注意する。

たとえ道路までの動線が確保できなくても，非常時には屋外に出られるよう配慮することが重要です。

① 居室に掃き出し窓がある場合

有効寸法や段差に注意します。最近では，サッシの下レールの凹凸が小さい掃き出し窓が市販されているので採用を検討します。これを採用すれば，車いすでも出入りが可能になり，非常時に玄関と掃き出し窓の二方向避難が可能になります。

② 既存のサッシで段差がある場合

既存サッシで段差がある場合でも，屋外にテラスを設けて屋内の床レベルと屋外テラスレベルとの段差を最小限とすることで，歩行可能な高齢者は外に出やすくなります。また，ここにスロープを設置すれば，車いすでも使えます。

③ スロープなどを使った段差解消が困難な場合

道路との高低差の度合いや敷地の広さなどの条件によって，スロープや緩やかな階段での段差解消が難しいのであれば，段差解消機を掃き出し窓の外に設置することで，屋内外へ直接出入りする際に利用できます。

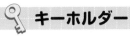

キーホルダー

Key	確認したらチェック ☑
アプローチの整備	□ 道路から玄関までの高低差は，勾配の緩やかな階段やスロープなどを設置して対応する。スロープは車いすの使用に配慮する。
	□ 階段では，手すり上端が段鼻から750～800mm程度になるように設置する。下りるときの利き手側には，必ず手すりを取り付ける。
	□ アプローチは凹凸がない平坦なものとし，表面仕上げは，雨天時の滑りにくさなどを考慮する。
	□ 屋外灯と足もと灯を活用する。動線部分を均一な明るさにすることを心がける。
	□ 雨天時の出入り動作の際，濡れないよう庇の設置を検討する。
玄関の整備	□ 踏台は幅500mm以上，奥行き400mm以上を目安とし，階段1段分より広くなるようにする。
	□ 手すりは，上端が玄関ホール床面に立った際の肩の高さより100mm程度上方，下端が土間床面から750～800mm程度に設置する。
	□ 上がりがまちと屋内の床面は，異なる色で仕上げて段差を見分けやすくするくふうもある。
	□ 歩行の場合は玄関間口を有効寸法1,200mm程度，車いす使用の場合は土間の奥行きを有効寸法1,200mm以上確保する。
庭・テラス（外構）	□ 車いす使用の場合，スロープの傾斜部分は直線形状にする。
	□ 掃き出し窓は有効寸法と段差に注意する。

レッスン 28

住まいの整備（3）

15日目

A 重要度

学習のねらい 生活空間を自由に移動できることは，日常生活を送るうえで不可欠な条件です。ここでは，廊下や階段などの整備について学びます。また，家庭内事故が多い子どもや妊婦への住環境整備上の配慮についても考えます。

① 廊下整備の視点

日本の住宅では各室が廊下によって結ばれていることが多いため，廊下の移動が可能なこと，廊下から各室に出入りができることは，生活上の必須条件となります。

一般的な住宅の廊下幅は有効寸法が750～780mm程度で，健康な高齢者が自立歩行するには問題ありません。しかし，自走用車いすを使用しての移動では，タイヤ脇のハンドリムを操作するときに左右の肘が突出するため，室内に入る際にこの幅では通行が難しい場合があります。

このほか，不十分な照明環境も屋内移動を困難にする要因となります。薄暗い廊下では，小さな段差に気づかず，つまずいて転倒する事故も少なくありません。

② 廊下の整備

（1）用途に合わせた有効寸法の確保

自走用車いすの場合は，有効寸法780mmの廊下に面した部屋の開口部の有効寸法は，950mm以上が必要。

① 介助歩行の場合

尺貫法による3尺モジュール（910mm）を基本として造られた木造住宅で105mm角の柱を用いた**大壁**（おおかべ）では，**廊下幅の有効寸法は最大で750～780mm**となります。この幅は，介助を受けながら廊下を歩行移動するには十

モジュール ➡ P168

用語

大壁

木造建築で，柱面の外側に壁の仕上げ材を施し，柱を見えないようにした壁。

分とはいえず，幅やスペースを確保するくふうが必要です。

② 車いす使用の場合

車いすによる移動では，さまざまな問題が生じます。とくに，部屋への出入りを行う開口部では，十分な幅が必要です。

(a) 介助用車いす使用の場合……有効寸法780mmの廊下は何とか通行可能。ただし，廊下に面した部屋への出入りには，**開口部の有効寸法は750mm以上が必要。**

(b) 自走用車いす使用の場合……廊下の有効寸法が780mmの場合，方向転換やハンドリムの操作などにより，廊下に面した部屋の**開口部の有効寸法は950mm以上が必要。**

有効寸法780mmの廊下では，車いすを使用する場合でも，移動スペースや介助スペースが十分ではありません。

■ 車いすと開口部の有効寸法

介助用車いすで室内に入る

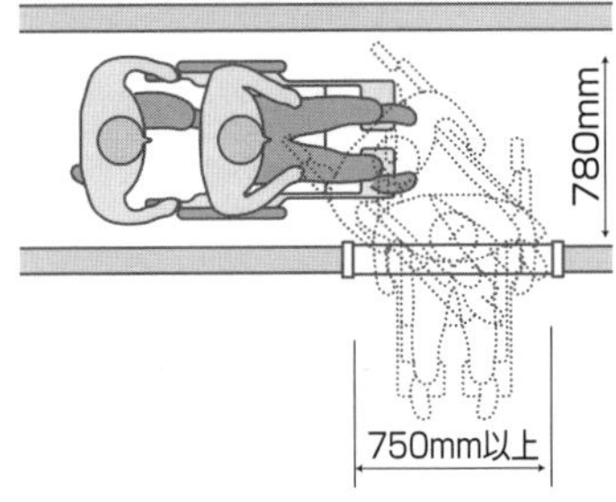

介助者が後ろに回り込むことが難しい場合が多く，方向転換に腕力を要する

自走用車いすで室内に入る

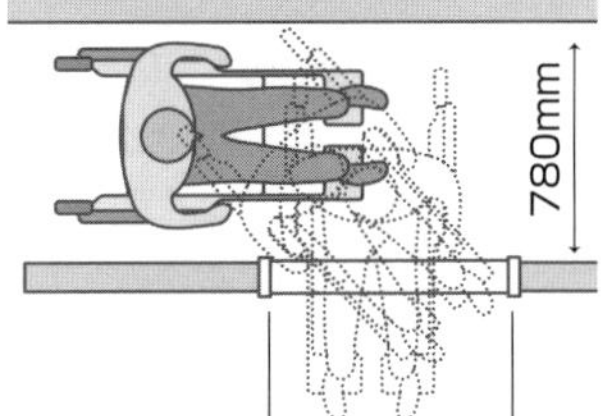

(2) 床面の段差解消

ミニスロープは，車いすの移動には適していますが，**歩行移動では利用者がミニスロープで足を滑らせるおそれもあるので，板表面に滑り止め加工などを施します。**関節リウマチで症状が進行した人では，ミニスロープに足をのせると足首の関節に負担がかかることがあり，注意が必要です。

プラスワン

関節リウマチが進行した人の場合は，ミニスロープ付近の壁面に手すりを設置し，手すりにつかまりながら歩行できるようにする。ミニスロープをまたいで通行するなど，他の方法にする場合は，本人や医療機関と相談して決定する。

（3）手すりの設置

手すりの取り付け位置は，床面から750～800mm程度を目安にする。

手すりを設置する高さは，廊下の**床面から750～800mm**程度を目安とします。

出入り口付近には**縦手すり**を設置します。利用者が扉の開閉時に姿勢を安定させたり，身体をあずけたりすることもあるため，事前に利用者の立位歩行の動作を確認することが必要です。

なお，手すりには大きな荷重がかかるので，取り付けの際は次のようなことに十分に注意します。

① 構造柱など頑強な部分を選ぶ。

② **下地補強を行ったうえでしっかりと留める。**

③ **柱と柱の間にある間柱に木ねじで留める方法は，不適切（手すりの受け金具が，間柱の幅に納まらないこともあるため）。**

（4）傷や汚れに配慮した仕上げ

車いす使用の場合は傷に強く，汚れが目立たない仕上げを選ぶ。

車いすを使用する場合，床や壁の仕上げには次の点を検討します。

① **フローリングの場合，傷が付きにくい仕上げを選ぶ**……車輪に付いた砂ぼこりなどで床表面が傷付きやすいため，傷の付きにくい仕上げを選ぶ。

② **車輪のゴム跡が目立たない塗装色にする**……自走用車いすで活発に屋内の移動を行う場合，床面に車輪のゴム跡が付くことがあるため。

③ **幅木（はばき）を通常より高い位置まで設ける**……車いすが壁や建具周辺に直接当たって傷付かないようにするため。幅木は，車いすのフットサポートの高さに合わせ

用語

間柱

柱と柱の間が大きく空き，壁の仕上げ材や下地の構造材が渡せないとき，柱の中間に補足して立てる垂直の部材。

➡ P166

フローリングとは，板張りにした床のことです。木製の床仕上げ材の総称として用いられています。

床材の選択

➡ P163

幅木

屋内の壁の最下部に，横に渡して取り付ける薄い板状のもの。

る。通常のものを２，３段重ねて設置しても有効。

（5）適度な明るさの照明

適度な明るさを確保し，明るさを調整できる照明器具を選ぶ。暗がりでもわかるように，明かり付きスイッチや足もと灯を検討する。

高齢になると生理機能が低下して，就寝中にトイレに行く回数が増えるので，夜間の移動を安全に行えるように考慮しなければなりません。

高齢者には，夜間移動を安全に行えるサポートがより必要になってくるため，照明にも次のような配慮が必要です。

① **適度な明るさを確保**……高齢になると，明るい場所から暗がりに入って，目が慣れるまでに時間がかかるため。

② **時間帯や状況で明るさを調整できる照明器具の導入**……全点灯・中点灯・消灯の段階スイッチなど，調光機能付きのものが望ましい。

③ 暗がりでもすぐわかるよう，**明かり付きスイッチ**を選ぶ。

④ 出入り口付近や，寝室からトイレまでといった主要な動線の要所や，上がりがまちなどの段差付近に，位置確認や目印として**足もと灯**の設置を検討する。

足もと灯
➡ P190

❸ 階段の整備

（1）階段の整備の視点

高齢になり足腰の機能が低下すると，身体のバランスを崩しやすく階段の昇降が困難になります。また，居室よりも照明の明るさが十分でない階段では，視力低下によって階段の踏面を見誤り，転倒・転落事故を起こしやすくなります。同一階ですべての生活動作を行えない場合，さまざまなくふうで階段を整備し，安全な昇降をサポートします。

（2）階段の配置

トイレと階段の位置関係に注意し，寝室とトイレの間には階段を配置しない。

寝室とトイレが別の階にある場合，暗がりの中，トイレに行こうとして階段で転倒・転落事故を起こすことがあります。また，寝室が2階以上にあって，階段の下り口とトイレの出入り口が隣接している場合には，誤って下り口に転落するという事故が現実に発生しています。そのため，新築での配置計画では，トイレ・寝室・階段の位置関係に十分注意が必要です。

① 寝室とトイレの間には，階段を設けない。

② 少なくとも，トイレの出入り口と階段の下り口は隣接させない。

（3）手すりの設置

手すりはできる限り連続して設置し，端部は壁側に曲げ込んで納める。

「建築基準法」では，階段には必ず手すりを設置しなければならないと定められています。手すりはできれば階段の両側に設置することが望ましいのですが，片側のみの場合，下りる際の利き手側に設置します。これは，階段では上りより，下りる際に転落事故が多く発生するためです。

手すりは，踊り場も含め，できる限り連続させます。構造的にこれが不可能な場合であっても，手すり端部間の空き距離が400mm以下となるようにします。空き距離がこれ以上長くなると，手放し状態で数歩移動することになるので危険です。また，次の手すりへの握り替えが同位置・同姿勢でできるようにすることが基本です。

手すりの端部は，エンドキャップでカバーをするだけでは不十分です。身体をぶつけたり，衣服の袖口を引っかけたりするおそれがあるためで，袖口が大きく開いている衣類を着用している場合はとくに危険です。手すり端部は壁側に曲げ込んで納めます。

一般の住宅では，階段の両側に手すりを設置するほどの有効寸法を確保するのは難しいわね。

手すりの端部の形状

○望ましい手すりの例

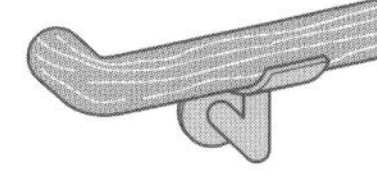

手すりの端部を壁面側に曲げ込む。

×望ましくない手すりの例

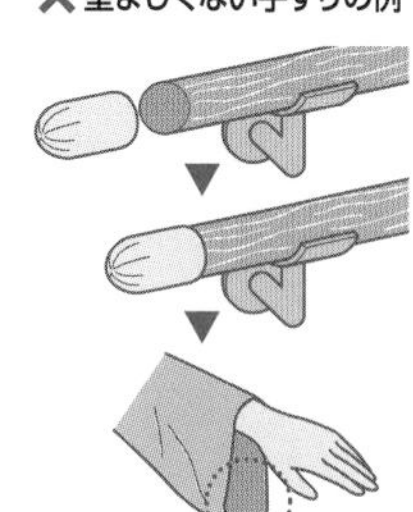

エンドキャップを付けるだけでは不十分。衣服の袖口を手すりの端部に引っかけやすい。

(4) ノンスリップの設置

転落防止のため，段鼻部分にゴム製のノンスリップを設置する。

階段の段鼻部分には，ゴム製のノンスリップを堅固に取り付け，転落を防止します。ただし，踏面よりノンスリップの厚みが突出して，そこにつまずく危険性があるため，スリッパや靴下，裸足など，普段の生活状況を再現して確かめることが必要です。また，ノンスリップの厚さ分だけ段鼻部分を切り欠いて取り付ける方法もあります。

④ 妊婦，子どもに対する配慮

(1) 妊婦に対する配慮

階段や段差での安全に気を配り，日常の動作を無理なく行えるようにする。

妊婦はお腹が大きくなるに従い，日常生活において不便さを感じるようになります。配慮すべき事項は，手すりを付ける，段差を解消するといった高齢者への配慮と同様ですが，以下の点にも留意します。

① **階段**……足もとが見えにくくなるため，とくに下りるときに踏み外す危険性が高い。手すりを設置する。

② **キッチン，食堂**……突出部に腹部を打ちつけやすい。調理中に開けっ放しになる収納扉や引き出しに注意する。また，屈み動作が困難となるので，よく使う収納物は目の高さよりも下の位置で，屈まなくてもよい場所に移す。

③ **浴室**……バランスを崩しやすく，転倒の危険性が高い。手すりを設置する。

④ **居間**……歩き回る際にカーペット等の敷物や床上のおもちゃなどが原因で転倒する。敷物は一時的に撤去し，床に物を置かないよう収納スペースを確保する。

（2）子どもに対する配慮

住環境を整備して危険な要因を取り除き，事故を未然に防ぐようにする。

子どもは，危険という概念を持たずに行動するため，親がほんの少し目を離したすきに事故が起きてしまう可能性があります。家庭内事故による子どもの死亡を検証していくと，住環境にかかわる要因が多くあることがわかります。そのため，子どもが「危険な行為」を自然に学んでいくまでの幼少の間は，**住環境自体を安全にしておく必要があります**。具体例として，以下の点に留意します。

① **テーブルや家具の角に緩衝材を取り付ける**……頭を打ちつけてもけがをしないように，角部に軟らかい緩衝材を取り付ける。

② **段差を解消し，滑りにくくする**……室内の段差を解消し，床面を滑りにくくして，転倒を防ぐ。

③ **子どもの近くに危険物を置かない**……手の届く範囲に刃物や灰皿，たばこなどを置かない。また，テーブルクロスなどを引っ張って机の上の物を落としたり，熱い物を触ってやけどをする可能性もあるので注意する。

④ **収納にロック用具を取り付ける**……引き出しなどは，鍵をかけるか止め金具を付け，落下を未然に防ぐ。

⑤ **火器周辺には柵を設ける**……ストーブなどの火を使う器具の周辺には柵を設けて，近づけないようにする。

⑥ **ベランダの柵周辺に物を置かない**……ベランダの柵の手前に，よじ登れるような台を置かない。

⑦ **浴室の扉に鍵をかける**……浴室の扉に鍵をかけ，浴槽への転落を防ぐ。貯め湯をしない。

⑧ 開き戸の吊り元部分にできるすきまにはカバーを取り付け，手指を挟まないようにする。

⑨ 開き戸下部をアンダーカット（床面との間にすきまがある）している場合，戸の下部にゴム材を張る。

プラスワン

バルコニーの手すりや上階の腰高窓の近くにも，踏み台になるようなものを置かないようにする。また，屋外の収納ボックスやダンボール箱，エアコンの室外機なども，子どもが台として使うことがあるため，そのまわりを囲って登れないようにくふうをする。

レッスン 29

住まいの整備（4）

15日目　B 重要度

学習のねらい　排泄は，個人の尊厳にもかかわる行為であるため，トイレへの配慮は非常に重要です。ここでは，トイレを快適に利用するために必要なスペースや配置，手すりの設置などについて学習します。

❶ トイレの現状と課題

トイレは生命維持に不可欠な排泄を行う場所であり，排泄は人間としての尊厳にも大きくかかわります。しかし，下肢機能が低下すると，立ち座りがスムーズにいかなくなります。そうなると，和式便器はいうに及ばず，洋式便器であっても，戸枠や窓枠，便器の縁，ペーパーホルダーなどにつかまって排泄行為をするなど，好ましくない状況も生じてきます。

トイレは，いわゆる水回り（住宅内で水を使用して生活行為を行う場所）の一つです。

また，介助が必要な場合には，次のような構造的要因が介助動作を困難にすることがあります。

① トイレが狭く介助スペースが確保されていない。

② 出入り口に通常よりも小さな建具を使用している。

夜間にトイレへの移動が難しくなり，ポータブルトイレなどを使用する高齢者も少なくありません。住環境上の課題を解決し，高齢者や障害者がより安全かつ容易に排泄できるよう，整備に取り組む必要があります。

水回りというと，排泄だけでなく，入浴や洗面，調理もかかわってきますよね。高齢者や障害者には困難な行為も多いので配慮が必要ですね。

❷ トイレの整備

(1) トイレの配置

トイレと寝室の距離はできるだけ短くする。

加齢に伴い，就寝中のトイレ使用頻度が多くなることがあります。それに備えるためにも，トイレと寝室の距離はできるだけ短くします。

望ましいのは，寝室に本人専用のトイレを隣接することですが，その場合は排泄時の音やにおいが寝室に漏れてこないよう，便器の選定や換気に配慮し，建具などもくふうします。

（2）スペースの考え方

自立して排泄動作が可能ならば通常のスペースで，介助が必要な場合は便器側方および前方に500mm以上のスペースを確保する。

①　自立動作が可能な場合

すべて自立して排泄動作を行える場合は，一般的なトイレスペースで問題ありません。この場合のスペースは，内法寸法で**間口750mm×奥行き1,200mm**です。奥行きを内法寸法で1,650mm程度にすると，ゆったりと立ち座りの動作ができるようになります。

また，間口を内法寸法で1,350mmまで広げ，洗面カウンターや手洗いカウンターなどを設置しておくと，将来的に介護が必要となったとき，それを撤去して介助スペースとして活用することが可能になります。

②　介助が必要な場合

介助を要する場合，介助者が前傾姿勢となり臀部が突出することが多いので，十分にスペースを確保して，介助動作をしやすくします。

介助を行いやすくするために，**便器側方および前方に介助スペースを有効寸法で500mm以上確保**します。

間口を広く確保した場合，便器の左右どちら側から介助するのかを利用者や介助者とよく話し合い，便器の位置を決めます。

プラスワン

近年，便器背後の洗浄タンクがない「タンクレストイレ」が市販されている。全長650mm程度で従来型より100mm程度短いため，前方の介助スペースが確保しにくい場合に有効である。しかし，タンク上方の手洗機能がついていないことに注意が必要。

■ トイレにおける介助スペースの確保

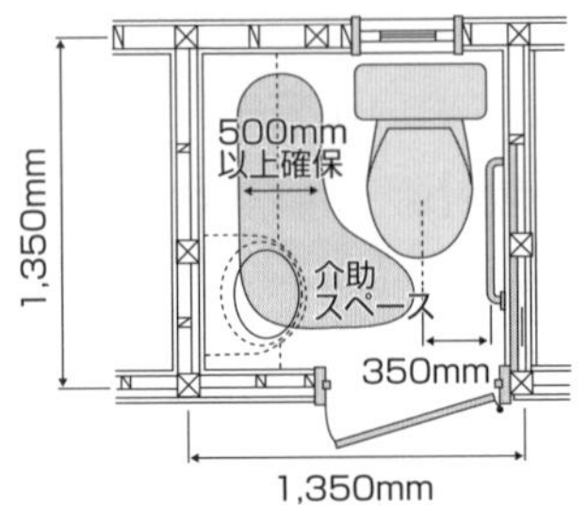

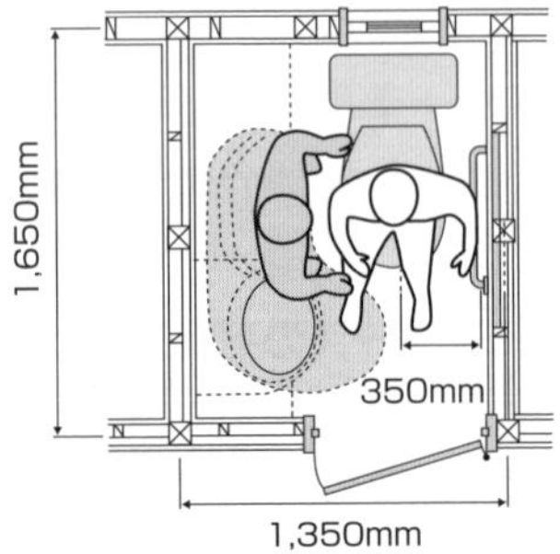

③　洗面・脱衣室共有のワンルーム

トイレと洗面・脱衣室をワンルームのようにまとめておくと，戸の枚数が減るので建具の開閉動作を減らすと同時に，介助スペースを共有化することもできます。ただし，同居家族が多い場合は，入浴や脱衣中にトイレが使用しにくい，といった状況が起こる可能性があるので，事前に利用者や同居家族で話し合い，意向を確認します。

また，当初はトイレと洗面・脱衣室を隣接して配置し，介助や車いすでの使用が必要になったときに，間仕切壁を撤去してワンルームに改修するという方法もあります。あるいは，最初からワンルームとし，可動壁で仕切っておくと，後の改修が容易です。

(3) 手すりの設置

トイレの縦手すりは，便器の先端から250～300mm程度前方の側面に設置する。

トイレに設置する手すりには，縦手すり，横手すり，L型手すり，可動式手すりなどがあります。種類や設置方法は，利用者の身体や状況に合わせて検討します。

トイレの手すりの太さは，廊下などの伝い歩きの手すりよりもひと回り細い**直径28～32mm**程度を目安とします。素材には，**樹脂被覆製**や**木製**など握ったときの感触がよく，手になじむものを選びます。なお，手すりには大きな荷重がかかるので，手すりが必要な場合や将来設置が必要になりそうな場所には，広範囲に下地補強を行うことが必要です。

壁下地の補強
P170

① **縦手すり**

縦手すりは，立ち座り用として使います。取り付け位置および取り付け高さは次のとおりです。

(a) 位置……便器の先端から250～300mm程度前方の側面に設置する。

(b) 高さ……手すりの上端が立位で肩より100mm上方までの高さとする。

また，身体機能が低下すると，前屈姿勢での立ち座り動作が多くなるため，縦手すりは便器から遠く，低い位置に設置したほうが使いやすくなります。

■ **便器と縦手すりの位置関係**

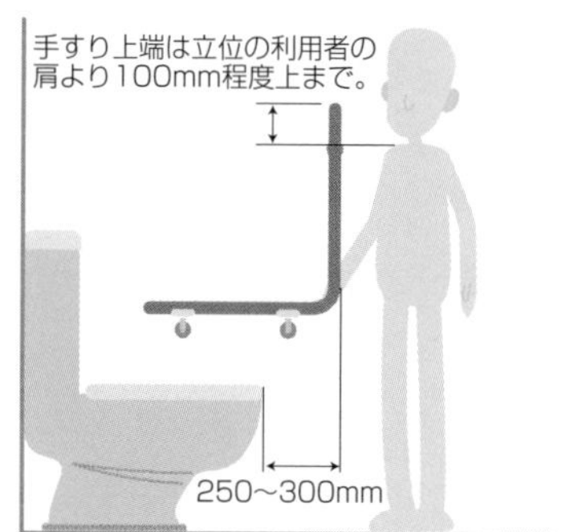
手すり上端は立位の利用者の
肩より100mm程度上まで。
250～300mm

② **横手すり**

横手すりは，便器の上で座位を保持するために使います。取り付け位置および取り付け高さは次のとおりです。

(a) 位置……便器の中心線から左右とも350mmの距離（手すりの芯ー芯距離700mm）で，左右対称になるように設置する。

(b) 高さ……便器の座面から220～250mm程度上方を目安とする。車いす使用の場合は，アームサポート（肘当て）と同じ高さを目安とする。

③　L型手すり

L型手すりは，縦手すりと横手すりを一体化させた手すりです。サイズは，縦800mm×横600mm程度です。

④　可動式手すり

可動式のものには，水平可動式や折り上げ式の手すりなどがあります。介助が必要な場合や車いす使用の場合に適しています。介助動作のじゃまにならないようにくふうして，介助スペースの側に設置します。

■ トイレの手すり設置位置，取り付け高さ

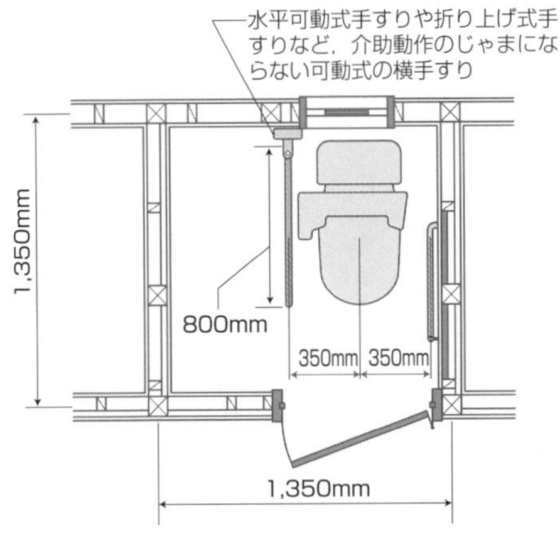

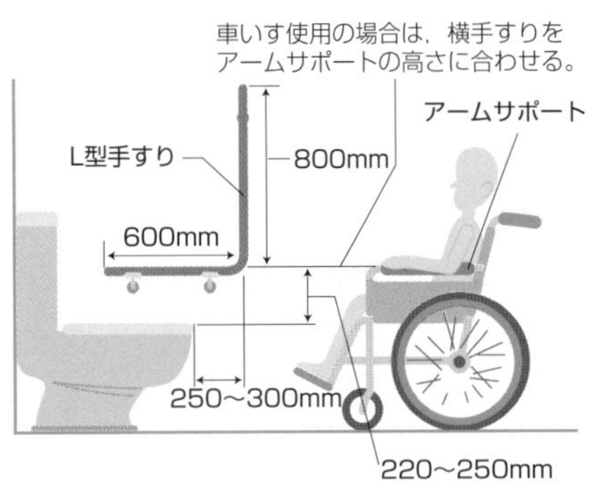

(4) 建具への配慮

トイレの戸は引き戸を基本とし，敷居の段差は解消する。開き戸の場合は，外開きにする。

トイレの戸は引き戸にし，敷居などの段差は解消します。やむを得ず開き戸にする場合は，外開き戸を選びます。内開きにすると，中で具合が悪くなって倒れた場合，身体が戸に当たって開かなくなり，救助が困難になるためです。

建具を引き戸にして，敷居段差を解消しても，開口部が狭いと車いすでの利用は難しそうね。

(5) 寝室への配慮

トイレを寝室に隣接して設ける場合は，消音，換気，消臭に配慮する。

寝室に隣接してトイレをつくる場合には，便器のタイプを検討します。

① **消音型便器**……夜間に排水音で家族が目を覚まさないようにする。

② **消臭・換気機能付き便器**……あるいは換気扇をトイレに設置し，寝室に臭気が入らないようにする。

介助者が必要な場合や車いす利用の場合など，それぞれに合った住環境整備を検討します。

（6）暖房機器の設置

暖房便座のほか，パネルヒーターなどの輻射暖房を設置する。

冬場に高齢者がヒートショックを起こさないよう，居室とトイレの温度差をなくす対策が重要です。

室温差を抑えるため，暖房便座のほか，**室内暖房機器**の併用を検討します。パネルヒーターのような**輻射（ふくしゃ）暖房機器**を設置する場合は，掃除を含めた生活動作の支障とならない位置に設置します。

キーホルダー

Key	確認したらチェック ☑
廊下の整備	□ 自走用車いすの場合は，有効寸法780mmの廊下に面した部屋の開口部の有効寸法は，950mm以上が必要。
	□ 手すりの取り付け位置は，床面から750～800mm程度を目安にする。
	□ 車いす使用の場合は傷に強く，汚れが目立たない仕上げを選ぶ。
	□ 適度な明るさを確保し，明るさを調整できる照明器具を選ぶ。暗がりでもわかるように，明かり付きスイッチや足もと灯を検討する。
階段の整備	□ トイレと階段の位置関係に注意し，寝室とトイレの間には階段を配置しない。
	□ 手すりはできる限り連続して設置し，端部は壁側に曲げ込んで納める。
	□ 転落防止のため，段鼻部分にゴム製のノンスリップを設置する。
妊婦，子どもに対する配慮	□ 階段や段差での安全に気を配り，日常の動作を無理なく行えるようにする。
	□ 住環境を整備して危険な要因を取り除き，事故を未然に防ぐようにする。
トイレの整備	□ トイレと寝室の距離はできるだけ短くする。
	□ 自立して排泄動作が可能ならば通常のスペースで，介助が必要な場合は便器側方および前方に500mm以上のスペースを確保する。
	□ トイレの縦手すりは，便器の先端から250～300mm程度前方の側面に設置する。
	□ トイレの戸は引き戸を基本とし，敷居の段差は解消する。開き戸の場合は，外開きにする。
	□ トイレを寝室に隣接して設ける場合は，消音，換気，消臭に配慮する。
	□ 暖房便座のほか，パネルヒーターなどの輻射暖房を設置する。

レッスン 30 住まいの整備（5）

16日目　**A** 重要度

学習のねらい 洗面や更衣，入浴は，清潔を保ち，気分をリフレッシュさせるために欠かせません。一方で，入浴中の事故も多いため，安全に配慮した環境整備が重要です。また，便利さや快適さについても検討する必要があります。

❶ 整容・更衣／洗面・脱衣室の現状と課題

洗面・脱衣室では，洗顔など両眼を閉じた動作や，更衣などバランスを崩しやすい動作を行うため，以下のような点に注意が必要です。

① **スペースと安全性**……整容・更衣動作では手を肩より高く上げることもあるため，高齢者や障害者にとって身体のバランスを崩しやすい姿勢が多い。しっかりとした支えや座って動作を行えるスペースを配慮する。

② **床の耐水性**……床が濡れたり，長時間湿気にさらされたりするため床が傷みやすい。滑りの防止や床材の保護，衛生面などの配慮が必要になる。

③ **室温の調節**……他室との温度差は，循環器系の疾患がある高齢者の発作原因になりかねない。

④ **外部への通報手段**……具合が悪くなったなどの緊急時に，家族に知らせる方法を検討する。

洗面では，適温の温水が給湯されないと，高齢者や障害者などはやけどをするおそれがあります。

❷ 洗面・脱衣室の整備

（1）スペースの確保

間口・奥行きとも内法寸法で1,650mm程度のスペースを確保する。

高齢者などは，立位のままで洗面や着脱衣を行うと，身体のバランスを崩しやすいため，洗面・脱衣室にはベンチ

（長いす）やいすなどを設置し，腰かけた姿勢でそうした動作ができるようにします。

間口・奥行きとも内法寸法で1,650mm程度のスペースを確保できれば，座った姿勢での動作が可能となり，介助者のスペースもとることができます。

また，同居家族の意向を確認したうえで，洗面・脱衣室をトイレとワンルーム化し，広さを確保する方法も有効です。

■ ゆとりのある洗面・脱衣室

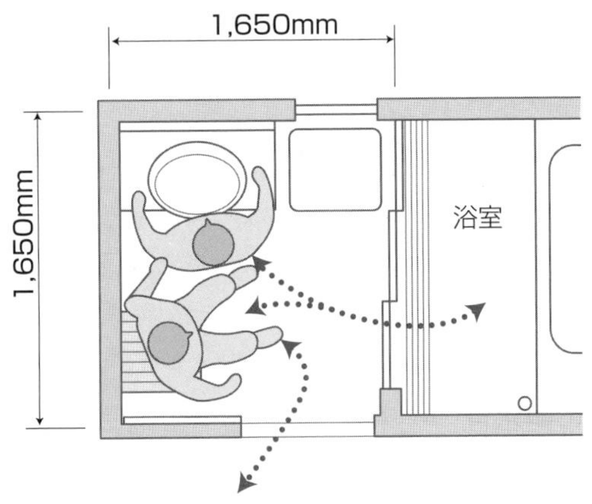

(2) 床仕上げ

床仕上げ材には塩化ビニルシートを使用する。

浴室の出入り口との段差を解消すると，洗面・脱衣室の床が濡れやすくなるため，以下の点に配慮します。

① **床仕上げ材には水に強い塩化ビニルシートを用いる。**

② **足ふきマットの選択に注意する。**

浴室出入り口に置く足ふきマットが厚いと，つまずきや転倒の原因になるので注意が必要です。

（3）洗面カウンター

洗面カウンターは，身体機能に合わせる。鏡は床面から800 ～ 1,750mmの範囲をカバーできる高さにする。

① **洗面台**……洗面器とカウンターが一体となった洗面カウンター形式にすると，物が置けるので便利。片麻痺がある利用者は，カウンターに寄りかかりながら片手で整容動作ができる。最近は，薄型で洗面器の下部排水管がじゃまにならないようにくふうされた，車いす対応の洗面カウンターもある。

② **水栓金具**……水と湯を混合して温度を調整できる混合水栓がよい。形状は複数あるので，利用者の使い勝手を確認して選ぶ。

③ **鏡**……防露型を選ぶ。いすに座った姿勢でも，立位でも，胸から上が映る大きさで，床面から800 ～ 1,750mm の範囲をカバーできる高さにする。

（4）収納

埋め込み型の収納で，空間を有効活用する。

カウンター上に常に物が置かれていると，カウンターを使用した洗面動作が不便になります。このため，洗面カウンター左右の壁などに埋め込み型の収納を設けるなど，空間を有効に活用しながら，使い勝手のよい収納スペースを確保します。日常的に使用する物をしまうことを踏まえ，収納は取り出しやすい位置に設置します。

（5）暖房・通報装置

暖房で温度差を解消し，通報装置を検討する。

心筋梗塞など循環器系の疾患がある場合には，他室と温

プラスワン

カタログで「車いす用」と記されている洗面カウンターは，いすを使用する場合にも便利なように製作されている。ただし，そのような洗面カウンターでも，深く腰かけられないものや車いすで使用できないものも多くあるので確認が必要である。

シングルレバー混合水栓を用いれば，水量と湯温を１つのレバーで容易に操作できます。一般的には，レバーは長いほうが操作しやすいといわれています。

度差のある場所での脱衣は，発作の原因となりかねません。とくに冬期は暖房機器などにより，一定室温を保つようにします。また，緊急事態が発生した場合に備えて，家族に知らせる通報装置の設置を検討します。

③ 浴室の現状と課題

血液の循環が良くなったり，痛みが緩和したり，精神面で充実感が得られたり，といったことも入浴のメリットとして考えられますね。

入浴は身体を清潔に保ち，心身に対するさまざまな効果が期待できる大切な行為です。一方，浴室に関しては，次のような住環境整備における問題点を抱えています。

① 浴室と脱衣室との段差が大きく，移動に困難を伴う。

② 濡れた床面が滑りやすく，転倒の原因になる。

③ 頻繁な姿勢変化のわりに浴室が狭く，洗体，洗髪などがしにくい。介助が困難な場合もある。

④ 従来の和式浴槽は，縁が高くてまたぎ越しが困難。また，底が深いために，浴槽内の姿勢が不安定になる。

以上のような問題への対応に加え，室温や湯温の調節を適切に行える設備機器を整えることも重要です。

プラスワン

わが国の入浴方法では，洗い場でからだを洗うために立位から座位へ，座位から立位へと，頻繁な姿勢の変化がある。そのため，洗い場にはある程度の広さが必要である。

④ 浴室の整備

(1) 全体の設計

対象者の身体状況によって入浴の方法は異なる。

入浴の方法は，対象者の身体状況によって異なるため，対象者や家族と慎重に検討したうえで，福祉用具の利用なども含め，整備の内容を決めていきます。

段差解消や手すりの取り付け，排水処理のくふうがされ，浴槽周囲に腰かけスペースも設けられたユニットバスも多種販売されています。ただし，市販されているユニットバスにおいては，腰かけスペースを十分に確保できていないなどのケースも少なくありません。導入の際には，ショールームなどで実際に比較，検討し，高齢者や障害者の身体

用語

ユニットバス

浴室の床，壁，天井，浴槽などを工場で成型しておき，建築現場へ搬入後に組み立てて完成させる浴室。

状況や入浴動作に合ったものを選択するようにします。

(2) 介助スペースの確保

間口・奥行きともに1,600mm程度もしくは1,800mm×1,400mmあれば，入浴の介助動作ができる。

介助入浴ができる面積としては，内法寸法で間口1,600mm×奥行き1,600mm程度もしくは1,800mm×1,400mmが必要です。これ以下では，介助動作や入浴用いすを利用した入浴に支障が出るおそれがあります。

(3) 浴室出入り口の整備

浴室出入り口の段差は5mm以下にすることが望ましい。

浴室出入り口の整備は，段差の解消が重要です。段差があると，転倒の原因になったり，出入りに支障が生じるため，浴室出入り口の段差は5mm以下に抑えることが望ましいでしょう。一般に市販されている段差のない浴室用サッシやユニットバスを用いると，車いすの場合でも浴室への出入りが容易になります。

また，洗い場の湯水が脱衣室のほうに流れ出ないように，出入り口の前に排水溝を設け，その上にグレーチングを設置します。水勾配は，出入り口方向と反対側の洗い場奥の方向に設けます。

■ 浴室出入り口における排水溝の設置例

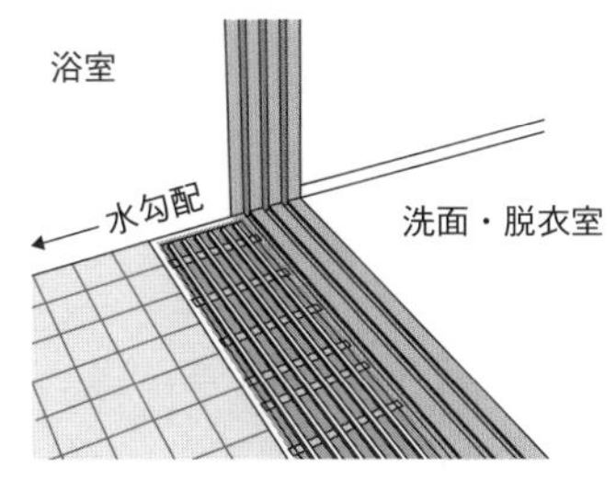

浴室出入り口の段差は国が定める基準では20mm以下とされていますが，車いすの使用などを視野に入れると，5mm以下に抑えることが望ましいです。

用語

グレーチング
排水溝などに設置する格子状，すのこ状のカバーのこと。グレーチング上をシャワー用車いすなどが通るとがたつくことがあるので，注意が必要。

(4) 床面の段差解消

浴室出入り口の段差を解消する最も簡単な方法は，すのこの設置である。

日本では洗い場で，湯水を流す習慣があります。古い住宅では湯水が洗面・脱衣室のほうへ流れ出ないように，浴室の出入り口に100mm程度の段差を設けています。安全な移動を確保するため，段差を解消し，床面を平坦に整えるには，次のような方法があります。

① 工事による床面のかさ上げ

すのこを用いずに，工事によって段差を解消する場合，浴室床面にコンクリートを流し込み，洗面・脱衣室との床レベルを合わせます。この場合，湯水が洗面・脱衣室に流出しないよう，出入り口の前に排水溝を設け，上部にグレーチングを設置するなどの配慮が必要です。

② すのこの設置

最も簡単な段差の解消方法は，洗い場にすのこを敷きつめることです。ユニットバスの場合，工事による改修が困難なので，この方法を用います。すのこは安価で入手でき，取り替えも簡単ですが，利用にあたり，次の点に配慮します。

(a) メンテナンスへの配慮……清掃や日干しなどメンテナンスを楽にするため，すのこは小割りにして取り外しを簡単にする。また，手掛け部分をつくり，扱いやすくする。

(b) 浴槽縁の高さの調整……すのこを敷いた状態でまたいで越せるように，浴槽縁の高さはすのこから400～450mm程度とする。すのこを敷くと，その分だけ床面が上がるため，水栓金具の高さにも注意する。

(c) がたつきの防止……脚部にゴムを張り付けるなど，がたつきを防ぐ。

なお，浴室が狭い場合には，出入り口の洗い場側に，すのこまで届くシャワーカーテンをかけて，洗面・脱衣室への湯水の流出を防ぐようにします。

■ すのこによる段差解消例

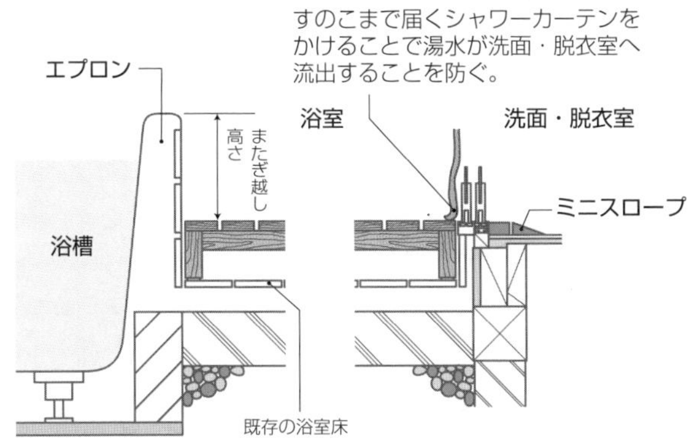

（5）手すりの設置

浴室の手すりは，表面を樹脂被覆した，直径28～32mm程度のものが適している。

浴室用の主な手すりには，浴室出入り用縦手すり，洗い場立ち座り用縦手すり，洗い場移動用横手すり，浴槽出入り用縦手すり（または横手すり），浴槽内立ち座り・姿勢保持用L型手すりなどがあります。各手すりの使い勝手を確認して，どこに設置するかを検討することが必要です。

手すりは，水に強く，握った感触がよい樹脂被覆製のものが望ましく，直径28～32mm程度の太さのものが適しています。

ほかにも，浴槽縁へのはめ込み式の浴槽用手すりを使う方法がありますが，これは本来，浴槽への出入りや浴槽内での身体保持のためのものであり，全体重をかけると強度が足らず，ずれるおそれがあります。

用語
エプロン
浴槽の前面パネルのことで，取り外しできる。

■ 浴室の手すりの種類と設置位置

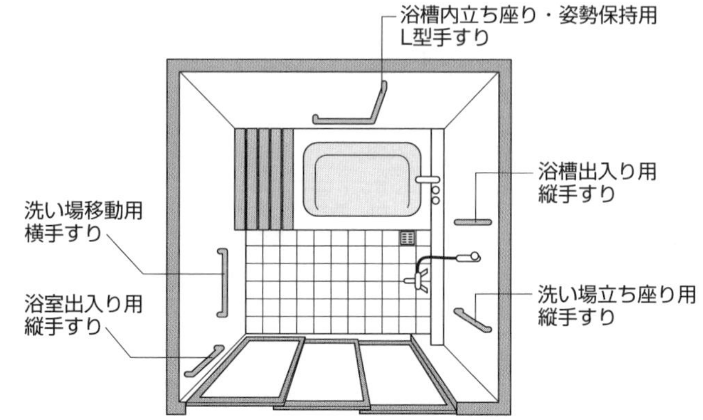

(6) 浴槽の選択

外形寸法で長さ1,100～1,300mm，横幅700～800mm，深さ500mm程度の和洋折衷式浴槽が適している。

① **浴槽のタイプ**……広すぎず，長すぎないサイズで，出入りや浴槽内の姿勢保持がしやすく安全に使えるものとする。一般的には，和洋折衷式浴槽がよい。

② **高齢者や障害者に適したサイズ**……外形寸法で長さ1,100～1,300mm，横幅700～800mm，深さ500mm程度。浴槽の長さは，入浴姿勢でつま先が浴槽壁に届く大きさにすることで楽な姿勢がとりやすくなる。

③ **浴槽縁高さ**……浴槽縁部分にベンチを置いて腰かけた姿勢で浴槽に出入りでき，立位でもまたぎ越しできる高さとする。洗い場の床面から400～450mm程度。入浴用いすやシャワー用車いす，介助用車いすなどを使用する場合，これらの座面と浴槽縁高さを揃えることで，浴槽の出入り動作が楽になる。

(7) シャワーの位置と機能

介助入浴を想定する場合は，シャワーヘッドで吐水・止水を操作できるシャワー水栓を採用する。

対象者の身体状況や介助動作に合わせて，介助しやすくなるようにくふうします。次の点がポイントになります。

① 高さ調節機能付きのシャワーヘッド掛けの採用や複数のシャワー水栓の設置を検討。

② 浴室内でからだを洗うなどの擬似動作を行い，シャワーの位置やホースの長さを検討。

③ シャワーヘッドで吐水・止水を操作できるシャワー水栓の採用。

(8) 暖房・換気設備

パネルヒーターなどの輻射暖房や，暖気を外に排出しない熱交換型換気扇を用いるとよい。

急激な室温変化による身体への負担を減らすために，浴室や洗面・脱衣室は事前に暖房しておきます。

浴室の暖房方法としては，暖房・乾燥・換気の機能が一体となった天井埋め込み式や壁かけ式の暖房器が普及しています。また，温風式暖房は，濡れた肌に温風が直接当たることで湯水が蒸発し，身体の熱を急速に奪うため寒く感じます。そのため，入浴中には用いないようにします。

換気扇は，浴室内の暖気を外部に排出して室温を下げないように，熱交換型換気扇を採用します。

用語

熱交換型換気扇
換気する際，熱交換器を通じて新しく取り入れる外気と排出する空気の熱を移し替える換気扇。

キーホルダー

Key	確認したらチェック ☑
洗面・脱衣室の整備	□ 間口・奥行きとも内法寸法で1,650mm程度のスペースを確保する。
	□ 床仕上げ材には塩化ビニルシートを使用する。
	□ 洗面カウンターは，身体機能に合わせる。鏡は床面から800～1,750mmの範囲をカバーできる高さにする。
	□ 埋め込み型の収納で，空間を有効活用する。
	□ 暖房で温度差を解消し，通報装置を検討する。
浴室の整備	□ 対象者の身体状況によって入浴の方法は異なる。
	□ 間口・奥行きともに1,600mm程度もしくは1,800mm×1,400mmあれば，入浴の介助動作ができる。
	□ 浴室出入り口の段差は5mm以下にすることが望ましい。
	□ 浴室出入り口の段差を解消する最も簡単な方法は，すのこの設置である。
	□ 浴室の手すりは，表面を樹脂被覆した，直径28～32mm程度のものが適している。
	□ 外形寸法で長さ1,100～1,300mm，横幅700～800mm，深さ500mm程度の和洋折衷式浴槽が適している。
	□ 介助入浴を想定する場合は，シャワーヘッドで吐水･止水を操作できるシャワー水栓を採用する。
	□ パネルヒーターなどの輻射暖房や，暖気を外に排出しない熱交換型換気扇を用いるとよい。

レッスン31

住まいの整備（6）

17日目

C 重要度

学習のねらい 身体機能が低下した高齢者や障害者が，安全で効率よく調理動作をするためには，キッチンの整備が重要です。ここでは，キッチンの配置，キッチンカウンターや調理機器への配慮について学びます。

❶ キッチンの現状と課題

調理は日常生活を健康に送るために重要な行為ですが，包丁や火の扱い，調理器具や食器の出し入れなど，さまざまな危険も伴います。

また，調理台の高さがからだに合わないために腰痛の原因となったり，無理な体勢で物を取り出してからだのバランスを崩すこともあります。配膳も含めた，一連の動作を安全に行えるプランが求められます。

すべての住宅において，寝室や階段に住宅用火災警報器を設置することが法律で義務付けられていますが，地域によってはキッチンも含まれるところがあります。

❷ キッチンの整備

（1）キッチンの配置

配置はコンパクトに，作業動線は短くする。壁や建具ではなく，ハッチやカウンターで仕切るとよい。

高齢者や障害者にとっては，少ない動作で無理なく調理できるキッチンが望ましいといえます。次のようなプランを検討します。

① 流し台，調理台，コンロなどの配置をコンパクトに……無駄な動作が少なくなり，長時間の立ち仕事を行わなくてもすむ。

② キッチンと食堂との作業動線を短く，部屋として仕切らない……家族の気配を感じられ，コミュニケーションが取りやすい。

用語

ハッチ
キッチンと食堂を仕切る壁の両側に設けた開口部。ここから料理や食器などの受け渡しをする。

プラスワン

奥行きが浅く扉のない収納棚は，扉のある吊り戸棚に比べ圧迫感もなく，調理時によく使う計量カップをすぐに取り出せるなど利便性も高い。

プラスワン

同居家族がいる場合は，高齢者や障害者が使用するものと家族のみが使用するものとの収納場所に対する配慮も必要である。

ガスコンロには安全性を考慮したさまざまな機能が付いているので，より安全性の高いものを選び，使い方をよく理解して使用しましょう。

③　**ハッチやカウンターで仕切る**……壁や建具でなく，ハッチやカウンターで仕切れば，視線が適度にさえぎられ，不意の来客にもキッチン内を見せずにすむ。調理の下準備や配膳作業も容易になる。

④　**収納は目線の高さにオープンなものを**……頻繁に使用する調理用具や調味料などは，腰をかがめずに，また視線の届く高さで出し入れできるように，目線の高さにオープンな収納スペースを設けると便利かつ安全である。昇降式収納もあるので検討するとよい。

■ キッチンと食堂の関係

食堂
キッチン
キッチンと食堂は，壁や建具で仕切らずにハッチやカウンターなどで仕切ると食堂とコミュニケーションが取りやすい
食堂に向かって調理機器を配置すると食堂に目を配りやすい

(2) 調理機器

電磁調理器は鍋自体を発熱させるので安全性が高いが，調理直後の余熱に注意する。

調理機器は使い慣れたものを基本とし，新しい調理機器を購入する際はショールームで体験するなど，使い勝手を十分理解してから選ぶようにします。

①　**ガスコンロ**

現在，市販されている家庭用ガスコンロ（1口の卓上コンロは除く）は，「**立ち消え安全装置**」「**調理油過熱防止装置**」の装着が義務付けられていますが，さらに「**鍋なし検知機能**」「**消し忘れ消火機能**」など，さまざまな

機能を備えた製品が販売されています。

② **電気コンロ**

電気コンロには，**電磁調理器**や**電気調理器**があります。**電磁調理器**は，**磁気によって鍋自体を発熱**させるので，天板の加熱部分（鍋を置く面）に触れてもやけどの心配がなく，安全性が高くなっています（ただし，**調理直後は鍋からの余熱で熱くなっており，やけどすることもあります**）。しかし，使用できる鍋が限られるなど，事前によく確認する必要があります。

利用者が調理器の特徴を理解する必要がありますね。

電気調理器は，天板の加熱部分が熱せられるので，鍋**を下ろした後も余熱が残り，加熱部分に触れるとやけどする危険があります。**

（3）調理台の高さ調整

立位姿勢での調理は，キッチンカウンターの高さを身長に合わせて調節する。いす座ではシンク下部に膝入れスペースを設けたものがよい。

① **立位姿勢での調理**

立位姿勢で調理する場合，キッチンカウンターの高さを使いやすい高さに合わせることが重要です。市販のキッチンカウンターでは，**800mm，850mm**および**900mm**の**3種類が標準的な高さ**です。利用者の身長に合わせて使いやすいほうを選びますが，シンク作業（洗う），調理台作業（切る），コンロ作業（火を扱う）などのキッチンでの諸作業を想定し，**身長に合わせてキッチンカウンターの高さを調節します。**

多くのキッチンは，**台輪（だいわ）部分**（収納部分下部にある高さ100mm程度の下枠）での高さ調節が可能ですが，一部のキッチンでは，台輪部分がスライド式の収納スペースになっており，この場合には高さ調整は不可能です。

また，立位姿勢での作業が辛くなり，調理台に寄りかかって行うことがあります。その場合には，寄りかかっ

第4章 安全・安心・快適な住まいづくり 17日目

ても支障がないサポートバー付きのタイプを検討します。

② 車いすでの調理

車いすで調理する場合，キッチンカウンターの高さは，740～800mm程度となります。実際に，車いすに座った状態で膝の高さ，アームサポート（肘当て）の高さなどを計測し，膝入れスペースの奥行き・高さを検討します。

シンクの深さは，標準的な180～200mmより浅めの120～150mm程度にすることで，膝入れがしやすくなります。併せて，泡沫水栓を採用することで，水はね防止に配慮します。

③ 膝入れスペースのくふう

いす座での調理を考慮した場合には，シンク下部に膝入れスペースを設けた調理台を検討します。また，現在は，いす座まで考慮しなくてもよい場合には，将来，シンク下部の収納を撤去し，軽微な改修で膝入れスペースを確保できるようにくふうするとよいでしょう。膝入れスペースは，いすに腰かけたときに膝が当たらないような奥行き（150～200mm）にします。

■ 高齢者，車いす対応のキッチンカウンター

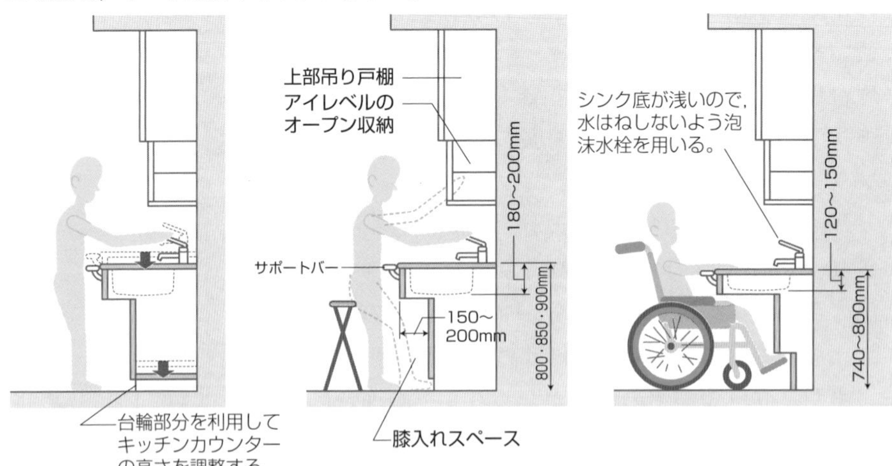

レッスン 32

住まいの整備（7）

17日目

B 重要度

学習のねらい 心身の機能維持に果たす睡眠の役割を考えると，寝室の環境整備は非常に重要です。とくに，介護を要する高齢者などは，寝室で多くの時間を過ごすため，さまざまな配慮が必要です。この点をしっかり押さえてください。

❶ 寝室の現状と課題

一般的に，身体機能が低下した高齢者や障害者にとっては，畳面上に敷いた布団での立ち座りやトイレへの移動が困難となる場合が多くみられることから，ベッドでの就寝が適しているとされていますが，身体状況やライフスタイル，好みによっても異なるので，慎重な検討が必要です。

介護が必要な高齢者などは，1日の大半を寝室で過ごすことが多いため，部屋のレイアウトやスペースなど，快適に過ごすためのくふうをします。

❷ 寝室の整備

（1）寝室の配置

寝室と居間とを隣接させる場合は，両者の間を引き分け戸などで仕切ると，コミュニケーションを取りやすくなる。

① 家族とのコミュニケーションの取りやすい配置

寝室は，家族と対象者がコミュニケーションを取りやすいように，**居間の隣に設ける**方法もありますが，対象者の生活サイクルに影響を与える可能性があることに注意が必要です。

この場合，寝室と居間との間には，**引き分け戸**などを設けます。対象者が寝室で過ごす時間が長い場合，なるべく広い開口をつくることで開放時は居間とのワンルー

用語

引き分け戸
2枚の戸を左右両側に引き分ける開閉方式の建具。開口部分を大きく取ることができる。

ム感覚が持て，コミュニケーションも取りやすくなります。引き分け戸は単なるふすまではなく，遮音性能の高いものとします。

② **静けさへの配慮**

戸建住宅の場合は，生活音や振動などにより睡眠が妨げられないよう，高齢者の寝室は，上階に部屋のない場所を選びます。また，新築や増改築時には，上階に部屋を設けないように設計します。やむを得ず上階に部屋を設ける場合は，あまり使わない納戸などにするか，遮音性能の高い床仕上げを施し，影響を小さく抑えます。

(2) 寝室の広さ

寝具はベッドを基本にし，１人用の寝室では６〜８畳（車いす使用者は８畳は必要），夫婦用では８〜12畳を確保するのが望ましい。

下肢機能の低下や立ち座り，布団の上げ下ろしの負担を考慮して，高齢者の就寝はベッドを基本とします。スペースや配置で考慮するポイントは，次のようになります。

① **ベッド設置の場合の寝室の広さ**……１人用の寝室では６〜８畳（車いす使用者は８畳は必要），夫婦用の寝室では８〜12畳を確保するのが望ましい。

② **室内での動作の確認**……ベッドの位置，車いすを乗り降りするスペース，介助者の立つ位置など，室内での動作をしっかり確認する。

③ **和室を希望する場合のくふう**……畳面と廊下や他室床面とが平坦になるように仕上げ，段差が生じないようにする。また，寝室等の片隅の２〜３畳程度のスペースを，ベッドのように腰かけられる高さに仕上げて「小上がり」にするというくふうもある。

（3）窓への配慮

ベッド上から外の景色を楽しめるよう，車いすでも出入りができる掃き出し窓を設置する。

ベッド上からでも外の景色を楽しめるように，掃き出し窓を設置します。掃き出し窓は，車いすでも出入りができるような有効寸法を確保したものとします。サッシの幅寸法は，使用する車いすの幅とサッシの有効寸法を考慮して決めます。

最近では，屋内外への移動を容易に行えるバリアフリー対応サッシも市販されています。

なお，掃き出し窓に段差が生じる場合，屋外へのデッキの設置などで，サッシ外側と屋内床面の高さを同レベルに調整する必要があります。

屋内と屋外の段差を解消するために，屋内床面と同じレベルまたはほぼ同じレベルに設置した屋外に設ける台をデッキといいます。デッキには木製が多く，木製のデッキをウッドデッキと呼びます。

■ 寝室の配置（居間，庭との関係）

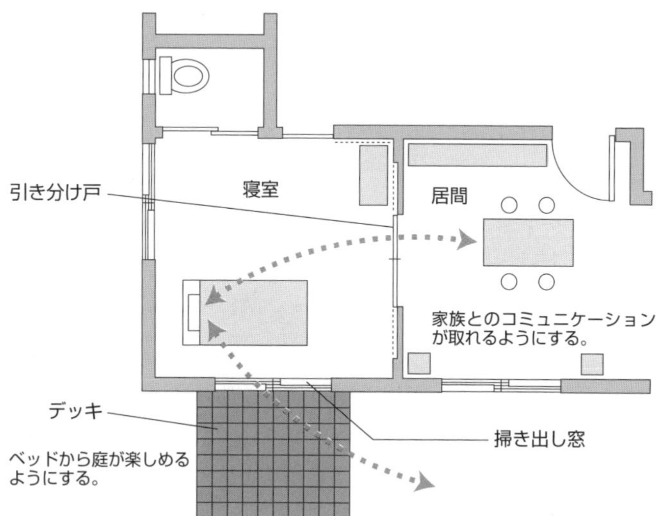
引き分け戸
寝室
居間
家族とのコミュニケーションが取れるようにする。
デッキ
掃き出し窓
ベッドから庭が楽しめるようにする。

（4）和洋室の床段差の解消

和洋室間の床段差の解消には，ミニスロープを利用する方法がある。

洋室の床面と比べ，和室の床面は畳の厚さにより10～40mm程度高くなっている場合があります。この段差を解消する軽微な改修工事には，敷居段差を残して，ミニスロープを設置する方法があります。ミニスロープの設置は，出入り口の幅や敷居段差の高さに合わせて行います。

■ ミニスロープの設置

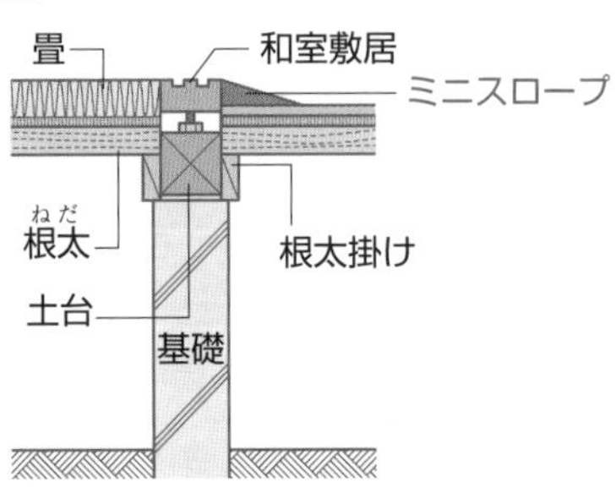

（5）床仕上げへの配慮

質感の暖かみと弾力性を持つコルク床を検討する。カーペットを敷く場合はタイルカーペットを用いる。

寝室の床仕上げには，汚れに強く，クッション効果のある素材を選びます。つまずきや滑りへの注意も必要です。

① コルク床……質感に暖かみがあり，弾力性を備えた床仕上げ。市販のコルク製品は厚さ3～10mm程度で，厚さにより感触が異なるため，好みや予算に応じて選択する。

② カーペット……汚れた部分を予備のものに張り替え，洗浄できるタイルカーペットの使用が適している。抗菌・防汚処理された製品もあるので，併せて検討するとよい。

（6）収納への配慮

収納扉は引き戸を原則とする。奥行きが深い収納は下枠をなくして，内部まで踏み込めるようにする。

用語

タイルカーペット
カーペット材を450mm角や500mm角などのタイル状にカットし，床に敷いたものの総称。部屋に合わせて簡単にカットできる利便性があり，クッション性もある。

① **引き戸が原則**……収納の扉は引き戸を原則とする。開き戸の場合は，開閉時に身体があおられないように大きなものは避け，扉が折れて開閉する**折れ戸**を選ぶ。

② **奥行きが深い収納は下枠を撤去**……奥行きが深い（600mm以上）収納では，下枠（建具枠）段差をなくし，収納内部まで足を踏み込むことができるようにする。

③ **押し入れ中棚の高さ**……布団の出し入れをする押し入れ中棚の高さは，使いやすい**750mm程度**が目安。

（7）照明への配慮

照明は，ベッドの上の利用者から直接光源が見えないように位置や形状をくふうする。

照明の光源が，ベッド上の利用者の目に直接入るとまぶしいので，照明器具の位置や形状をくふうします。

① **間接照明**にする。

② **シェード付き**の照明器具を選ぶ。

③ **位置**をくふうして光源を見えなくする。

■ ベッドの上の照明

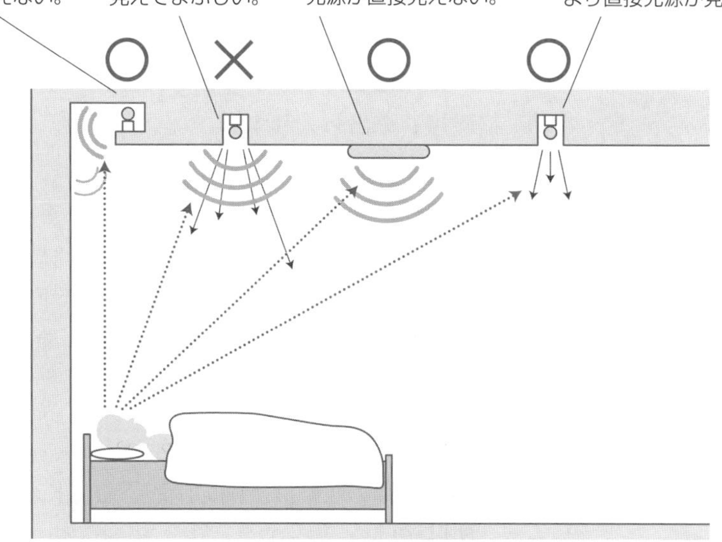
間接照明により，
光源が見えない。
照明の光源が直接
見えてまぶしい。
シェードが付いていて，
光源が直接見えない。
同じ照明器具でも，位置に
より直接光源が見えない。
○
×
○
○

(8) 緊急時への備え

すべての住宅で住宅用火災警報器の設置が義務付けられている。

緊急時に使用する通報装置にはさまざまなタイプがありますが，家族構成や住まい方などを考えて通報先や通報方法を検討します。すべての住宅で寝室や階段を中心に，住宅用火災警報器の設置が法律や条例等で義務付けられています。

(9) コンセントへの配慮

ベッドと出入り口との間の動線を考慮する。

床上のコードに足を引っかけてつまずかないように，コンセントやコードの位置には配慮が必要です。ベッドと建具や掃き出し窓などの出入り口との間の動線にも注意します。

❸ 清掃・洗濯と住環境整備

清掃や洗濯は衛生的な生活環境に不可欠です。しかし，高齢になって心身機能が低下すると，清掃や洗濯に伴う次のような動作が困難になってきます。

① 重い掃除機を持ちながら住宅内を移動する。
② 掃除用具を出し入れする。
③ 床の拭き掃除をする。
④ 洗濯機を使うとき，腰をかがめて作業する。
⑤ 物干しなど高い位置に洗濯物を干す。

心身機能の低下により動作を行う意欲が低下する場合もあるので，できるだけ家事動作の負担を取り除くような住環境整備が必要です。

(1) 清掃道具と収納のくふう

清掃道具の収納は上階の階段下り口に面する場所は避ける。

① **清掃道具のくふう**……雑巾などを使ってしゃがんで行っていた床の拭き掃除を，長い柄の付いたペーパーシートを用い立ったまま行うなど，無理な姿勢を強いる掃除動作について，清掃道具をくふうすることで負担を減らす。

② **安全で無理なく出し入れできる収納**……清掃道具をしまう納戸や収納は，道具の出し入れ時にバランスを崩して転落する危険がないよう，上階の階段の下り口に面する場所などを避けて設ける。また，収納内部のフックや棚の設置位置をくふうし，収納した道具の位置が利用者だけでなく家族にも一目でわかるようにする。

（2）洗濯機の設置場所の配慮

洗濯機の設置場所と物干しスペースは同じ階にあることが望ましい。

洗濯かごを持っての階段の昇降は，転落の危険があります。したがって，洗濯機の設置場所の配慮や，洗濯物を干す動作をなくすといったくふうにより安全を確保します。干す動作を行う場合は，物干しの高さに留意します。

① **洗濯機と物干しスペースの位置**……洗濯機の設置場所と物干しスペースは同じ階になるようにする。庭の日照条件が悪い，干す場所を確保できないなどの場合は，乾燥機能付きの洗濯機に取り替える。新たに乾燥機能付きの洗濯機を購入する場合は，洗濯槽の洗濯物の出し入れがしやすいか，内部まで手が届きやすいかなど使用状況を想定したうえで，機器を選ぶ。

② **物干しの高さ**……物干しは肩の高さより低め（車いす使用の場合は1,000mm程度）のものを設置し，シーツや布団などの大きめのものは，地面につかないように注意して干すようにする。

キーホルダー

Key	確認したらチェック ☑
キッチンの整備	□ 配置はコンパクトに，作業動線は短くする。壁や建具ではなく，ハッチやカウンターで仕切るとよい。
	□ 電磁調理器は鍋自体を発熱させるので安全性が高いが，調理直後の余熱に注意する。
	□ 立位姿勢での調理は，キッチンカウンターの高さを身長に合わせて調節する。いす座ではシンク下部に膝入れスペースを設けたものがよい。
寝室の整備	□ 寝室と居間とを隣接させる場合は，両者の間を引き分け戸などで仕切ると，コミュニケーションを取りやすくなる。
	□ 寝具はベッドを基本にし，1人用の寝室では6～8畳（車いす使用者は8畳は必要），夫婦用では8～12畳を確保するのが望ましい。
	□ ベッド上から外の景色を楽しめるよう，車いすでも出入りができる掃き出し窓を設置する。
	□ 和洋室間の床段差の解消には，ミニスロープを利用する方法がある。
	□ 質感の暖かみと弾力性を持つコルク床を検討する。カーペットを敷く場合はタイルカーペットを用いる。
	□ 収納扉は引き戸を原則とする。奥行きが深い収納は下枠をなくして，内部まで踏み込めるようにする。
	□ 照明は，ベッドの上の利用者から直接光源が見えないように位置や形状をくふうする。
	□ すべての住宅で住宅用火災警報器の設置が義務付けられている。
	□ ベッドと出入り口との間の動線を考慮する。
清掃・洗濯と住環境整備	□ 清掃道具の収納は上階の階段下り口に面する場所は避ける。
	□ 洗濯機の設置場所と物干しスペースは同じ階にあることが望ましい。

第5章

安心して暮らせるまちづくり

レッスン

33 ライフスタイルの多様化

18日目

A 重要度

学習のねらい 現代の社会は，ライフスタイルが多様化し，家族形態や生活の拠点としての住居にも大きな影響を及ぼしています。ここでは，ライフスタイルの多様化とさまざまな住まい方について学びます。

❶ 家族形態

産業構造の変化や都市の発展，科学技術の進歩や少子高齢化の進行など，時代の変遷と社会の変化は，国民のライフスタイルを多様化させ，家族形態もさまざまに変化させました。

日本では長い間，農林水産業など第一次産業を中心として営み，二～三世代が共に暮らす大家族スタイルが伝統的でした。しかし，高度経済成長期を経て，第一次産業就業者の比率は2020（令和２）年には**3.2%**まで減少し（総務省「労働力調査」），製造業などの第二次産業やサービス産業などの第三次産業に従事する人が増えると，人々のライフスタイルも多様化し，**大家族の減少**，**核家族化の進行**など，家族形態が大きく様変わりしています。

(1) 多世代同居

多世代同居は家族のライフステージが変化するとともに構成員が変化する。

多世代が同居するいわゆる大家族は日本の伝統的なライフスタイルでしたが，近年，ライフスタイルが多様化し，大家族の一体感は薄らいでいます。

① 多世代同居のライフスタイル

多世代同居とは，二～三世代が同一住居で暮らす形態です。日常生活の中に世代間の交流があり，その家が営む農業や漁業などのほか，文化や伝統が受け継がれやすい環境です。また，育児の面でも親世代による支援が期待できます。

②　多世代同居の特徴

多世代同居は家族のライフステージが変化するとともに構成員が変化し，家族形態が変化していくことが特徴です。

二世代二世帯の場合，出産により三世代二世帯となり，子どもが成長して独立すると二世代二世帯へ戻ります。親世代が高齢になり，夫婦いずれかが死別した時に子世代の同居による世代交代が行われないと，このサイクルが乱れ，多世代同居は途絶えることになります。

③　多世代同居の変化

都市部では，住宅の階層を分けた**二世帯住宅**もみられるようになりました。二世帯住宅は，**住居のどの部分を共有・分離するかによっていくつかのパターンに分かれ**，玄関のみを共有する玄関共有型をはじめ，浴室やキッチン，居間を共有するスタイルなどがあります。そのプランニングによって，家族の暮らし方が大きく変わります。

用語
ライフステージ
人の一生における幼年期・児童期・青年期・壮年期・老年期などのそれぞれの段階をいう。新婚期・育児期・教育期・子独立期・老夫婦期といった分け方もある。

■ 二世帯住宅の形態

親世帯　子世帯

敷地共有型

親世帯　子世帯

躯体共有型（建物の一体化）

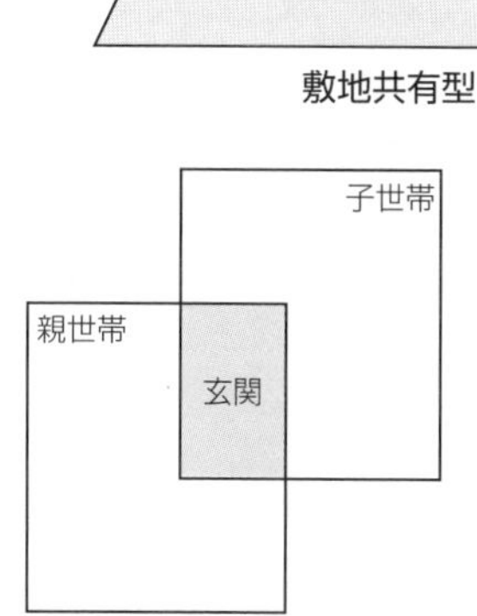

玄関共有型

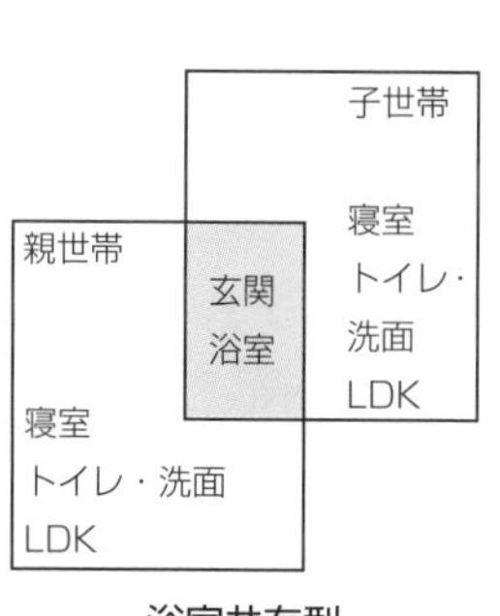

浴室共有型
（高額設備とエネルギー）

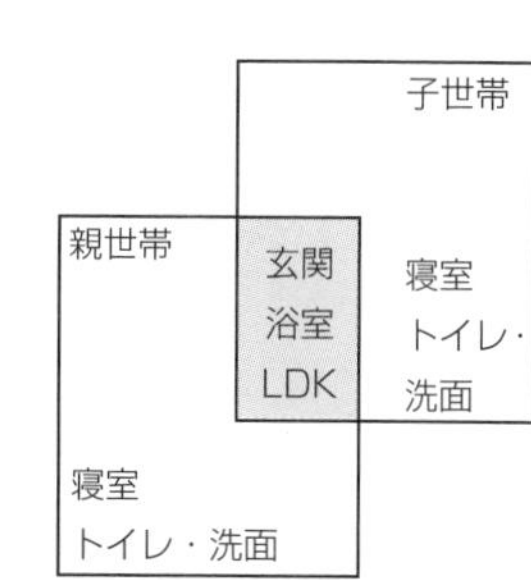

台所共有型
（食生活・財布）

(2) 隣居・近居

隣居は，同じ敷地内や隣接する敷地に住宅を建てるもので，同居に近いライフスタイル。

① 隣居……同じ敷地内に親世代・子世代とで，躯体共有型または敷地共有型として住宅を建てたり，隣接する敷地に住宅を建てたりするスタイル。多世代同居に近い暮らし方になる。

② 近居……範囲が決まっているわけではないが，短時間で負担を感じずに行き来できる距離に，親世代・子世代がそれぞれ住宅を建てるスタイル。

隣居，近居は，海外でも「スープの冷めない距離」といわれ，理想的な関係のライフスタイルとされています。とくに，北欧諸国では，18歳以上の子どもは一人暮らしをするという意識が強いため，独居高齢者や夫婦のみの世帯が多く，その代わりに週末は家族が揃って食事ができるよう，行き来できる距離にそれぞれが住まいを構える場合が多くなっています。

(3) 核家族と住宅団地

核家族が急増した時代に寝食分離のスタイルが取り入れられ，ダイニングキッチンを中心としたいす座の生活が普及した。

① 核家族のライフスタイル

核家族とは，**夫婦のみ**，あるいは**夫婦（親）と子どもだけの世帯構成**をいいます。高度経済成長期に親元を離れて都市に進出した世代が家族を持ったことで急増したスタイルです。

② 核家族の特徴

核家族では子どもが独立して家を出た後，高齢者夫婦だけになるため，どちらかが死別したり要介護状態になったりしたときに，遠方の家族がどのような対応をするかということが深刻な問題となります。

加えて，近年は高齢者夫婦の世帯だけでなく，高齢者親子という二世代の高齢者世帯も出てきており，介護力の確保や福祉住環境整備など社会的な取り組みが求められています。

③　**核家族の住宅**

昭和30年代に核家族向けに開発されたニュータウンと呼ばれる住宅団地が各地に登場しました。この住居ではダイニングキッチンを中心としたいす座の生活，寝る場所と食事をする場所を分けるという**寝食分離**のスタイルが取り入れられ，これが全国に急速に普及し，日本人のライフスタイルが大きく変化しました。

核家族と住宅団地は，時を同じくして登場しました。

④　**住宅団地の課題**

住宅団地の多くが築50年以上経ち，住民の高齢化も深刻化する中，エレベーターのない4～5階建ての棟の再整備など，高齢者や障害者のための対策が急務となっています。

(4) 高齢者や障害者の独居

近くに身寄りのいない独居高齢者の増加が，近年，社会問題化している。

①　**高齢者の独居**

「独居」とは一人暮らしのことです。隣居や近居といった形での独居もありますが，近くに身寄りのいない独居高齢者の増加が，近年，社会問題となっています。

「令和3年　版高齢社会白書」(内閣府) によると，高齢者人口に占める**単身高齢者**の割合は，1980 (昭和55) 年は男性4.3%，女性11.2%でしたが，2015 (平成27) 年には男性13.3%，女性21.1%となっています。この割合は，2040 (令和22) 年には男性20.8%，女性24.5%にまで上昇することが予測されています。

現在，高齢者の独居は，高齢者夫婦や高齢者親子のどちらか一方の死亡でなるものが多くなっています。

② 障害者の独居

重度の障害がある若い人が親の保護を離れ，自らの意志を尊重しながら，自立して単身生活を送るというケースも増えています。こうした動きは，1970年代，アメリカで広まった**自立生活運動（IL運動）**の影響を受けたものですが，これらの人たちは自己決定に基づいた主体的な生活を営むとともに，公的な在宅介護サービスや支援技術などによって支えられています。

③ 独居における住宅の整備

独居高齢者や障害者にとって，住宅の確保は最大の問題です。民間賃貸住宅では緊急時の対応や火災などのリスクの高さ，住宅構造上の問題や改修の必要性を理由に入居拒否されることもあります。こうした状況を受けて，次のような改善がみられるようになっています。

(a) 法律の改正……「公営住宅法」が改正され，公営住宅では高齢者や身体障害者に加え，知的障害者，精神障害者の単身入居が認められるようになった。また，「**高齢者の居住の安定確保に関する法律（高齢者住まい法）**」が2011（平成23）年に改正され，**サービス付き高齢者向け住宅**の登録制度を設けるなど，長期的安定的に賃貸契約（**終身建物賃貸借契約**）ができるようになった。

(b) 緊急通報システムの運用……緊急時の対応のみならず近隣住民の不安解消の点からも，ほとんどの自治体が**高齢者や障害者のみの世帯**に対して運用している。最近では，近隣住民の互助活動として**独居者への見守り訪問**を行う地域も増えている。

(5) 非家族同居

コレクティブハウジングは個々の住戸と住民同士の共有空間を持つ集合住宅の形態である。

用語

自立生活運動（IL運動）
重度の障害者が自己決定に基づいて，主体的な生活を送ることを目指す運動あるいは活動のこと。

用語

改正高齢者の居住の安定確保に関する法律（高齢者住まい法）
有料老人ホームと高齢者向け賃貸住宅のルールを一元化し，国土交通省と厚生労働省の共管制度としてサービス付き高齢者向け住宅へと再構築された。
➡ P252

用語

サービス付き高齢者向け住宅（サ高住）
ハード面，ソフト面，契約面で，さまざまな入居者保護のルールが定められている。登録事業者に対しては，税制上の軽減措置や融資要件の緩和，建築費や改修費の一部補助などの優遇措置が設けられている。
➡ P262

最近では，血縁関係にない者同士が同一住宅に居住する**非家族同居**というライフスタイルも広まってきています。

高齢者の間でも，友人同士で暮らすなど新たな「家族」のあり方が模索されています。

① **グループリビング**……親子や血縁関係にない者（非家族）同士が，年代やライフスタイルに対応して1つの住宅に集住するという，**同居人数の多い非家族同居のスタイル**。居住者がお互いの生活を協同化・合理化して助け合い共同で住まう**居住形態**をいう。

② **コレクティブハウジング**……グループリビングに適した代表的な集合住宅の形態。各世帯のプライバシーや自由を保護する個々の住戸（**専有空間**）と，リビングやダイニング，キッチン，ライブラリー，キッズルームなど（**共有空間**）を有し，世代を限定せずさまざまな年代の人々が交流し協同しながら暮らす**集合住宅の形態**。

コレクティブハウジングは，子育て世代の家事を協同で分担する目的で考案された**北欧の集合住宅**から誕生したものです。日本では阪神・淡路大震災後に建設された単身高齢者等向けの地域型仮設住宅（ケア付き仮設住宅）で効果が認められ，震災復興公営住宅の一部にも採用されたことで，脚光を浴びました。

プラスワン
若い世代に多い，友人同士などと経済性や効率性，共同作業など何らかの利益を共有する目的で同居する形態を，賃貸住宅の契約上はルームシェアリング（ハウスシェアリング）という。都市再生機構（UR都市機構）の賃貸住宅でも親族以外の同居を認める制度が新設された。

❷ 生活の拠点

戸建住宅に住むか集合住宅にするか，あるいは都市部で暮らすか田舎暮らしを選ぶかなど，現在では暮らし方の選択肢が増えてきたと同時に，どれがよいかについては議論が分かれるところです。

高齢になり，**終の棲家**（ついのすみか）として考える場合は，より慎重に検討して選ぶ必要があります。

用語

都心回帰

バブル経済崩壊後，地価の下落などによって都市部への居住者が回復する現象。主要都市圏でみられる。

用語

一般定期借地権

定期借地権の一つ。50年以上という長期にわたり継続的に土地を使用できる権利を借り受けるもの。契約期間内で居住しなくなった場合は，借地権とともに住宅を相続することも，売却することも可能。期間を過ぎたら，更地にして返還する。定期借地権には，ほかに「建物譲渡特約付き借地権」と「事業用借地権」がある。

用語

自治会

同じ地域の居住者が，住民の生活の向上などを目的としてつくる組織や，学生・生徒が学校生活を自主的に運営していくための組織。

用語

管理組合

区分所有の集合住宅（マンション）の管理運営に関する決議機関。「区分所有法」で規定されている。

(1) 戸建住宅と集合住宅

最近では，利便性の高い都心の集合住宅に住み替えるという都心回帰も増えている。

以前は「土地付き戸建（こだて）住宅」が庶民の憧れとされてきましたが，最近では利便性から「集合住宅」を好む人も増え，高齢世代では，子どもの独立などを機に都心の集合住宅に住み替えるという**都心回帰**も増えています。

戸建住宅と集合住宅には，次のような特徴があります。

① **戸建住宅**……比較的敷地面積の広い住宅では，庭でガーデニングや家庭菜園，ペットとの生活などを楽しめる。その一方で，建物のメンテナンスや防災・防犯対策などは自己責任のもとで行う必要がある。また，固定資産に対する意識の変化に伴い住宅の所有形態が多様化しており，**一般定期借地権**付きの土地に住宅を建てる例も増えている。

② **集合住宅**……交通機関や商業施設などの利便性が高い立地条件にあるものが多く，防犯対策も行いやすい。一方で，自己所有の住宅を資産として維持管理していくには，自治会よりも利害関係が深い**管理組合**（マンションの所有者になると自動的にメンバーとなる）への参加が必要で，共有部分の修繕・管理にかかる共益費の支払いや修繕計画の立案などが求められる。

(2) 田舎暮らしと都会暮らし

田舎暮らしは，次のような人たちにみられます。

① **団塊の世代**……団塊の世代の多くは，仕事のために地方から都会へ出てきた人々で，親の介護や財産相続のため，再び故郷へ戻る（Uターン）ケースがみられる。

② **自然を求める都会生まれの人たち**……世代を超えて，都会生まれの人が自然を求めて故郷以外の地域に移住し，田舎暮らしを始める（Iターン）ケースがみられる。また，都市部で生活する中高年世代では，週

末を田舎で過ごすスタイルが好まれる傾向がある。

インターネットや衛星放送などが普及したことで，情報面における都会と田舎の差は縮まっています。都市と地方のどこに暮らしの価値を見いだすかによって，生活の拠点も多様化しているといえます。

プラスワン
地方で生まれ育った人が都会で暮らし，故郷へは戻らずに別の地方に移住することをJターンという。

レッスン 34

高齢期の暮らし方

18日目

B 重要度

学習のねらい 高齢になっても子どもに頼らない暮らし方を求める高齢者が増える中，それぞれが望む暮らし方は多様化しています。ここでは，高齢者が安心して住み続けられる，住まい方の実例をみていきましょう。

❶ さまざまな住まい

高齢者のみの夫婦世帯や独居世帯が増加する中で，高齢になっても子どもに頼らず，多様なライフスタイルを楽しみたいとする人が増えています。また，介護が必要になったとしても安心して暮らせるよう，各種サービスが整備された地域や施設へ住み替えを望む傾向もみられます。

ライフスタイルの多様化により，高齢者の住まい方もさまざまな影響を受けています。

(1) 早期の生活環境整備

社会や環境への適応力は，加齢とともに低下していきます。高齢になっても住み慣れた地域や家に暮らすことが理想ですが，ライフスタイルの多様化や身体機能の低下などに伴い，そうした居住の継続が難しくなることが少なくありません。

新たな住居を求めて住み替えるか，あるいは現在の住まいを改修または改築して継続して住むかは，費用とその効果との兼ね合いで判断することが多くなっています。

いずれの場合も，生活の継続性を維持し，できるだけ在宅で暮らしていくためには，新しい居住環境に適応できるうちに，住み替える，あるいは改築をするなど，生活環境を変化させることが大切です。

① 転居

(a) 早期転居の利点……デンマークでは，高齢者が旧市街などにある高齢者に適さない古い住宅に住んでいる場合，比較的元気なうちに，郊外の新しい高齢者向け住宅へ住み替える動きがある。そうすることによって，早いうちから新しい環境に慣れ，そこで長く暮らしていくことができる。

(b) 転居の問題点……社会や環境への適応能力が低下した状態で転居すると，混乱を生じやすい。言葉，土地勘，食生活，人間関係など生活環境の変化にうまく適応できないと閉じこもりがちになり，認知症を引き起こす要因ともなる。

② **改修・改築**

(a) 改修・改築の利点……住み慣れた住宅を改修・改築する，あるいは建て替えることで，生活の継続性を保つことができる。

(b) 改修・改築の問題点……大規模な改修は多大な費用がかかるうえ，環境が大幅に変化してしまうと，心理面や精神面においてその変化に対応できず，かえって生活の継続性が保てないことがある。

転居するにしても改修・改築するにしても，いろいろな問題があるのね。

(2) 高齢期のさまざまな住まい

高齢期の住み替え先には，有料老人ホーム，ケアハウス，シルバーハウジング，コレクティブハウジングなどがある。

できるだけ住み慣れた場所で暮らしたいと望んでも，独居や高齢者のみの世帯では不安も多いうえ，在宅生活の継続が困難になることもあります。

近年，シニア世代の中には，元気なうちに終の棲家を求め，高齢者向けの住宅や福祉施設などへの住み替えを検討する人がみられるようになりました。所有している土地や建物を担保に融資を受けるリバースモーゲージを利用することで，これらの資金とすることもできます。

① **高齢者向けの住宅とは**

身体機能や認知機能が低下した高齢者が安心して暮ら

用語

リバースモーゲージ
死亡時一括償還型融資のことで，土地や住宅を手放すことなく，担保として民間金融機関の融資を受けられる制度。サービス付き高齢者向け住宅の家賃前払い金や住宅改修費として利用できる。

せるように，バリアフリー対策がなされていたり，食事の提供や介護，安否確認，緊急時の対応などのサービスが提供される住宅です。

② 高齢期の住まいの形態

有料老人ホームをはじめ，ケアハウス，シルバーハウジング，コレクティブハウジング，サービス付き高齢者向け住宅などがあります。運営者や形態などさまざまな形があり，その選択肢は広がっています。

③ 高齢期の住まいの課題

いかなる住居形態であっても，入居者の人権，自己決定，プライバシー，自立，選択および安全が守られるこ

用語

有料老人ホーム

食事の提供や介護，そのほか生活に必要な便宜の提供を目的とした民間の入居施設。健康型，住宅型，介護付（一般型），介護付（外部サービス利用型）の4類型があり，それぞれ入居基準やサービス内容，費用が異なる。

用語

ケアハウス

自宅で独立しての生活には不安があり，家族による世話も困難な状況にある，原則60歳以上の人が利用できる老人福祉施設。バリアフリー化され，食事サービスなどが提供される。

用語

シルバーハウジング

バリアフリー化された公共賃貸住宅で，ライフサポートアドバイザー（LSA）と呼ばれる生活援助員による生活指導や相談，安否の確認，緊急時の対応など，さまざまなサービスが提供される。

コレクティブハウジング

➡ P241

サービス付き高齢者向け住宅

➡ P262

■ 高齢期のさまざまな住まい

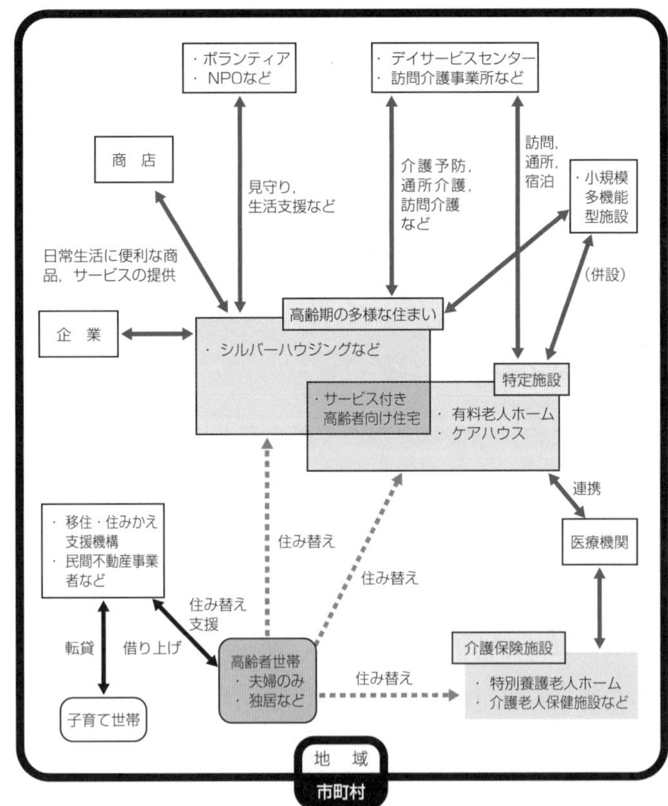

出典：「生活・福祉環境づくり21 2006秋号」を一部改変

とが重要な課題です。それらが守られてこそ，住み続けることができ，自分らしく生きるという幸福感につながっていくことにもなります。

キーホルダー

Key	確認したらチェック ☑
家族形態	□ 多世代同居は家族のライフステージが変化するとともに構成員が変化する。
	□ 隣居は，同じ敷地内や隣接する敷地に住宅を建てるもので，同居に近いライフスタイル。
	□ 核家族が急増した時代に寝食分離のスタイルが取り入れられ，ダイニングキッチンを中心としたいす座の生活が普及した。
	□ 近くに身寄りのいない独居高齢者の増加が，近年，社会問題化している。
	□ コレクティブハウジングは個々の住戸と住民同士の共有空間を持つ集合住宅の形態である。
生活の拠点	□ 最近では，利便性の高い都心の集合住宅に住み替えるという都心回帰も増えている。
さまざまな住まい	□ 高齢期の住み替え先には，有料老人ホーム，ケアハウス，シルバーハウジング，コレクティブハウジングなどがある。

レッスン 35

豊かな生活のために（1）

19日目

A 重要度

学習のねらい 近年，わが国では，高齢者や障害者が安心して暮らせるように，住環境整備の取り組みが広がりつつあります。ここでは，そうした取り組みを支援するさまざまな施策や制度について学びます。

❶ 住生活の整備に向けた施策

住宅は生活の土台であり，家庭をつくり，地域社会との関わりをもちながら暮らしていくための拠点として重要な役割を果たしています。住宅の確保は自立の礎となるものであり，高齢者や障害者を含むすべての人が，一生安心して豊かな生活をおくれるように，住宅や住環境の整備が必要です。近年のわが国の住宅施策では，少子高齢化に対応した居住環境整備が，重点的に取り組むべき重要課題とされています。

わが国は本格的な高齢社会を迎えます。高齢者や障害者のための住環境整備は「普遍的かつ一般的なものとして取り組むべき」との考え方が社会に浸透しつつあり，高齢者や障害者に対応した施策も積極的に行われています。

(1) 高齢社会対策基本法

わが国の高齢社会対策の基本的枠組みは，「高齢社会対策基本法」に基づいている。

わが国の高齢社会対策の基本的枠組みは，「**高齢社会対策基本法**」（1995〔平成7〕年施行）に基づいています。また，同法によって政府に作成が義務付けられている「**高齢社会対策大綱**」には，政府が推進する高齢社会対策における，中長期の基本的・総合的な指針が示されています。

「高齢社会対策大綱」は，経済社会情勢の変化などを踏まえ，おおむね5年を目途に，必要に応じ見直しを行います。

高齢社会対策基本法 ➡ P19

高齢社会対策大綱 ➡ P19

住宅・住環境整備については，2018（平成30）年に閣議決定された新たな「高齢社会対策大綱」の「**生活環境**」の中で，「高齢者の居住の安定確保に向け，高齢者向け住宅の供給を促進し，重層的かつ柔軟な住宅セーフティネットの構築を目指すとともに，住み慣れた地域の中で住み替えの見通しを得やすいような環境整備を進める」とし，さまざまな施策の方針が示されています。

(2) 住生活基本法

「住生活基本法」は，適切な住宅を得るのが困難な低所得者や高齢者などのセーフティネットの確保などを柱として据えている。

① 住生活基本法の方向性

2006（平成18）年，住宅政策の新しい憲法ともいえる「**住生活基本法**」が制定されました。この法律により，戦後の住宅政策が根本的に見直され，豊かな住生活の実現を図るための理念や新たな長期的計画が定められました。これ以降，住宅の量を増やすことに重きを置いてきたわが国の住宅政策は，豊かな住生活実現へ向けたものへと，大きな方向転換がなされました。

同法では，良質な住宅ストックと良好な居住環境を形成することを目指し，人々がライフスタイルやライフステージに応じた住宅を安心して選べる環境の整備と，低所得者や被災者，高齢者，子どもを育成する家庭など住宅市場で適切な住宅を得ることが困難な人々のセーフティネット**機能**を構築し強化することを，柱として据えています。

国と都道府県では，「住生活基本法」に基づき「**住生活基本計画（全国計画・都道府県計画）**」を策定しています。「住生活基本計画」には住生活の安定や向上のための**成果指標**が掲げられており，バリアフリー化などについて**明確な数値目標**が示されています。

用語
住生活基本法
国民の豊かな住生活の実現を目的に，住生活の安定の確保と向上の促進に関する施策について，その基本理念，国などの責務，住生活基本計画の策定，その他基本となる事項を定めた法律。

「住生活基本計画（全国計画）」はおおむね**5年ごと**に見直すこととされ，2021（令和３）年に新たな計画が策定されました。この計画では，住生活をめぐる課題として，世帯数や世帯構成の変化，気候変動問題と自然災害の頻発・激甚化，空き家の増加など住宅ストックに関する問題などを挙げ，「社会環境の変化」「居住者・コミュニティ」「住宅ストック・産業」という３つの視点から複数の目標を立てています。

新たな計画では，2021（令和3）年度から2030（令和12）年度までの10年間の計画期間中の住宅施策の方向性と，それらを実現するための基本的な施策が示されています。

② 住生活基本計画における施策の目標

計画では，高齢者・障害者等が安心して暮らせる住まいや住環境の整備として，次のような施策推進が掲げられています。

(a) 高齢期に備えた適切な住まい選びの総合的な相談体制の推進
(b) バリアフリー性能やヒートショック対策等の観点を踏まえた，良好な温熱環境を備えた住宅の整備・リフォームの促進
(c) 高齢者の健康管理や遠隔地からの見守り等のためのIoT技術等を活用したサービスの普及
(d) サービス付き高齢者向け住宅などの整備や情報開示の推進　など

また，子どもを産み育てやすい住まいや住環境の整備として，次のような施策推進が掲げられています。

(a) 住宅の年収倍率の上昇等を踏まえ，時間に追われる若年世帯・子育て世帯の都心居住ニーズもかなえる住宅取得の推進
(b) 子育てしやすく家事負担の軽減に資するリフォームの促進，住宅内テレワークスペース等の確保
(c) 子どもの人数，生活状況等に応じた柔軟な住み替えの推進
(d) 良質で長期に使用できる民間賃貸住宅ストックの形成と賃貸住宅市場の整備の推進　など

プラスワン

住宅金融支援機構では，一定のバリアフリー化を行った住宅の取得や，バリアフリー改修に対し，低金利の融資や，元金を死亡時一括返済とする高齢者向け返済特例制度を実施している。

❷ 住宅のバリアフリー化の推進

高齢者・障害者に配慮したバリアフリー住宅の整備は，すべての人々が安心・安全に暮らせる生活環境を整備することにもつながり，わが国にとっても重要な取り組みとなります。住宅のバリアフリー化などの推進のために，国による設計指針の策定や住宅性能評価，地方公共団体などによる融資・助成制度といった経済的支援など，さまざまな施策が実施されています。

(1) 設計指針と融資制度

現在，「高齢者が居住する住宅の設計に係る指針」により，バリアフリー化が推進されている。

① 長寿社会対応住宅設計指針

1995（平成７）年，建設省（現・国土交通省）から「長寿社会対応住宅設計指針」が発表され，床の段差解消や手すりの設置など，バリアフリー化のための住宅各部の具体的な設計指針が提示されました。指針自体は義務化されませんでしたが，これに基づくさまざまな融資制度がスタートし，個人所有の戸建住宅や民間集合住宅におけるバリアフリー化が推進されています。

② 高齢者の居住の安定確保に関する法律

2001（平成13）年には，高齢者が安心して生活できる居住環境の確保を目的に，「高齢者の居住の安定確保に関する法律（高齢者住まい法）」が制定されました（2011〔平成23〕年に一部改正されている）。この法律では，高齢者向け優良賃貸住宅の供給促進や，高齢者の入居を拒まない賃貸住宅の登録・閲覧の推進などが掲げられました。

同法による基本方針に基づき，「高齢者が居住する住宅の設計に係る指針」が策定されています。これは，加齢などで心身の機能が低下しても，高齢者がそのまま住み続けられるような住宅の設計に関する指針を示したも

用語

高齢者が居住する住宅の設計に係る指針

高齢者が加齢等に伴って身体の機能の低下が生じた場合にも，問題なく住み続けることができるよう，住宅の設計上の配慮事項を示したもの。

ので，現在はこの指針に基づき，住宅のバリアフリー化が進められています（この指針策定に伴い「長寿社会対応住宅設計指針」は廃止）。

■「高齢者が居住する住宅の設計に係る指針」の主な内容

一般的な住宅の設計上の配慮事項

① 住宅の住戸専用部分に関する部屋の配置，段差，手すり，通路・出入り口の幅員，階段，便所，浴室等

② 一戸建住宅の屋外部分のアプローチ，階段等

③ 一戸建住宅以外の住宅の共用部分及び屋外部分の共用階段，共用廊下，エレベーター，アプローチ等

要配慮居住者のために個別に配慮した住宅の設計の進め方

① 要配慮居住者及び住宅の特性の把握

② 住宅の設計方針の検討及び住宅の設計

③ 設計の反映の確認

※「高齢者が居住する住宅の設計に係る指針」などをもとに作成

(2) 住宅性能表示制度

① 住宅品確法と住宅性能表示制度

1999（平成11）年，**「住宅の品質確保の促進等に関する法律（住宅品確法）」**が制定され，翌年の2000（平成12）年には同法に基づく**「住宅性能表示制度」**がスタートしました。この制度は，消費者が安心して住宅を取得できるよう，共通のルールに基づいて，住宅の基本性能を相互比較しやすくするとともに，第三者機関が評価した性能を表示することで，住宅の品質確保と信頼性の向上を図ることを目的としています。

プラスワン

住宅品確法

「住宅品確法」は住宅の品質確保の促進とともに，住宅にかかわる紛争処理や住宅購入者の利益保護などを目的としている。

② 5段階の等級で表示

①で述べた性能表示事項では，「高齢者等への配慮に関すること」という項目が設けられています。住宅内の移動に伴う転倒・転落等に対する安全性の確保など，高齢者などにとって必要なバリアフリー化の対策がどの程度講じられているかを**5段階の等級**によって示すよう定

等級が高くなるほど，より多くの対策が講じられていることを表しているのね。

められています。

(3) 公的賃貸住宅のバリアフリー化

公団賃貸住宅では1991(平成3)年度から，公社賃貸住宅では1995(平成7)年度から，すべての新設住宅で高齢化対応仕様が標準化された。

公的賃貸住宅におけるバリアフリー化は，1990年代以降，次のように本格化しました。

① **公営住宅（都道府県，市町村営住宅）**……新設される全住宅について，1991（平成3）年度から，住棟アプローチの確保，床の段差解消，共用階段への手すりの設置といった**高齢化対応仕様**が標準化され，その後も段階的な仕様の追加が行われている。

② **公団賃貸住宅（現・都市再生機構〔UR都市機構〕）・公社賃貸住宅（地方住宅供給公社）**……公団賃貸住宅では1991（平成3）年度から，公社賃貸住宅では1995（平成7）年度から，すべての新設住宅で高齢化対応仕様が標準化されている。

③ **その他**……既存の公営住宅では，1982（昭和57）年度からバリアフリー化のための改善工事が行われている。既存のUR賃貸住宅（現・都市再生機構〔UR都市機構〕の賃貸住宅）・公社賃貸住宅でも，改修の際に可能な限り高齢化対応仕様が図られている。

とくに老朽化した公的賃貸住宅は，建て替えや改善が計画的に進められており，居住水準の向上が図られています。

(4) 介護保険制度における住宅改修費の支給

介護保険制度における住宅改修を行う場合，市町村から一定の住宅改修費が支給される。

在宅の要介護者・要支援者が介護保険制度における住宅改修を行った場合，一定の住宅改修費が支給されます。対象となる住宅改修の種類は次のとおりです。

① 手すりの取り付け
② 段差の解消
③ 滑りの防止・移動の円滑化などのための床または通路面の材料の変更
④ 引き戸などへの扉の取り替え
⑤ 洋式便器などへの便器の取り替え
⑥ その他①～⑤の住宅改修に付帯して必要となる住宅改修

スロープやすのこを“置く”，取り付けに工事を伴わない段差の解消は，介護保険による住宅改修の対象にはならないんですよね。

(5) 地方公共団体による住宅改修費の助成事業，貸付制度

介護保険以外にも，住環境整備が必要な高齢者や障害者に費用の助成や貸付を行っている地方公共団体がある。

リフトや段差解消機などで，動力により段差を解消する機器を設置する工事も，介護保険の給付対象からは除外されていますよ。

介護保険制度以外にも，高齢者や障害者に対して住環境整備費の助成や貸付などを実施している地方公共団体もあります。ただし，これら事業・制度の名称や内容，実施状況は，各地方公共団体によって異なります。

① 主な助成事業

「高齢者住宅改造費助成事業」は，高齢者（おおむね65歳以上，要支援・要介護など）に対して，玄関，廊下，階段，居室，台所，浴室，トイレ，洗面所などの改修において，介護保険による給付対象とならない住宅改修の工事に関して，市町村が一定の費用を助成するものです（利用者の所得に応じて助成割合は異なる）。

「在宅重度障害者住宅改造費助成事業」は，一定要件を満たす在宅の障害者（身体障害者手帳や療育手帳の交付を受けている者）に対し，居室，浴室，トイレ，洗面所，台所などを改修した際に，市町村が一定の費用を助成します。

② 主な貸付制度

「高齢者住宅整備資金貸付制度」は，60歳以上の高齢者世帯や高齢者との同居世帯が行う，高齢者の専用居室，

プラスワン
「高齢者住宅改造費助成事業」や「在宅重度障害者住宅改造費助成事業」の詳細や実施の有無は，地方公共団体により異なる。

プラスワン
「高齢者住宅整備資金貸付制度」や「障害者住宅整備資金貸付制度」の詳細や実施の有無も，地方公共団体により異なる。

浴室，階段などの増改築，日常生活における安全確保のための改修工事に対し，必要な資金を都道府県または市町村が低利で貸し付けるものです。

「**障害者住宅整備資金貸付制度**」は，障害者または障害者との同居世帯に対し，障害者の居住環境改善のために，専用居室などの増改築または改修するための資金を，都道府県または市町村が低利で貸し付けるものです。

「**生活福祉資金貸付制度**」は，障害者世帯（身体障害者手帳，療育手帳，精神障害者保健福祉手帳の交付を受けた者の属する世帯）や65歳以上の高齢者のいる世帯（日常生活上療養または介護を要する高齢者などの属する世帯）などに対して資金を貸し付ける制度で，都道府県の社会福祉協議会を実施主体として，各都道府県の市町村社会福祉協議会が窓口となって実施しています。福祉資金として住宅の増改築や改修に必要な資金も貸し付けています。

(6) 住宅改修の相談・助言

住環境整備の相談・助言は，各種の専門職種が対応している。

高齢者・障害者向けの住宅，住環境整備に関する情報提供は，地方公共団体の住宅課や福祉課のほか，地域包括支援センター，在宅介護支援センター，**居宅介護支援事業所**，**介護実習・普及センター**なども行っています。

各機関では建築士，介護支援専門員（ケアマネジャー），市町村の住宅改良ヘルパー（リフォームヘルパー），増改築相談員，マンションリフォームマネジャーなどが住宅改修などに関するさまざまな相談に対応しています。

用語

在宅介護支援センター
高齢者やその家族が身近なところで専門職による相談・援助を受けられるよう，1989（平成元）年以降，全国で整備が進められた。2006（平成18）年に地域包括支援センターの創設以降，その多くは地域包括支援センターへ移行，またはそのブランチやサブセンターとして位置付けられるようになった。

用語

居宅介護支援事業所
「介護保険法」に基づき，要介護者が自宅で介護保険サービスなどを利用しながら自立した生活を送れるように支援する事業所。介護支援専門員（ケアマネジャー）が常駐し，居宅サービス計画（ケアプラン）の作成やサービス提供事業者などとの連絡・調整を行う。

用語

介護実習・普及センター
介護実習などを通じ，地域住民が介護の知識や技術を習得することなどを目的とした施設。福祉用具展示室や介護実習室などを備えている。介護に関する講座や情報提供も行う。

■ 住宅改修の相談・助言などを行う専門職種

名称	所管する団体	概要
住宅改良ヘルパー（リフォームヘルパー）	各市町村	・制度創設：1993（平成5）年の厚生省（現・厚生労働省）老人保健福祉局課長通知によるもので，「老人ホームヘルプサービス事業」の一環として位置付けられた。 ・おおむね65歳以上の介護を要する高齢者のいる世帯を対象に，住宅の改修に関する相談や助言，施工業者の紹介，改修内容についての業者への連絡・調整，施工後の評価や利用者への指導を行う。介護福祉士，社会福祉士，理学療法士，作業療法士，保健師，建築士，施工業者など，福祉・保健・医療および建築関係の専門家で構成されるチームによって行われる。 ・介護保険制度の創設に伴い，根拠となる制度は「住宅改修指導事業」，「住宅改修支援事業」，「福祉用具・住宅改修支援事業」と変化しながらも，住宅改良ヘルパー（リフォームヘルパー）を派遣する仕組みは存続している。
増改築相談員	（公財）住宅リフォーム・紛争処理支援センター	・制度創設：1985（昭和60）年度 ・住宅の新築工事または改修工事に関する実務経験を10年以上有している者が対象。（公財）住宅リフォーム・紛争処理支援センターが定めた研修会を受講し，所定の考査に合格したうえで，同センターに増改築相談員として登録する。登録後も５年ごとに更新研修会を受ける。 ・住宅の増改築について，顧客のための相談業務を行うとともに，必要に応じて住宅改修の具体的計画や見積もりなどを行う。
マンションリフォームマネジャー		・制度創設：1992（平成4）年度 ・（公財）住宅リフォーム・紛争処理支援センターが実施するマンションリフォームマネジャー試験に合格した者が対象。 ・主としてマンション専有部分の改修について，専門知識をもって，管理組合や施工業者などと協力・調整しながら，居住者に付加価値の高い住宅改修を企画・提供できるよう業務を進める。

出典：（公財）住宅リフォーム・紛争処理支援センターのホームページなどをもとに作成

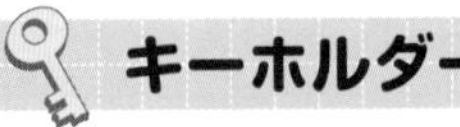

Key	確認したらチェック ☑
住生活の整備に向けた施策	□ わが国の高齢社会対策の基本的枠組みは，「高齢社会対策基本法」に基づいている。
	□「住生活基本法」は，適切な住宅を得るのが困難な低所得者や高齢者などのセーフティネットの確保などを柱として据えている。
住宅のバリアフリー化の推進	□ 現在，「高齢者が居住する住宅の設計に係る指針」により，バリアフリー化が推進されている。
	□ 公団賃貸住宅では1991（平成3）年度から，公社賃貸住宅では1995（平成7）年度から，すべての新設住宅で高齢化対応仕様が標準化された。
	□ 介護保険制度における住宅改修を行う場合，市町村から一定の住宅改修費が支給される。
	□ 介護保険以外にも，住環境整備が必要な高齢者や障害者に費用の助成や貸付を行っている地方公共団体がある。
	□ 住環境整備の相談・助言は，各種の専門職種が対応している。

レッスン
36 豊かな生活のために（2）

20日目

A
重要度

学習のねらい 少子化社会においては，住宅施策を通しての子育て支援も重要です。前レッスンに続いて，高齢者や障害者のための具体的施策を学ぶとともに，少子化に対応する施策についても理解しましょう。

❶ 賃貸住宅への入居の円滑化

高齢者，障害者であることを理由に貸すのを拒む民間賃貸住宅の貸主は少なくありません。こうした状況を改善するため，国は，公的賃貸住宅における優遇措置をとるとともに，「住宅セーフティネット法」に基づき，高齢者や障害者などが民間賃貸住宅に円滑に入居できるようにするための施策に取り組んでいます。

(1) 公的賃貸住宅における優遇措置

公営住宅では，高齢者，障害者の単身入居が可能である。また，入居収入基準の緩和や，当選倍率の優遇なども行われている。

① 公営住宅

公営住宅は，原則として同居親族がいることが入居の資格要件となっていますが，高齢者や障害者は単身でも入居することができます。以前は，障害者で**単身入居**が認められたのは身体障害者だけでしたが，2006（平成18）年からは，**知的障害者**，**精神障害者**も認められるようになりました。

なお，「公営住宅法」は2012（平成24）年に改正され，同居親族要件は廃止されたのですが，廃止するかどうかの判断は各地方公共団体に任されており，従来のまま入居の資格要件としている自治体もあります。

また，地方公共団体の裁量によって，高齢者世帯と障

プラスワン

公営住宅（地方公共団体の裁量による）の優遇措置
- 入居収入基準の緩和
- 当選倍率の優遇
- 別枠選考　など

都市再生機構（UR都市機構）の優遇措置
- 新規賃貸住宅募集時の当選倍率の優遇
- （一定の要件を満たせば）入居収入基準の緩和

※対象は，高齢者（60歳以上）のいる世帯および障害者のいる世帯。

プラスワン

公営住宅では，経済的負担軽減のため，子育て世帯に向けた優遇措置も設けている。

害者の世帯を対象に，**入居収入基準の緩和**や，**当選倍率の優遇**，**別枠選考**なども行われています。公営住宅の高齢者世帯向け住宅や高齢者同居向け住宅については，地方公共団体の判断で，高齢者世帯で住宅確保が困難な人を優先的に入居させることができます。

②　都市再生機構（UR都市機構）の賃貸住宅

一定の基準を満たす高齢者のいる世帯と障害者のいる世帯に対して，**入居収入基準の緩和**や新規賃貸住宅募集時の**当選倍率の優遇**を行っています。また入居後，家賃改定により継続家賃が引き上げられる世帯のうち低所得の高齢者・障害者については，原則として改定前の家賃と同額とする措置がとられています。

プラスワン

現にUR賃貸住宅に居住している人で，高齢や障害などの理由で階段の昇降がしづらい人については，同一団地内の１階またはエレベーター停止階への住宅変更をあっせんしている。

(2) 民間賃貸住宅等への入居の円滑化

「住宅セーフティネット法」に基づき，住宅確保要配慮者の入居を拒まない賃貸住宅の登録制度が実施されている。

①住宅確保要配慮者向けの賃貸住宅

2007（平成19）年に成立した「住宅確保要配慮者に対する賃貸住宅の供給の促進に関する法律（**住宅セーフティネット法**）」は，低額所得者，被災者，高齢者，障害者，子供を育成する家庭，そのほか住宅の確保にとくに配慮を要する人（**住宅確保要配慮者**）に対して，公的賃貸住宅の供給促進，民間賃貸住宅への円滑な入居の促進，賃貸住宅に関する適切な情報提供と相談の実施などの施策を進めていました。

そして2017（平成29）年には，改正「**住宅セーフティネット法**」が施行され，新たな住宅セーフティネット制度が始まりました。

この新制度は，①住宅確保要配慮者向け賃貸住宅の登録制度，②登録住宅の改修や入居者への経済的な支援，③住宅確保要配慮者に対する居住支援の３つの柱から成り立っています。

■ 住宅確保要配慮者向け賃貸住宅の登録制度の仕組み

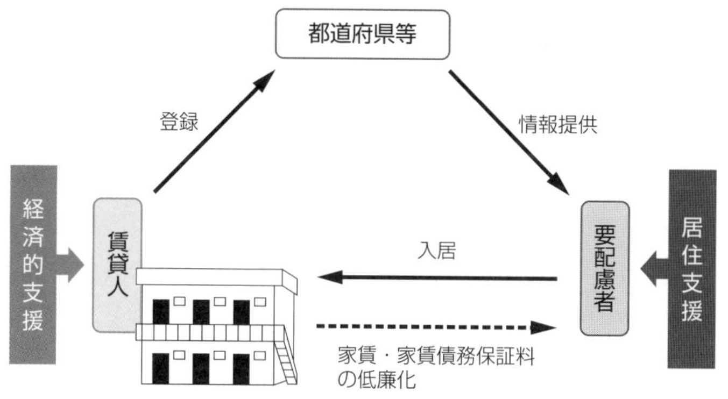

資料：「セーフティネット住宅情報提供システム」ホームページ

このうち，「住宅確保要配慮者向け賃貸住宅の登録制度」は，住宅確保要配慮者の入居を拒まない住宅を賃貸する事業者が，住戸面積や構造・設備など一定の要件を満たした住宅を都道府県・政令市・中核市に登録し，都道府県等は，登録された住宅の情報を住宅確保要配慮者などに広く提供するというものです。登録された情報は，インターネット上の「セーフティネット住宅情報提供システム」で詳細な情報が公開され，だれでも閲覧することができます。

また，「住宅セーフティネット法」に基づき，住宅確保要配慮者が民間賃貸住宅などへ円滑に入居できるよう，地方公共団体や不動産関係団体，居住支援団体などが連携して**住宅確保要配慮者居住支援協議会**を組織し，入居可能な住宅に関する情報提供や相談対応などの支援を行っています。

②家賃債務保証制度

「**家賃債務保証制度**」は，一般財団法人高齢者住宅財団などが実施している，賃貸住宅に入居する際の家賃債務などを保証する制度です。たとえば，高齢者住宅財団

2021（令和3）年10月末現在，全国で111の協議会が設立されています。

の家賃債務保証制度を利用する場合，制度を利用できるのは，高齢者住宅財団と家賃債務保証制度の利用に関する基本約定を締結した賃貸住宅に入居する高齢者世帯（**60歳以上または要介護認定を受けた60歳未満の単身・夫婦などの世帯**），障害者世帯，子育て世帯などです。原状回復費用の未払いや家賃の滞納などが生じた場合には，高齢者住宅財団が**滞納家賃**（限度額は月額家賃の12か月分）や**原状回復費用および訴訟費用**（限度額は月額家賃の９か月分）を保証します。一方，賃借人は，月額家賃の35％（保証期間２年の場合）を保証料として支払います。

❷ 住宅行政と福祉行政の連携

わが国では，これまで多岐にわたる高齢者住宅・施設が供給されてきましたが，住宅施策・福祉施策の各領域で別々に進められる傾向にありました。近年では，高齢者・障害者の住宅整備を推進するために，住宅行政と福祉行政が連携して取り組む事例が増えています。ここでは，サービス付き高齢者向け住宅とシルバーハウジングについてみていきます。

現状の制度だけでなく，廃止された制度やサービスの名称なども押さえておきましょう。

(1) サービス付き高齢者向け住宅

サービス付き高齢者向け住宅が制度化され，それまでの３つの高齢者向け賃貸住宅は廃止された。

2011（平成23）年に法改正が行われ**サービス付き高齢者向け住宅が制度化**されました。国土交通省と厚生労働省の２省の共管により，2011（平成23）年10月から登録制度が始まっています。また，それまで「高齢者住まい法」で制度化されていた３つの高齢者向け賃貸住宅（高齢者円滑入居賃貸住宅，高齢者専用賃貸住宅，高齢者向け優良賃貸住宅）は，サービス付き高齢者向け住宅の制度化に伴い廃止されました。

プラスワン

廃止された３つの高齢者向け賃貸住宅については，種類が細かすぎてわかりづらいという指摘があった。また，入居者に対する生活支援などの提供が事業者の任意であったため，介護が必要になった場合の住み続けが不安定になるものも少なからず存在していた。

① 制度の特徴

サービス付き高齢者向け住宅は，単身や夫婦などの高齢者世帯が安心して住まえる賃貸住宅などです。住宅面ではバリアフリー構造で一定の住戸面積と設備を有するなど高齢者が安全に生活できるよう配慮されているほか，サービス面では，少なくともケアの専門家による生活相談サービス，状況把握（安否確認）サービスが付いています。

② 事業者の登録

事業者は，住宅・サービスの基準や契約内容など一定の要件を満たしたうえで，都道府県・政令市・中核市および都道府県から事務を移譲された市町村に登録を行います。

③ 情報の公開

インターネット上では「**サービス付き高齢者向け住宅情報提供システム**」が公開され，登録された住宅やサービスに関する情報を，だれでも自由に閲覧することが可能になっています。

④ 契約

書面による契約が住宅の**登録基準**として定められています。また，事業者は，入居者の心身状態の変化や長期入院などを理由に，一方的に契約を解除することはできません。家賃などの前払金を事業者が受領する際にも，一定の**入居者保護**が図られます。

⑤ 入居対象

入居対象は，**高齢者（60歳以上，または介護保険制度の要介護認定を受けている人）**で，**単身または夫婦**などの世帯です。元気な高齢者も入居することができますが，万が一身体になんらかの不自由が生じ要介護・要支援状態になったとしても，訪問介護や訪問看護，福祉用具貸与などの介護保険サービスを利用することで，継続した生活が可能となります。中には，自ら介護や日常生活支

プラスワン
サービス付き高齢者向け住宅に住む高齢者に対しても，生活援助員（LSA）によるサービス提供が行われている。
➡ P265

援，食事などのサービスを一体的かつ連続的に提供している事業者もあり，そのような住宅であれば，要介護度の高い者でも安心して入居し住み続けることができます。

入居者のニーズや状態に合わせたサービスを，柔軟に提供できる仕組みをつくることができれば，住み慣れた地域で長く住み続けるための安心で快適な住まいの一形態として，サービス付き高齢者向け住宅は，ますます重要性を増してくるものと思われます。

■ サービス付き高齢者向け住宅の入居者の条件と登録基準

<table>
<tr><td colspan="2">入居者の条件</td><td>高齢者（60歳以上の者，または要介護認定を受けている者）で，以下のいずれかに該当する者
①単身高齢者
②高齢者＋同居者（配偶者，60歳以上の親族，要介護認定を受けている60歳未満の親族，病気などの特別の理由により同居が必要であると都道府県知事が認める者）</td></tr>
<tr><td rowspan="3">登録基準</td><td>住宅</td><td>・各居住部分の床面積は原則25㎡以上（ただし，一定の要件を満たせば18㎡以上でも可）
・各居住部分に台所，水洗トイレ，洗面設備，浴室，収納設備を備えていること（ただし，一定の要件を満たせばトイレ，洗面のみでも可）
・バリアフリー構造であること（段差のない床，手すりの設置，廊下幅の確保など）</td></tr>
<tr><td>サービス</td><td>・少なくとも状況把握（安否確認）サービス，生活相談サービスを提供すること
①一定の要件を満たす職員が原則として，夜間を除いて，サービス付き高齢者向け住宅の敷地，または当該敷地に隣接するか近接する土地にある建物に日中常駐してサービスを提供する
②夜間など職員が常駐しない時間帯は，各居住部分に緊急通報装置などを設置して対応する
③状況把握サービスは，毎日１回以上，各居住部分への訪問などにより提供する</td></tr>
<tr><td>契約内容</td><td>・書面による契約であること
・敷金，家賃，サービス費，家賃・サービス費の前払金以外の金銭を徴収しないこと
・長期入院や心身状況の変化などの理由で，事業者が一方的に契約を解約することはできない
・家賃やサービス費を前払金として受領する場合には，一定の入居者保護が図られていること（前払金や返還金の算定根拠の明示，前払金の保全措置の義務付けなど）</td></tr>
</table>

出典：「高齢者の居住の安定確保に関する法律」「同法施行令」「同法施行規則」などをもとに作成

■ サービス付き高齢者向け住宅の登録制度の仕組み

サービス付き高齢者向け住宅

高齢者にふさわしい建物
・バリアフリー構造
・一定の面積，設備

安心できる見守りサービス
ケアの専門家による
・安否確認サービス
・生活相談サービス

登録申請

指導・監督

登録窓口

都道府県
政令市
中核市
等

高齢者向けの住まいを探す人

安否確認や生活相談サービス以外の，
生活支援・介護・医療サービスの提供・連携方法には，
さまざまなタイプがある。

出典：一般財団法人高齢者住宅財団ホームページを一部改変

（2）シルバーハウジング

シルバーハウジングでは，生活援助員（LSA）により日常生活上の相談・指導，安否確認などの日常生活支援サービスが提供される。

シルバーハウジングは，1987（昭和62）年に制度化された「シルバーハウジング・プロジェクト」によって建設される高齢者向けの公的賃貸住宅（公営住宅，UR賃貸住宅など）で，地方公共団体の住宅部局と福祉部局が連携して，供給を行います。

① **シルバーハウジングの設備・サービス**……高齢者の生活特性に配慮した設備・仕様（手すりや緊急通報システムの設置など）で，配置される**生活援助員**（**LSA**：**ライフサポートアドバイザー**）は，市町村の委託によって，必要に応じて日常生活上の相談・指導，安否確認，緊急時の対応，一時的な家事援助などの日常生活支援サービスを提供する。

② **シルバーハウジングの入居対象者**……60歳以上の**高齢者単身世帯**，夫婦の両方もしくは夫婦のいずれか一方が60歳以上の**高齢者夫婦世帯**，60歳以上の**高齢者のみからなる世帯**である。事業主体の長がとくに必要だと

シルバーハウジングは，デイサービス（通所介護）などの福祉施設と併設されることもあります。

認める場合には，障害者世帯も入居できる。

■ シルバーハウジング・プロジェクトの概念図

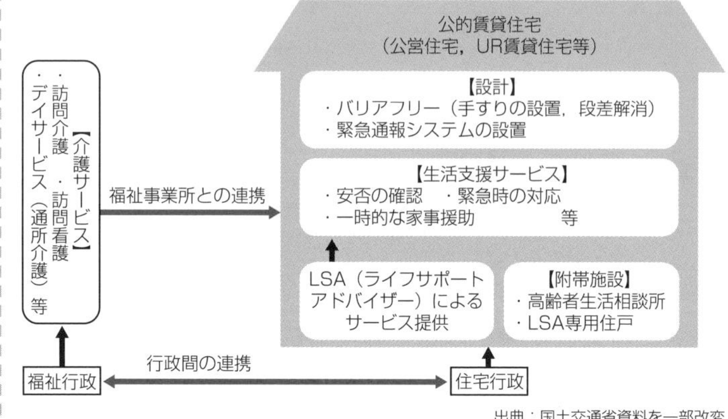

出典：国土交通省資料を一部改変

❸ 社会の多様化に対応した住宅施策

住宅金融支援機構では，親子２世代にわたって住宅ローンを継承して返済する親子リレー返済（承継償還制度）を実施している。

①　三世代同居・近居の支援

近年，三世代同居・近居用住宅の新築・増改築工事に対する補助や低利融資など，三世代同居・近居を支援する取り組みを行っている地方公共団体もあります。

UR都市機構では2013（平成25）年から，高齢者・子育て世帯，これらの世帯を支援する親族世帯の両者が，UR都市機構が指定する住宅に居住することになった場合，家賃を５年間割り引く制度を実施しています。2015（平成27）年からは，UR賃貸住宅とUR都市機構が定めた地域内のすべての住宅との近居に対しても，同様の割引制度を一部の地域で行っています。

②　リバースモーゲージ型住宅ローン

死亡時一括償還型融資の住宅ローンのことで，所有している土地や住宅を手放すことなく，担保として民間金融機関の融資を受けられる制度です。新居の建設・購入費，住宅改修費，サービス付き高齢者向け住宅などに住み替える場合の入居一時金などに利用することができます（利用条件などの詳細は金融機関により異なる）。

③　**親子リレー返済**

住宅金融支援機構では，親子２世代にわたって住宅ローンを継承して返済する親子リレー返済（承継償還制度）を実施しています。次の要件を満たした人を後継者として設定できれば，満70歳以上の高齢者でも長期固定金利住宅ローン（フラット35）を申し込むことができます。

(a) 申込者本人の子・孫等またはその配偶者で，定期的収入のある者

(b) 申込時の年齢が満70歳未満の者

(c) 連帯債務者になる者

④ 少子化社会の住宅・住環境整備

次世代を担う子どもを安心して産み育てられるように，子育てを支援する良質なファミリー向け賃貸住宅の供給促進が必要となっている。

わが国では，高齢化とともに，少子化の進展についても対応が求められています。少子化に対する住宅施策の取り組みとしては，まずは子どもを安心して産み育てられるように，ゆとりある住宅と良質な住環境を整備することが必要です。近年，継続して取り組んでいる主な住宅施策には，子育てを支援する良質なファミリー向け賃貸住宅の供給促進があります。

①　**地域優良賃貸住宅制度**……居住の安定にとくに配慮が必要な世帯（子育て世帯など）に対して，居住環境が良好な賃貸住宅の供給を促すために実施されている。一定の所得以下の入居者には家賃補助が行われるが，

近年では，三世代同居・近居用住宅の購入や新築・増改築工事に対する補助や低利融資など，三世代同居・近居を支援する取り組みを行う地方公共団体もある。

実施状況や内容は地方公共団体により異なっている。

② **マイホーム借上げ制度**……一般社団法人移住・住みかえ支援機構（JTI）が行っている。住み替えを希望する50歳以上の人が所有している，耐震性など一定の基準を満たす住宅を，JTIが賃料を保証しながら借り上げる制度である。期間は最長で終身。借り上げた住宅は子育て期の若年層を中心に転貸する。

③ **その他**……子育てバリアフリーの推進，公的賃貸住宅と子育て支援施設などとの一体的整備の推進，公営住宅における子育て世帯の支援，職住近接の実現，などが進められている。

キーホルダー

Key	確認したらチェック ☑
賃貸住宅への入居の円滑化	□ 公営住宅では，高齢者，障害者の単身入居が可能である。また，入居収入基準の緩和や，当選倍率の優遇なども行われている。
	□ 「住宅セーフティネット法」に基づき，住宅確保要配慮者の入居を拒まない賃貸住宅の登録制度が実施されている。
住宅行政と福祉行政の連携	□ サービス付き高齢者向け住宅が制度化され，それまでの3つの高齢者向け賃貸住宅は廃止された。
	□ シルバーハウジングでは，生活援助員（LSA）により日常生活上の相談・指導，安否確認などの日常生活支援サービスが提供される。
社会の多様化に対応した住宅施策	□ 住宅金融支援機構では，親子2世代にわたって住宅ローンを継承して返済する親子リレー返済（承継償還制度）を実施している。
少子化社会の住宅・住環境整備	□ 次世代を担う子どもを安心して産み育てられるように，子育てを支援する良質なファミリー向け賃貸住宅の供給促進が必要となっている。

レッスン 37

人にやさしいまちづくり

21日目　A 重要度

学習のねらい　すべての人が安心して暮らせるまちづくりは，住環境整備で欠かせない要素です。ここでは，人にやさしいまちづくりのあり方や基本となる仕組みについて学習します。まちづくりに関係する諸制度や法律なども正しく覚えましょう。

❶ まちづくりのあり方

よいまちのイメージとは，どういったものでしょうか。人によって異なりますが，一般的には安全・安心なまち，美しいまち，やさしいまち，そこに住む人々が助け合うまちといった特徴がみられます。

① **まちづくりの意味**……まちづくりとは，道路や公園，建築物などの整備に加え，環境や福祉，歴史などの観点からまちの暮らしを見直し，不便・不自由な点を改善する一方，よいところを伸ばすことを目指し，安全で安心，快適な生活を実現するための活動。

② **まちづくりの内容**……防災，交通，環境，福祉，緑化，景観，商店街など地域で抱える問題や課題，市民のニーズなどにより，整備の内容は多岐にわたる。

プラスワン
家の周りの道路や公園，駅前などの清掃や花壇づくりなどもまちづくり活動の一つといえる。

(1) まちづくりへの参加

まちづくりは，一人ひとりの思いと気づきから始まり，周囲との連携によって進められる。

まちづくりは，地域に住む一人ひとりが，自分のまちをよくしようという思いを持つことで実現するものです。まず，自分がまちに積極的にかかわることが重要となります。

① **自分の周囲の小さな気づき**……まず，まちに何らかの興味を持つ。不便や不自由なことに気づき，その改善や，よりよいまちづくりへの思いを持つ。

② **思いを行動に移す**……まちづくりへの思いから，行

動を起こすことが参加の第一歩となる。

③ **周囲との連携**……まちづくりは一人の力ではなく，地域住民やボランティア，NPO，研究会，専門家，事業者，行政との連携によって進められていく。

現在，住民や専門家，行政が協力し合い，理想のまちを目指す市民参加のまちづくりが，多くの市町村で積極的に行われています。しかし，こうしたまちづくりは，希薄な人間関係ではうまくいきません。そのため，コミュニティづくりから始めることが重要です。

■ まちづくりの参加ステップ

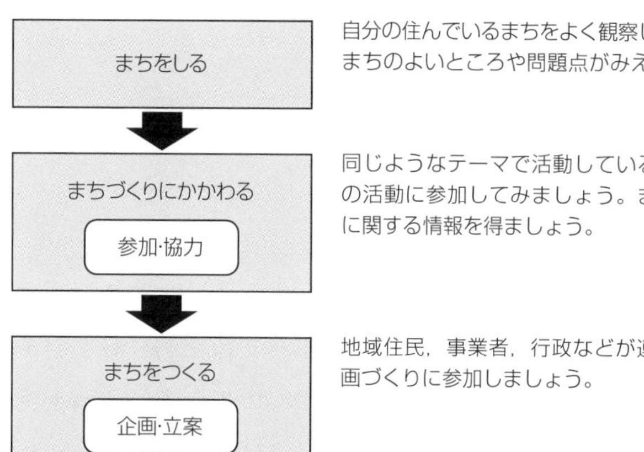
まちをしる
自分の住んでいるまちをよく観察しましょう。まちのよいところや問題点がみえましたか。
まちづくりにかかわる
参加·協力
同じようなテーマで活動しているグループの活動に参加してみましょう。まちづくりに関する情報を得ましょう。
まちをつくる
企画·立案
地域住民，事業者，行政などが連携し，計画づくりに参加しましょう。
安全・安心で活力ある理想のまちへ

(2) まちづくりの計画と進行

まちづくりは，個人やグループ中心のコミュニティレベルから，都市全体の将来を見据えた建築物，公共施設の計画まで，幅広い活動や地方自治体による事業が行われています。なお，地域住民や事業者の意見は，都道府県および市町村が策定する**都市計画**や，関係権利者で取り決める**建築協定**にも反映されます。

都市計画のうち，「地区計画」は住民に最も近い立場に

用語
都市計画
「都市計画マスタープラン」を指針とし，都市内の土地利用規制，道路や公園，下水道，ごみ焼却場などの都市施設整備，土地区画整理事業，市街地再開発事業などの都市基盤整備といった，まちづくりに必要な事項について総合的・一体的に推進することを目的とする都市づくりの計画。「都市計画法」に定められている。

用語
建築協定
「建築基準法」などの一般的制限以外で，条例で定める一定区域内において，建築の敷地，構造，デザインなどについて，すべての関係権利者の合意のもとで取り決める協定のこと。

ある，市町村が策定します。各地区の特性に応じ，道路や公園など施設の配置，建築物の建て方などのルールを詳細に定めるもので，まちづくりにおいて重要です。かつては，地方自治体が計画を策定後，住民に告知し，意見を求める形がよくみられましたが，近年，「都市計画マスタープラン」の策定から住民が参加し，問題や課題を整理・検討し，地方自治体と共に計画，立案していくプロセスが取り入れられています。

まちづくりに関心がある人が集まって，アンケートをとったり，ワークショップを企画したり，住民の思いや課題点などを整理しながら，まちづくりの構想案をつくっていくんですね。

まちづくりでは，地域の事業者の理解と連携も重要です。また，地方自治体は，条例に基づき，計画実現の手伝いをします。策定に関する活動費などを助成したりする地方自治体もあります。

❷ 福祉のまちづくり

(1) 福祉のまちづくりとは

① 福祉のまちづくり

高齢者や障害者，子どもをはじめ，すべての人にやさしく，安全で快適な日常生活を営み，積極的に社会活動を行うことができるまちづくりを，福祉のまちづくりといいます。「どこでも，だれでも，自由に，使いやすく」というユニバーサルデザインの考え方を踏まえた環境整備が推進されています。

② バリアフリー化の推進

自宅やその周辺で過ごすことが多い高齢者や障害者にとっては，公共施設に出かけたり，買い物や通院のためなど，日々の生活の中で安全に外出できる環境整備が必要です。そのためには，まち全体を見渡し，建築物や公共交通機関，歩行空間などのバリアフリー化を推進することが大切です。

③ ソフト面での配慮

快適なまちづくりの実現には，人的な支援や制度の整備といったソフト面での配慮も必要です。具体的には，福祉のまちづくりに関する行政面での諸制度の拡充をはじめ，人材の育成，高齢者や障害者が意見や要望を発言しやすい仕組みづくり，情報提供などがあげられます。

また，**視覚障害者誘導用ブロック**に障害となる物を置かない，障害者用駐車スペースに駐車しないなど，子どもを含めた教育や啓蒙，いわば心のバリアフリー化を浸透させることが，福祉のまちづくりには欠かせません。

さらに近年では，福祉のまちづくりの対象である都市空間や公共施設の計画に，障害者や住民が参加する重要性が高まっています。利用者自身が計画づくりに参加することで，ユーザーである住民のニーズが明確に反映されるからです。その代表例として，さいたま新都心のバリアフリー計画や静岡県沼津市の「ぬまづ健康福祉プラザ」の建設計画が挙げられます。

今後の福祉のまちづくりには，障害者や住民が牽引役(けんいんやく)となって，人々のニーズを的確に反映させていくことが期待されます。

(2) セーフコミュニティ

セーフコミュニティとは，住民や団体，行政が協力し，安全なまちづくりに取り組むもの。

セーフコミュニティとは，人々が互いに信頼し合える地域を再生し，地域の住民や団体・組織，行政などが力を合わせて，安心して暮らせる安全なまちづくりに取り組むコミュニティのことです。

① **由来と認証**……スウェーデンの地方都市で始められた活動が体系化されたもの。「WHOセーフコミュニティ協働センター（WHO　CSP協働センター）」により，世界的に推進されているまちづくり活動である。条件を満たした自治体がWHOによりセーフコミュニティと認証される。

用語

視覚障害者誘導用ブロック

点字ブロックとも呼ばれ，駅や歩道などの公共施設に設置されている視覚障害者の歩行を誘導するブロックのこと。線状のものは進行方向を示し，点状のものは注意を促す。2001（平成13）年にJIS 規格化され，突起の形状，配列などが整備された。

プラスワン

2015（平成27）年7月時点で，世界各国の362の自治体が，セーフコミュニティの認証を受けている。

■ CSP協働センターによる「セーフコミュニティ」の７つの条件

①コミュニティにセーフティ・プロモーションに関連するセクションの垣根を越えた組織が設置され，協働のための基盤がある
②すべての性別，年齢，環境，状況をカバーする長期的継続的なプログラムを実施する
③ハイリスクグループと環境に焦点を当てたプログラム，弱者とされるグループを対象とした安全性を高めるプログラムを実施する
④根拠に基づいたプログラムを実施する
⑤傷害が発生する頻度とその原因を記録するプログラムがある
⑥プログラム，プロセス，変化による影響をアセスメントするための評価基準がある
⑦国内および国際的なセーフ・コミュニティネットワークへ継続的に参加する

② **活動の特徴**……地域内での事故や傷害，自殺や犯罪・暴力などを予防するため，その原因を明らかにするとともに対策を講じて，その成果によるプロセスを重要視すること。

③ **国内での取り組み**……日本では，京都府亀岡市が全国に先駆けて取り組みを開始。現在は日本でもいくつかの自治体が，セーフコミュニティの**認証**を受けている。また，今後認証を受けることを目指している自治体も複数存在している。

❸ まちづくりに関する諸制度

市民レベルの活動や地方自治体の計画立案など，まちづくりにかかわる活動や施策は，法律や条例に基づいて行われます。また，これらの法律や条例は，国のグランドデザインを基礎として策定されています。

(1) まちづくりのグランドデザイン

ユニバーサルデザイン政策大綱は，ハード・ソフト両面でバリアフリー化の指針となるもの。

① グランドデザイン

グランドデザインとは，総括的・発展的な国づくりの構想・計画を示すもので，1998（平成10）年に発表された「**21世紀の国土のグランドデザイン**」は，日本の国土づくりの指針となる計画です。

グランドデザインには，高齢者や障害者などを含めたさまざまな人が共に地域で暮らす共生社会の創造を目指したものとして，前述の少子化社会対策大綱，高齢社会対策大綱，障害者基本計画などがあります。さらに，やさしいまちづくりのための施策の方向性を示すものとして**ユニバーサルデザイン政策大綱**があげられます。

② ユニバーサルデザイン政策大綱（UD大綱）

2005（平成17）年に策定された「ユニバーサルデザイン政策大綱」は，「どこでも，だれでも，自由に，使いやすく」というユニバーサルデザインの考え方をもとに，生活環境や連続した移動環境などをハードとソフトの両面から継続的に整備・改善していく，バリアフリー化の指針です。

大綱策定以前は，バリアフリー化促進のための法律が別々につくられており，交通と施設のバリアフリー化がそれぞれ独立して行われるなど，連続的なバリアフリー化が図られていないという問題や，利用者の視点に立ったバリアフリー化が十分ではない点などが指摘されていました。これらを踏まえ，大綱では次の基本的考え方と具体的施策が示されました。

用語

障害者基本計画

障害者の社会参加，参画に向けた施策のいっそうの推進を図るため，2003（平成15）年度から2012（平成24）年度までの10年間に講ずべき障害者施策の基本的方向について定めた。2013（平成25）年9月には，続く2013年度から2017（平成29）年度までを対象期間とした第3次計画が，2018（平成30）年3月には，2018年度からの5年間を対象期間とした第4次計画が策定されている。

■「ユニバーサルデザイン政策大綱」の基本的考え方と具体的施策

① 利用者の目線に立った参加型社会の構築
利用者・住民・NPOなどの多様な参加の推進，持続的・段階的な取り組みの推進（スパイラルアップの導入），多様な関係者の連携・協働の強化など

② バリアフリー施策の総合化
利用者の一連の行動に対応する連続的なバリアフリー化の推進，交通機関や公共施設・公共空間などについてできる限り対象を拡充，「心のバリアフリー」推進，既存施設のバリアフリー化など

③ だれもが安全で円滑に利用できる公共交通
ターミナルなど交通結節点における利便性向上や乗継円滑化，交通事業者と地域住民等との協働による取り組みの促進，ITの活用を含めた情報提供の改善・充実したまちづくりなど

④ だれもが安全で暮らしやすいまちづくり
歩いて暮らせるまちづくりに向けた取り組みの推進，まちの再生・再開発も活用した居住・福祉・賑わい等生活機能の創出，防災対策や建築物における日常的な事故防止対策の推進など

⑤ 技術や手法などを踏まえた多様な活動への対応
観光地や観光施設・宿泊施設のバリアフリー化，外国人の受け入れ環境の整備，ユビキタス・ネットワーク技術を活用した「場所情報システム」の活用など

用語
ユビキタス・ネットワーク
あらゆる周辺情報がネットワークに接続され，だれもが自由に情報やサービスを利用できる生活環境や技術のこと。

心のバリアフリーとは，さまざまな心身の特性や考え方をもつすべての人々が，相互に理解を深めようとコミュニケーションをとり，支え合うことをいいます。

③ ユニバーサルデザイン2020行動計画

政府は，「ユニバーサルデザイン2020関係閣僚会議」を設置し，オリンピック・パラリンピック東京大会を契機とし，共生社会の実現に向けたユニバーサルデザイン，心のバリアフリーのより一層の推進を目指して，2017（平成29）年２月に「ユニバーサルデザイン2020行動計画」を策定しました。

主な取り組みとして「心のバリアフリー」の推進が位置付けられました。その具体的施策として，全国の学校や地域，企業等において，障害者を理解するための教育・啓発活動が展開されました。

また，オリンピック・パラリンピックに関わる環境のバリアフリー化を推進するため，次のような対策が講じ

られました。

(a) **東京大会に向けた重点的なバリアフリー化**……空港から競技会場等に至る連続的かつ面的なバリアフリーを推進，東京のユニバーサルデザインの街づくりを世界にアピール

(b) **全国各地における高い水準のユニバーサルデザインの推進**……今後の超高齢社会への対応，地方への観光誘客拡大等の観点から，全国のバリアフリー水準の底上げを図り，東京大会のレガシーとする

(2) まちづくりの法律

主なまちづくりの法律には，「都市計画法」「建築基準法」のほか，大型スーパーなどの大規模小売店出店の新たな調整の仕組みを定める「**大規模小売店舗立地法（大店立地法）**」，中心市街地の再活性化を支援する「**中心市街地活性化法**」などがあります。とくに，福祉のまちづくりと関連性が強く，「ユニバーサルデザイン政策大綱」が目指す施策を推進するために欠かせないのが，2006（平成18）年12月に施行された「**高齢者，障害者等の移動等の円滑化の促進に関する法律（バリアフリー法）**」です。「バリアフリー法」について，説明します。

① **目的と内容**……高齢者や障害者が地域内で移動しやすいまちづくりの推進，拡充を目的とする。従来の建築物を対象とした「**ハートビル法**」と，駅や公共交通機関などを対象とした「**交通バリアフリー法**」を統合したもの。「バリアフリー法」の施行により，建築物と交通施設におけるバリアフリー施策が，総合的かつ一体的に推進されることになった（「ハートビル法」と「交通バリアフリー法」は廃止）。

② **対象**……障害者については，身体障害者だけでなく，全障害者を対象とし，道路や路外駐車場，都市公園，福祉タクシーなどの項目が追加された。

③ **地域住民の参加**……地域に暮らす住民にとって利用

プラスワン

大規模小売店舗立地法（大店立地法）

「大店立地法」は，地域社会との融和を目的に，大型店の設置者に対し，店舗立地に伴う交通渋滞や騒音，廃棄物などに関し，周辺地域の生活環境を守るための適切な対応を求めることを定めている。

プラスワン

中心市街地活性化法

「中心市街地活性化法」は，郊外の大型店舗増加による，中心市街地の空洞化・衰退を防ぎ，活性化に取り組む地方自治体などを支援する目的で施行された。

プラスワン

「バリアフリー法」の第25条では，市町村は旅客施設の周辺地区や高齢者や障害者等が利用する施設が集まった地区について，基本構想の作成に努めるとしており，2017（平成29）年3月末時点で，294市町村，482基本構想に上る。

しやすいまちづくりを進めるため，基本構想を作成する際，高齢者や障害者も含めた地域住民が意見を提案できる場（協議会）を設けることが求められている。

「バリアフリー法」は，「ユニバーサル社会の実現に向けた諸施策の総合的かつ一体的な推進に関する法律（ユニバーサル社会実現推進法）」の公布・施行（2018〔平成30〕年）やオリンピック・パラリンピック東京大会を契機とした共生社会の実現や心のバリアフリーにかかる施策など，ソフト対策を強化する必要があることなどから，2018（平成30）年と2020（令和２）年に改正されました。それぞれの概要は次のとおりです。

① **2018（平成30）年改正**……公共交通事業者等の範囲の拡大，計画作成等による取り組みの強化，市町村におけるバリアフリー方針や基本構想の作成の努力義務化など。

② **2020（令和２）年改正**……国が定める基本方針に情報提供に関する事項，国民の理解の増進および協力の確保に関する事項を追加，バリアフリー基準適合義務の対象施設の建築物に公立小中学校，道路／路外駐車場に旅客特定車両停留施設を追加など。2020（令和２）年から2021（令和３）年にかけて施行。

プラスワン

ユニバーサル社会実現推進法

すべての国民が，障害の有無，年齢等にかかわらず，等しく基本的人権を享有するかけがえのない個人として尊重されるものであるとの理念にのっとり，障害者，高齢者等の自立した日常生活および社会生活が確保されることの重要性に鑑み，ユニバーサル社会の実現に向けた諸施策を総合的かつ一体的に推進することを目的としている。

(3) 福祉のまちづくり条例

「福祉のまちづくり条例」は，地域住民のニーズを反映し，地方自治体の独自性を打ち出しやすいが，法的強制力・拘束力が弱い。

「地方自治法」第14条を根拠とする「福祉のまちづくり条例」は，市町村や都道府県によって策定されます。

① **目的**……公共や民間の建築物，交通機関，道路，公園などの日常生活にかかわる施設のバリアフリー化。

② **特徴**……「地方自治法」では条例に定める内容までは規定していないため，各地方自治体は，条例制定に

用語

地方自治法

地方自治に関する基本法である。条例は，都道府県や市町村が議会の議決によって制定する法をいう。

おいて，対象施設の種別など地域の実情に応じた独自性を打ち出しやすい。また，制定過程で市民や利用者の意見を聞き，地域のニーズを反映することも可能。

③ **課題**……「地方自治法」に基づく条例であるために，手続きや罰則規定を設けている事例がほとんどなく，**法的な強制力・拘束力が弱い**。また，「バリアフリー法」の施行によって，これまで条例の届出などの対象だった建築物が，同法の**建築確認**の対象へと移行した。

(4) まちづくり関連の計画

「住宅マスタープラン」は，根拠法がなく，地方公共団体が任意で実施している制度である。

建物をどのように建てるかを決める都市計画策定の指針となる計画や，まちづくり推進のための計画には，次のようなものがあります。

① **住宅マスタープラン**

住宅マスタープランは，地域の実情に応じた住宅づくりを推進するための制度です。ただし，根拠となる法はなく，地方公共団体が任意で実施しています。主な内容は，地域における住宅ストックの確保，居住水準の向上，防災や環境に配慮した住環境整備などです。

② **都市計画マスタープラン**

都市計画マスタープランは，都市計画の指針となる計画で，その趣旨は，将来のまちづくりの方向性を関係する皆で決めていこうというものです。住民に最も近い立場にある市町村が，住民の意向を反映して策定します。その過程では，**ワークショップ**，素案作成，素案に対する住民の意見収集などが行われます。この制度は1992(平成４）年の「都市計画法」改正に伴い，「市町村の都市計画に関する基本的な方針」として創設されました。

③ **まちづくりマスタープラン**

まちづくりマスタープランは，地方公共団体が独自に

ワークショップ
グループでの意見交換や作業を通じて，皆で問題を検討し合う集まりをワークショップという。まちづくりでは，メンバーがアイデアを出し合い，意見をまとめていく話し合いの場となる。

まちづくりに関わる事項をまとめたものです。作成は任意ですが，まちづくりの対象領域の多様化に加え，まちづくりに関わる存在が市民や企業，NPOなど多部門化するに従い，都市計画法の枠組みでは対応が困難な課題が出てきています。このため，近年はまちづくりマスタープランを策定する地方公共団体が増加しています。

④　**地域防災計画**

地域防災計画は，1961（昭和36）年に制定された「災害対策基本法」を根拠とする計画で，自然災害と事故災害に対する予防計画と対応計画からなります。計画では，高齢者，障害者，乳幼児その他のとくに配慮を要する者を「要配慮者」と位置付け，身体能力や情報の認知能力が低下している人などへの対応策を定めることとしています。

用語

災害対策基本法

災害から国土と国民の生命，財産を守ることを目的に制定された法律。国や地方自治体などによる必要な体制の整備，責任の所在の明確化，防災計画の策定，災害予防・応急対策・復旧などの措置を定めることを求めている。

自然災害

震災，風水害，火山災害，雪害など

事故災害

航空災害，鉄道災害，道路災害，原子力災害など

❹ 人にやさしいまちづくりの課題

人にやさしいまちづくりにおける今後の課題は，以下の５点に整理することができます。

①　**諸制度の連携，整合性の確立**

人にやさしいまちづくりを進める制度は，建設系・都市計画系・福祉系の施策に大別できますが，国や地方自治体ではそれぞれ事業を担当する部署が異なるため，諸制度の連携が不十分だったり，整合性のないまちづくりが進められたりすることがあります。

少子高齢化に伴い，すべての人が長く住み続けられるまちづくりを推進するためには，今後もさまざまな分野の施策を連携・整合していくことが重要です。そのために，「バリアフリー法」を例とする法制度の整備や仕組みづくりが求められます。

②　**継続的なまちづくり整備**

まちはさまざまな人が暮らし，変化していく場所です。そのため，常に状況を点検し，改善を図る必要があります。地域の実情に応じた段階的で継続的な発展，いわゆるスパイラルアップの仕組みをまちづくりに導入することが大切です。

③　住民，事業者などの関与の促進

まちづくりのための諸計画策定において，地域住民の参加が明確に位置付けられていますが，携わるのは関心のある一部の住民，事業者などにとどまっている傾向があります。そのため，より多くの住民や事業者に，自分たちの責務としてかかわってもらえるよう，啓発活動などが必要です。

人にやさしいまちづくりのためには，より多くの人たちの参加が大切なのね。

④　子どもや子育て支援からの視点の強化

進展を続ける少子化に歯止めをかけるためには，子どもや子育て中の人が安心して活動できるまちづくりや環境整備が欠かせません。子連れの人が円滑に移動できる環境整備や，犯罪・事故防止の観点から子どもが安心して生活できるまちづくり施策を強化していく必要があります。

⑤　だれもが安心して最期まで生活できるまちづくりの整備

高齢になっても，また，病気などで終末期に直面したとしても，安心して地域や住まいに住み続けることができるような地域包括ケアシステムの構築が望まれています。

地域包括ケアシステムは，重い介護が必要になった場合にも，住まいに暮らしながら，地域からの医療サービスや介護サービスを受けることによって生活を続けていけるケア体制を意味します。このケア体制は，医療・介護サービスの提供に連携した形でまちづくりが進められていかないと実現できません。

プラスワン

総務省統計局の「人口推計」によれば，2017（平成29）年にわが国の高齢化率は27.7%となり，さらにおよそ7人に1人が75歳以上の後期高齢者となった。このような人口構造の急激な変化に伴い，現在，地域包括ケアシステムの構築が急がれている。

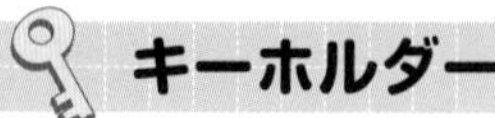

Key	確認したらチェック ☑
まちづくりのあり方	□ まちづくりは，一人ひとりの思いと気づきから始まり，周囲との連携によって進められる。
福祉のまちづくり	□ セーフコミュニティとは，住民や団体，行政が協力し，安全なまちづくりに取り組むもの。
	□ ユニバーサルデザイン政策大綱は，ハード・ソフト両面でバリアフリー化の指針となるもの。
まちづくりに関する諸制度	□「福祉のまちづくり条例」は，地域住民のニーズを反映し，地方自治体の独自性を打ち出しやすいが，法的強制力・拘束力が弱い。
	□「住宅マスタープラン」は，根拠法がなく，地方公共団体が任意で実施している制度である。

問題集編

【一問一答 100本ノック！】

第1問 □□ 「日本の将来推計人口」（平成29年推計）によると，わが国の高齢化率は，2065（令和47）年に50%を超えると見込まれている。

第2問 □□ 2012年に閣議決定された「高齢社会対策大綱」の基本的な考え方の一つに「高齢者の意欲と能力の活用」が掲げられている。

第3問 □□ 2020年に閣議決定された「少子化社会対策大綱」では，子育てしやすい住宅の整備を推進している。

第4問 □□ わが国の少子高齢社会，総人口の減少傾向は，個々の家族が対応することで解決できる。

第5問 □□ 暮らしの基本である居住環境の整備は，ユニバーサル社会を形成するうえで核となる。

第6問 □□ わが国のこれまでの住宅構造は，設計者が常識として考えてきた尺貫法の影響が強いため，開口部などの幅員が広くなりがちである。

第7問 □□ 高齢者の場合，運動機能が低下していなければ，家庭内の階段，台所，浴室などで事故が発生することはない。

第8問 □□ 高齢者に対する最良の支援は，その人が願う楽しみや生きがいを尊重し，住環境整備を含む有効な各種サービスを的確に提供することである。

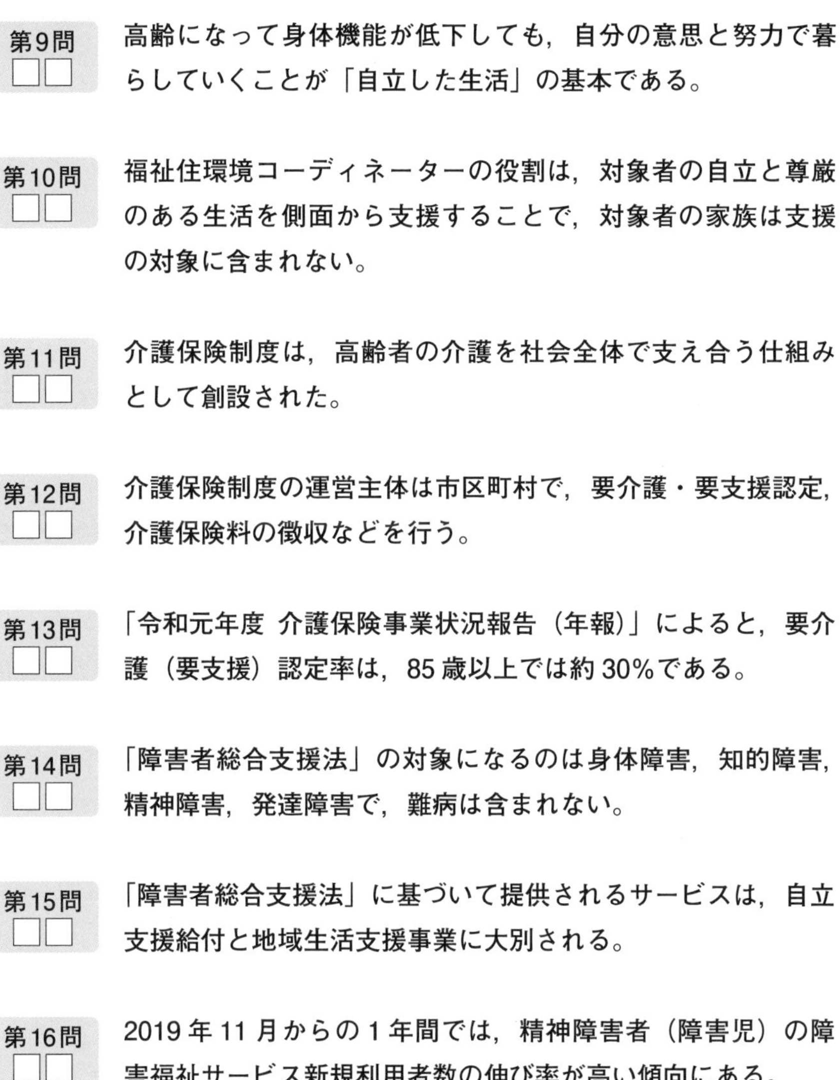

第9問 □□ 高齢になって身体機能が低下しても，自分の意思と努力で暮らしていくことが「自立した生活」の基本である。

第10問 □□ 福祉住環境コーディネーターの役割は，対象者の自立と尊厳のある生活を側面から支援することで，対象者の家族は支援の対象に含まれない。

第11問 □□ 介護保険制度は，高齢者の介護を社会全体で支え合う仕組みとして創設された。

第12問 □□ 介護保険制度の運営主体は市区町村で，要介護・要支援認定，介護保険料の徴収などを行う。

第13問 □□ 「令和元年度 介護保険事業状況報告（年報）」によると，要介護（要支援）認定率は，85 歳以上では約 30%である。

第14問 □□ 「障害者総合支援法」の対象になるのは身体障害，知的障害，精神障害，発達障害で，難病は含まれない。

第15問 □□ 「障害者総合支援法」に基づいて提供されるサービスは，自立支援給付と地域生活支援事業に大別される。

第16問 □□ 2019 年 11 月からの 1 年間では，精神障害者（障害児）の障害福祉サービス新規利用者数の伸び率が高い傾向にある。

第17問 □□
障害があっても一般市民と同様の生活と権利が保障されなければならないとするノーマライゼーションの考え方を提唱したのはバンク-ミケルセンである。

第18問 □□
基幹相談支援センターは，都道府県が障害者に対する地域の相談支援の拠点として設置している。

第19問 □□
言語性能力は加齢とともに低下するが，動作性能力は高齢になっても低下することがない。

第20問 □□
高齢者の場合，病気にかかっているかどうかではなく，自立して生活できるかどうかが健康の基準になる。

第21問 □□
高齢者の自立の程度を判断する基準として，IADL（手段的日常生活動作）が用いられる。

第22問 □□
少なくとも，自分で買い物ができて食事の用意ができる程度以上に自立している高齢者は，高齢者全体の８割を占めている。

第23問 □□
要介護に対する言葉である要支援とフレイルは，同じ状態を意味する。

第24問 □□
自立している高齢者には，消化能力や摂食能力が著しく低下しているための低栄養はそれほど多くみられない。

第25問 □□
高齢者の場合，食物残渣も誤嚥性肺炎の原因になる。

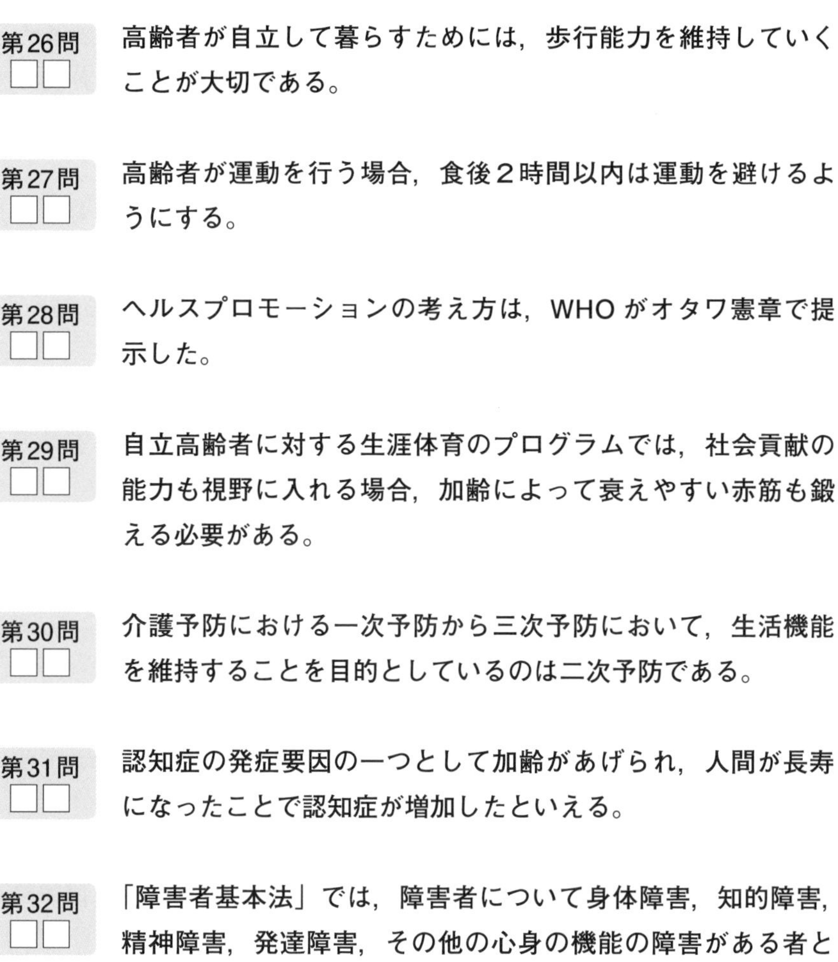

第26問 □□ 高齢者が自立して暮らすためには，歩行能力を維持していくことが大切である。

第27問 □□ 高齢者が運動を行う場合，食後２時間以内は運動を避けるようにする。

第28問 □□ ヘルスプロモーションの考え方は，WHO がオタワ憲章で提示した。

第29問 □□ 自立高齢者に対する生涯体育のプログラムでは，社会貢献の能力も視野に入れる場合，加齢によって衰えやすい赤筋も鍛える必要がある。

第30問 □□ 介護予防における一次予防から三次予防において，生活機能を維持することを目的としているのは二次予防である。

第31問 □□ 認知症の発症要因の一つとして加齢があげられ，人間が長寿になったことで認知症が増加したといえる。

第32問 □□ 「障害者基本法」では，障害者について身体障害，知的障害，精神障害，発達障害，その他の心身の機能の障害がある者としている。

第33問 □□ 理学療法士は，身体障害のある人に，応用的動作能力または社会適応能力の回復を図るための訓練を行う資格を所持している者をいう。

第34問 □□ 右片麻痺があり，立ち上がり動作や立位保持は手すりなどがあれば可能で，伝い歩きもできる状態の人の浴室改修プランでは，和式浴槽は和洋折衷式浴槽への変更を提案する。

第35問 □□ 障害をもった人が充実した在宅生活を送り，社会復帰・社会参加を可能にするためには，デイサービスの利用も有効である。

第36問 □□ 障害のある人の活動を妨げる要因が社会環境にあるとする考え方を「障害の行政モデル」という。

第37問 □□ ユニバーサルデザインという言葉は，アメリカの建築家で製品デザイナーであったロナルド・メイスが雑誌のなかで使い始めた。

第38問 □□ わが国のバリアフリーへの取り組みは，1981年の「国際障害者年」を契機として始まった。

第39問 □□ ユニバーサルデザインには，インクルーシブデザイン，デザインフォーオール，アクセシブルデザインなど似た言葉があり，使われるようになった経緯はすべて同じである。

第40問 □□ 共用品や福祉用具を活用することで，身体機能の低下や障害を補うことができる。

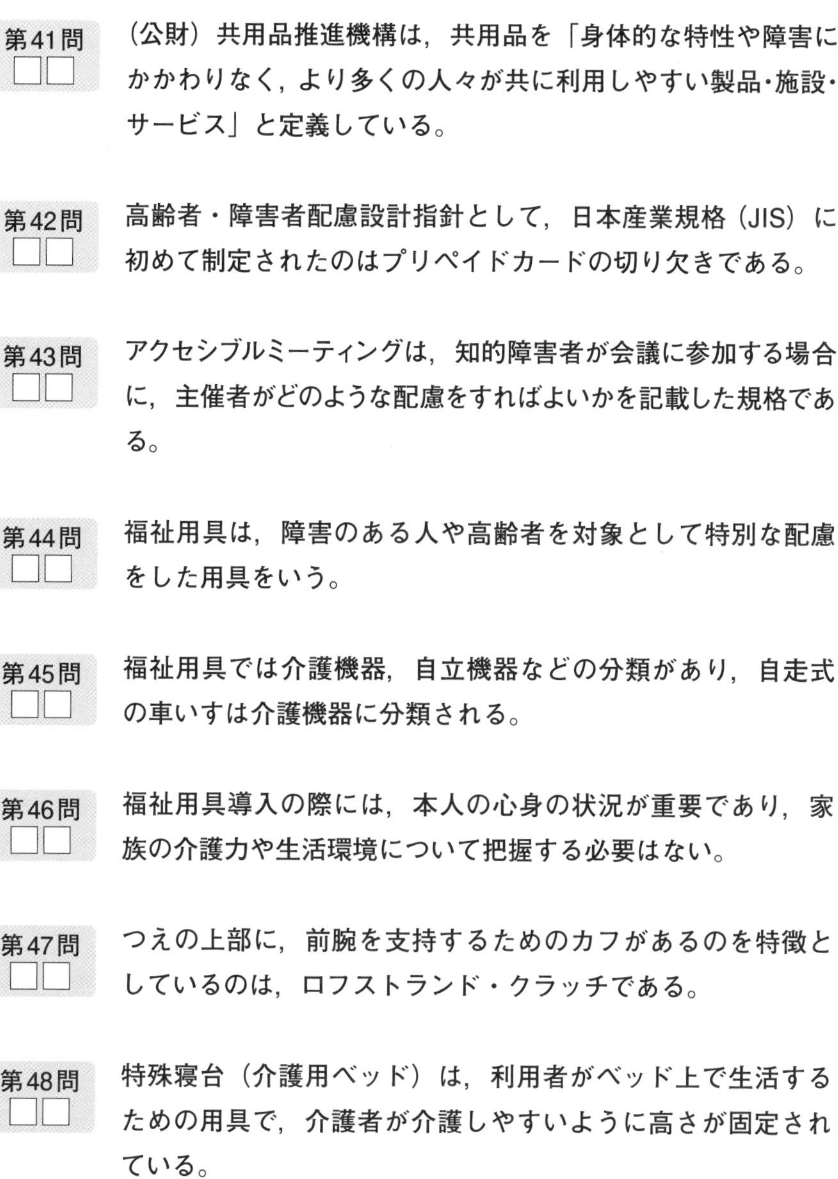

第41問 □□ （公財）共用品推進機構は，共用品を「身体的な特性や障害にかかわりなく，より多くの人々が共に利用しやすい製品・施設・サービス」と定義している。

第42問 □□ 高齢者・障害者配慮設計指針として，日本産業規格（JIS）に初めて制定されたのはプリペイドカードの切り欠きである。

第43問 □□ アクセシブルミーティングは，知的障害者が会議に参加する場合に，主催者がどのような配慮をすればよいかを記載した規格である。

第44問 □□ 福祉用具は，障害のある人や高齢者を対象として特別な配慮をした用具をいう。

第45問 □□ 福祉用具では介護機器，自立機器などの分類があり，自走式の車いすは介護機器に分類される。

第46問 □□ 福祉用具導入の際には，本人の心身の状況が重要であり，家族の介護力や生活環境について把握する必要はない。

第47問 □□ つえの上部に，前腕を支持するためのカフがあるのを特徴としているのは，ロフストランド・クラッチである。

第48問 □□ 特殊寝台（介護用ベッド）は，利用者がベッド上で生活するための用具で，介護者が介護しやすいように高さが固定されている。

第49問
□□

見守りロボットは，センサーで要介護者の状態を観測し，異常があれば警報を発する機能を備えているものもある。

第50問
□□

段差の解消は，介護保険制度の住宅改修費の支給対象ではなく，利用者が自己負担で行わなければならない。

第51問
□□

道路から玄関までの段差をスロープで解消する場合，勾配はできるだけ緩やかにし，少なくとも1/12は確保できるようにする。

第52問
□□

和洋室の段差を解消する最も一般的で簡単な方法として，ミニスロープの設置があるが，両端部でつまずかない配慮が必要である。

第53問
□□

洗面・脱衣所の床はぬれる可能性があるため，床材として塩化ビニルシートは使用しない。

第54問
□□

屋外の通路や階段，屋内の廊下や階段で体の位置を移動させながら使用する手すりの直径は，32～36mm程度を目安にする。

第55問
□□

屋内で手すりを取り付ける場合，柱と柱の間にある間柱に木ねじで留めるようにするとよい。

第56問
□□

住宅内で使用される建具の種類は主に４種類であるが，開閉時に体の移動が少ないのは片開き戸である。

第57問 □□
基準寸法が910mmで造られる木造住宅の建具の幅は，枠の内法が通常700mmより小さくなる。

第58問 □□
建具の把手にはさまざまな種類があるが，開き戸では棒型を取り付けることで開閉しやすくなる。

第59問 □□
移動時に必要な幅を確保する方法としてモジュールをずらす方法があり，主に新築や大規模増改築に適している。

第60問 □□
利用者が長く使用していた家具については，すべて廃棄し現在の身体状況にあった家具に買い替えるよう提案する。

第61問 □□
収納部の扉の形状は利用者の体の動きなどを考慮して決定するが，引き戸が原則である。

第62問 □□
同じ部屋の中で床の色を変えると，視機能が低下した高齢者は床の段差と見誤ることがある。

第63問 □□
高齢者の場合，目が疲れやすいため若齢者より住宅内の照度を低くすることが必要である。

第64問 □□
冬の夜間，暖かい部屋から廊下やトイレ，洗面所など寒い場所に急に移動すると，温度差によってヒートショックを起こすことがある。

第65問 □□
対流による暖房方法は，室内温度が上がるまでに時間がかかり，室内の上下温度差が少ない。

第66問 □□
冷房の方法としてはエアコンが主流だが，冷風が体に直接当たらないようにすることが必要である。

第67問 □□
高齢者だけで暮らしている場合に非常時の対応として警備会社と契約することがあるが，イニシャルコストとランニングコストがかかることを考慮しなければならない。

第68問 □□
介護保険制度における住宅改修費は，経費のうち 20 万円までを上限とし，自己負担は経費の 1 割とされている。

第69問 □□
わが国の場合,「建築基準法」によって 1 階居室の木造床面は,地面より 450mm 以上高くしなければならない。

第70問 □□
道路から玄関までの高低差を解消するために階段を設置する場合，踏面は 300 ～ 330mm 程度，蹴上げは 110 ～ 160mm 程度が望ましい。

第71問 □□
アプローチに設置するコンクリート平板は，土の上にじかに設置すると，雨が降った時に地盤が緩んで平板ががたつくことがある。

第72問 □□
玄関の上がりかまちの段差は，身体機能の程度にかかわらず180mm 以下にすると昇降しやすい。

第73問 □□
玄関の土間にベンチを設置し，介助スペースを確保する場合，玄関の間口は有効寸法で 1,650mm 程度必要になる。

第74問 □□
自宅で高齢者や障害者が生活する場合，自宅内では廊下を移動し，廊下から各部屋に入れることが必須条件である。

第75問 □□
利用者が車いすを屋内で使用する場合，壁に車いすがあたっても傷がつかないように幅木の高さを通常より高くする。

第76問 □□
廊下に設置する足もと灯は，居室の出入り口付近に設置すればよい。

第77問 □□
住宅を新築する場合には，寝室とトイレの間に階段を設置しないようにして転落事故を防ぐようにする。

第78問 □□
階段の手すりは両側に設置するのが望ましいが，片側にしか設置できない場合には上がる際に利き手側になるように設置する。

第79問 □□
トイレでの介助が必要な場合，便器の側方と前方に 500mm 以上のスペースを確保する。

第80問 □□
トイレに設置する手すりとして，樹脂被覆製，木製手すりは衛生的に不適切である。

第81問
□□
入浴には，体を清潔にするだけでなく，血液循環をよくするなどさまざまな効果が期待できるが，安全な環境への配慮が必要である。

第82問
□□
浴室の出入り口段差を小さくした場合，洗い場の水勾配は出入り口の方向に向けて，出入り口前に排水溝を設置する。

第83問
□□
住宅用火災報知器は，すべての住宅の寝室や階段に設置することが法律によって規定されているが，設置は義務ではない。

第84問
□□
電磁調理器は，鍋自体を発熱させて加熱するため，鍋を下ろした後に加熱部分を触ってもやけどする心配がない。

第85問
□□
寝室の床仕上げ材としてフローリング，コルクがあるが，カーペット敷きにする場合にはタイルカーペットが適している。

第86問
□□
子どもの場合，転倒・転落・溺水などの家庭内事故が１～４歳の死亡原因の上位を占めている。

第87問
□□
介護保険制度の住宅改修では，すでに設置されている洋式便器に暖房便座・洗浄機能等を付加する場合も住宅改修費の対象になる。

第88問
□□
世帯構成のうち，夫婦のみ，あるいは夫婦（親）と子どもだけの世帯構成を核家族といい，高度経済成長期に急増した。

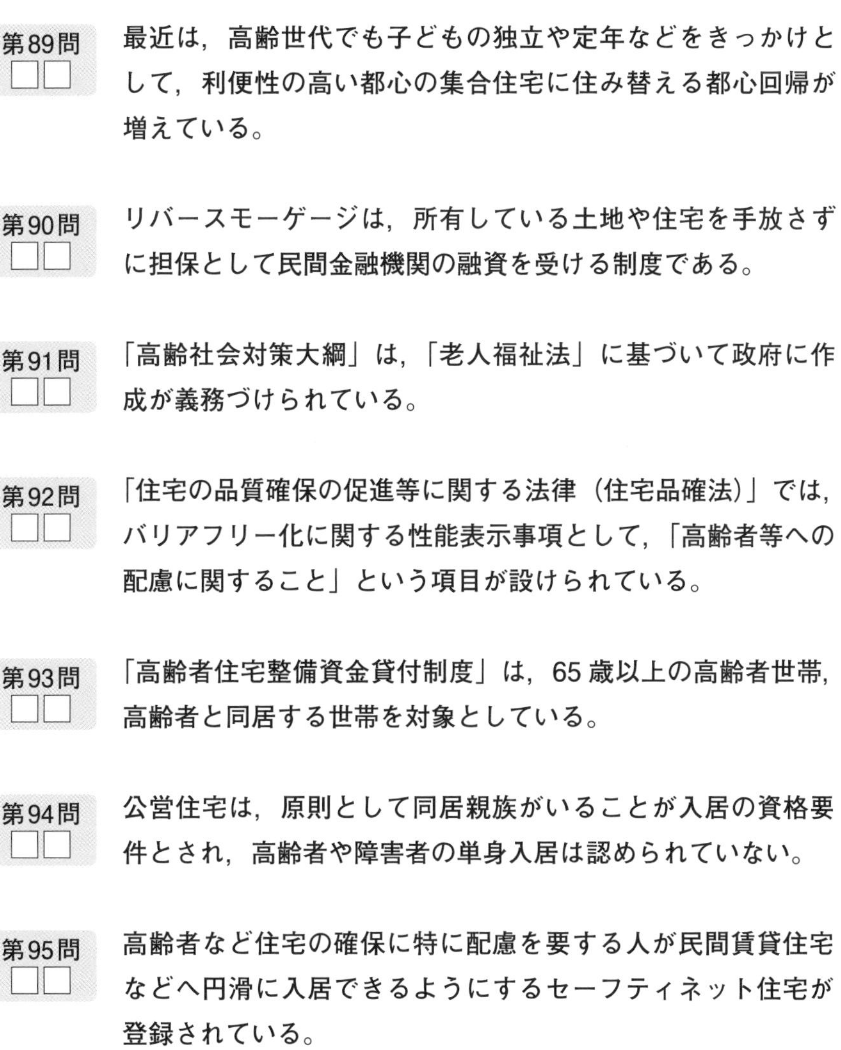

第89問 □□
最近は，高齢世代でも子どもの独立や定年などをきっかけとして，利便性の高い都心の集合住宅に住み替える都心回帰が増えている。

第90問 □□
リバースモーゲージは，所有している土地や住宅を手放さずに担保として民間金融機関の融資を受ける制度である。

第91問 □□
「高齢社会対策大綱」は，「老人福祉法」に基づいて政府に作成が義務づけられている。

第92問 □□
「住宅の品質確保の促進等に関する法律（住宅品確法）」では，バリアフリー化に関する性能表示事項として，「高齢者等への配慮に関すること」という項目が設けられている。

第93問 □□
「高齢者住宅整備資金貸付制度」は，65歳以上の高齢者世帯，高齢者と同居する世帯を対象としている。

第94問 □□
公営住宅は，原則として同居親族がいることが入居の資格要件とされ，高齢者や障害者の単身入居は認められていない。

第95問 □□
高齢者など住宅の確保に特に配慮を要する人が民間賃貸住宅などへ円滑に入居できるようにするセーフティネット住宅が登録されている。

第96問 □□

新しい住宅政策の憲法ともいえる「住生活基本法」に基づいて策定される「住生活基本計画（全国計画）」は，おおむね５年ごとに見直すこととされている。

第97問 □□

「ユニバーサルデザイン政策大綱」は，生活環境や連続した移動環境をハード面から継続して整備・改善していくバリアフリー化の指針である。

第98問 □□

「バリアフリー法」の2020（令和２）年の改正では，市町村が作成するマスタープランや基本構想に基づいて，地域における重点的かつ一体的なバリアフリー化を推進するとしている。

第99問 □□

地域包括ケアは，重い介護が必要になった場合を除いて，住まいに暮らしながら，地域の医療サービスや介護サービスを受けることで生活を続けていけるケア体制をいう。

第100問 □□

利用者のニーズは，フェルトニーズ，ノーマティブニーズ，リアルニーズの３種類に分けて考えることができる。

一問一答 100本ノック！　解答・解説

【一問一答 100本ノック！】正答一覧

第1問	×	第26問	○
第2問	○	第27問	○
第3問	○	第28問	○
第4問	×	第29問	×
第5問	○	第30問	×
第6問	×	第31問	○
第7問	×	第32問	×
第8問	○	第33問	×
第9問	○	第34問	○
第10問	×	第35問	○
第11問	○	第36問	×
第12問	○	第37問	○
第13問	×	第38問	×
第14問	×	第39問	×
第15問	○	第40問	○
第16問	○	第41問	○
第17問	○	第42問	○
第18問	×	第43問	×
第19問	×	第44問	○
第20問	○	第45問	×
第21問	×	第46問	×
第22問	○	第47問	○
第23問	○	第48問	×
第24問	○	第49問	○
第25問	○	第50問	×

第51問	○	第76問	×
第52問	○	第77問	○
第53問	×	第78問	×
第54問	○	第79問	○
第55問	×	第80問	×
第56問	×	第81問	○
第57問	○	第82問	×
第58問	×	第83問	×
第59問	○	第84問	○
第60問	×	第85問	○
第61問	○	第86問	○
第62問	○	第87問	×
第63問	×	第88問	○
第64問	○	第89問	○
第65問	×	第90問	○
第66問	○	第91問	×
第67問	○	第92問	○
第68問	×	第93問	×
第69問	○	第94問	×
第70問	○	第95問	○
第71問	○	第96問	○
第72問	×	第97問	×
第73問	○	第98問	○
第74問	○	第99問	×
第75問	○	第100問	○

第１問　×　解説

「日本の将来推計人口」（平成29年推計）によると，わが国の**高齢化率**は，2065（令和47）年に**38.4%**に達すると見込まれている。

第２問　○　解説

2012（平成24）年に閣議決定された「**高齢社会対策大綱**」では，基本的な考え方として，①「高齢者」の捉え方の意識改革，②老後の安心を確保するための社会保障制度の確立，③高齢者の意欲と能力の活用，④地域力の強化と安定的な地域社会の実現，⑤安全，安心な生活環境の実現，⑥若年期からの「**人生90年時代**」への備えと世代循環の実現が，掲げられている。

第３問　○　解説

2020（令和２）年に閣議決定された「**少子化社会対策大綱**」では，「**希望出生率1.8**」の実現に向け，令和の時代にふさわしい環境を整備するとし，「住宅支援，子育てに寄り添い子供の豊かな成長を支えるまちづくり」の観点から**子育てしやすい住宅の整備**を推進している。

第４問　×　解説

わが国の少子高齢社会，総人口の減少傾向の解決は，個々の家族だけでは困難で，**社会全体で対応**しなければならない。このためには，地域住民の力を結集して，**地域社会の発展**をめざす方向性を住民一人ひとりが認識する必要がある。

第５問　○　解説

ユニバーサル社会とは，だれもが安心して生活できるように住居や建築物の**バリアフリー化**を推進し，障害の有無，年齢等に関係なく国民一人ひとりがそれぞれ対等な社会の構成員として自立し，互いに人格を尊重しながら支え合い，一人ひとりがもっている能力を最大限発揮できる社会をいう。

第6問　×　解説

わが国の木造住宅では尺貫法の一間，半間で柱間の芯－芯距離を割り付けていることが多く，住宅の廊下，階段，開口部などの幅員が狭くなりがちである。

第7問　×　解説

高齢者の場合，身体機能が低下していない健康な人であっても一瞬の注意力の欠如によって転倒，転落，溺死などの事故によって死亡することがある。家庭内では，階段，台所，浴室などいたるところで事故が発生する。

第8問　○　解説

高齢者が住み慣れた地域や家で地域の人々と交流をもちながら「自分らしい暮らしを続けたい」という欲求をもつのは自然なことであり，欲求がより強くなることもしばしば見られる。このような状況を満たすためには，生活上のさまざまな情報提供が必要になる。

第9問　○　解説

高齢になって身体機能が低下しても，介護が必要になっても住み続けることができるように住環境を整備して自分の意思と努力で暮らしていくことが「自立した生活」の基本である。住環境が「自立」を左右する面が大きい。

第10問　×　解説

福祉住環境コーディネーターの役割は，対象者だけでなく，家族をはじめすべての人々の自立と尊厳のある生活を，あらゆる側面から支援していくことである。住環境整備の方法を見つけて対象者が抱えている問題を解決し，それによって生活と活動を改善して**生活の質**を高めていく。

第11問　○　解説

介護保険制度は，高齢化による要介護高齢者の増加，介護ニーズの増大，要介護高齢者を支える**家族の状況の変化**などを背景として創設された。保険料を負担することで給付を受けられる**社会保険方式**である。

第12問　○　解説

介護保険制度では，国と都道府県が財政面や事務面のほかに人材・資源・情報を相互に提供し，補完しあうことで運営主体である市区町村をサポートしている。介護保険料は**第１号被保険者**については**市区町村**が徴収し，第２号被保険者については医療保険者が医療保険料とともに徴収する。

第13問　×　解説

「令和元年度　介護保険事業状況報告（年報）」によると，要介護（要支援）認定率は，75歳以上は31.9%，**85歳以上は59.4%**である。**年齢が高いほど**要介護（要支援）認定率が上昇するため，これからも介護保険サービスを必要とする人が増加することが予測される。

第14問　×　解説

「**障害者総合支援法**」の対象になるのは，身体障害，知的障害，精神障害，発達障害等と一定の**難病**によって**障害**をきたした**人**も含まれる。難病の対象疾患は2021年（令和３）11月現在366疾患である。

第15問　○　解説

「障害者総合支援法」では，障害福祉サービス，相談支援，自立支援医療，補装具等を提供する**自立支援医療**と，地域の特性や利用者の状況に応じて都道府県および市町村が実施する**地域生活支援事業**が実施されている。

第16問　○　解説

障害福祉サービスの**精神障害者**（障害児）新規利用者数は伸び率が７％台で，高い傾向である。また，障害者の**高齢化・重度化**による利用の伸びもみられる。障害者の数も，全体は増加傾向にある。

第17問　○　解説

バンク-ミケルセンは，知的障害者が入所施設で非人間的な扱いを受けたり，一般社会から隔離された環境で生活していることから，一般市民と同様の生活と権利が保障されなければならないとする**ノーマライゼーション**の考え方を提唱した。

第18問　×　解説

基幹相談支援センターは「障害者総合支援法」第77条の２に規定され，地域の相談支援の拠点として**総合的な相談業務**（身体障害・知的障害・精神障害）および**成年後見制度利用支援事業**を実施し，地域の実情に応じて相談業務や地域移行・定着の支援，地域の相談支援体制強化などの業務を行う。**市町村**が設置することができるとされている。

第19問　×　解説

動作性能力は，動作を行う際に現れる能力をいい，単純な暗記力も含まれる。一方，**言語性能力**は，物事を判断したりすることをいう。健康な高齢者の場合，動作性能力は加齢とともに低下するが，言語性能力は70～80歳代であっても低下することはなく，上昇することもある。

第20問　○　解説

高齢者の場合，それまでにかかった病気の後遺症があったり，生活には支障がない程度の病気があったりすることが多く，病気の有無で健康かどうかを計ることはできない。このため，**自立した日常生活を送る能力（＝生活機能）**があるかどうかが**健康の基準**になる。

第21問　×　解説

高齢者の自立の程度を判断する基準として用いられるのは**ADL（日常生活動作）**である。ADLは，食事，排泄，着替え，入浴，簡単な移動など，日常生活の中の基本的な動作をいう。**IADL（手段的日常生活動作）**は，支払いや預金の出し入れ，買い物，食事の用意，バスや電車を使って一人で外出できる，のように**一人暮らしが可能な能力**をいう。

第22問　○　解説

高齢者人口が増加しているのに伴って，**元気な高齢者も増加**している。元気な高齢者のうち，**社会貢献活動**している高齢者は，寝たきりや認知症になりにくく，長生きすることがわかってきた。

第23問　○　解説

フレイルは，ADLは自立しているが**IADLでは支援を必要とする状態**をいい，要支援は，フレイルと同じ状態を意味している。

第24問　○　解説

高齢者の場合，うつ状態や**口腔機能の低下**によって生じる摂食障害，嚥下障害などによって**低栄養**になることがある。自立している高齢者の場合，消化能力や摂食能力が著しく低下していることによる低栄養は多くはみられないが，「油っこいものはいけない」といった思い込みなど食生活に対する考え違いによる低栄養のリスクは高い。

第 25 問　○　解説

高齢者の場合，唾液の分泌量が少なくなるため口腔内の浄化作用が低下する。食物残渣や口腔内の細菌などが気管に入って誤嚥性肺炎を起こすことが多くなる。誤嚥性肺炎を予防する方法として，食物をよく噛んで唾液の分泌を増やすことがあげられる。

第 26 問　○　解説

高齢者の場合，２～３日寝込んでも足の力が低下する。自立して暮らしていくためには，歩行能力を維持していくことが大切で，１日に最低5,000歩くらい歩くとよい。また，歩くために外に出ることが人との交流につながるとともに，心肺機能や基礎体力を高めることにもつながる。

第 27 問　○　解説

食後は，胃腸や肝臓の血流量が増加するが，このときに運動すると血流量が減少して消化・吸収を妨げる。このため，食後２時間以内は運動を避けるようにする。

第 28 問　○　解説

オタワ憲章では，ヘルスプロモーションについて「人々がみずからの健康をコントロールし，改善することができるようにするプロセス」としている。自分の今の状態を少しでもよくするプロセスであり，高齢者の健康を考えるうえで欠かせない考え方である。

第 29 問　×　解説

社会貢献の能力も視野に入れた運動プログラムでは，赤筋（遅筋線維）だけでなく，加齢によって衰えやすい白筋（速筋線維）も鍛えることが必要である。赤筋は持久力を発揮して生活機能の維持に使われる。白筋は，スピードやパワーを発揮する。

第30問　×　解説

介護予防では，段階的区分として一次予防，二次予防，三次予防とし，それぞれに目的を設定している。一次予防は**生活機能の維持**，二次予防は**生活機能の低下**の早期発見・早期対応，三次予防は**要介護状態等**の改善・重症化の予防を目的としている。

第31問　○　解説

認知症の多くが高齢者に発症するため，**加齢**が発症要因の一つと考えられている。これは，人間が長寿になったためともいえる。老化そのものを遅らせることができれば，認知症予防につながるが，そのためには食事，身体活動，知的活動が大切である。

第32問　×　解説

「障害者基本法」では，障害者について「身体障害，知的障害，精神障害（発達障害を含む。）その他の心身の機能の障害がある者であって，障害及び**社会的障壁**により継続的に日常生活又は社会生活に**相当な制限を受ける状態**にあるもの」と定義している。単に障害があるだけでなく，日常生活，社会生活に継続的に相当な制限を受ける状態である。

第33問　×　解説

理学療法士は，身体障害のある人に，主に**基本的動作能力**の回復を図るための物理的手段を加えたり，体操などを行う理学療法を専門的に行う国家資格を所持している者をいう。応用的動作能力または社会適応能力を図るための訓練を行うのは，**作業療法士**である。

第34問　○　解説

和式浴槽は縁が高くてまたぐことが難しいので，和式浴槽より縁が低く，またぎやすい**和洋折衷式浴槽**への変更が適している。また，浴槽へ出入りしやすくするために浴槽の中に足台を設置し，立位で出入りするためには**縦手すり**を設置する。

第35問　○　解説

障害をもった人が充実した在宅生活を送り，社会復帰・社会参加を可能にするためには，デイサービスやデイケアなどを利用して社会参加することを通して「**生きがいの発見・創出**」をしていくことも必要である。

第36問　×　解説

障害のある人の活動を妨げる要因が社会環境にあるとし，それを取り除くのは社会の責務とする考え方を「**障害の社会モデル**」といい，わが国においては，「1995（平成７）年版 障害者白書」で**バリアフリー**の社会環境の必要性について述べている。

第37問　○　解説

ロナルド・メイスは，建物や施設を追加の費用なく，あるいは最低の費用で，すべての人にとって機能的，魅力的にデザインする方法がユニバーサルデザインであるとした。また，**ユニバーサルデザインの７原則**を満たしたうえで，経年劣化に対応できるよう少しの手間で調整したり，追加，取り除くことでニーズに対応できる**アダプタブル**の考え方を取り入れた。

第38問　×　解説

わが国のバリアフリーへの取組みは，1970年代の初めから始まったが，大きな変化がないまま停滞の時期に入り，1981年の「**国際障害者年**」とその後の「**国連・障害者の十年**」，1990年の「**ADA（障害をもつアメリカ人法）**」の成立などを契機として推進されるようになった。

第39問　×　解説

インクルーシブデザイン，デザインフォーオール，アクセシブルデザインなどの類似した言葉は，利用者のニーズを重視し，それを実現するために力を尽くすという点は共通であるが，それぞれが使われるようになった経緯は異なっている。

第40問　○　解説

特定の人だけでなく多くの人が使いやすい用具を共用品，高齢者や障害者に合わせて身体機能の低下や障害を補う意味でつくられた用具を福祉用具という。共用品や福祉用具を活用することは，身体機能の低下や障害を補うだけでなく，生活の豊かさの向上にもつながる。

第41問　○　解説

共用品には福祉用具をもとにしてつくられた製品と，一般製品をもとにしてつくられた製品がある。共用品の範囲はⅠ～Ⅴに分類され，そのうちのⅡ・一般化した福祉目的の設計製品，Ⅲ・共用設計製品，Ⅳ・バリア解消設計製品が共用品とされている。

第42問　○　解説

高齢者・障害者配慮JISは，視覚表示物，消費生活用製品の報知音，スイッチ部への凸表示，包装容器の触覚識別表示，衣料品のボタンの形状および使用法，コミュニケーション支援用絵記号デザイン原則など多岐にわたっている。

第43問　×　解説

アクセシブルミーティングは，障害の種類に関係なく，障害のある人が会議に参加する場合，会議を主催する側がどのように配慮すればよいかを記載した規格で，会議前・会議中・会議後に場面を分け，場面ごとの配慮点を障害のある人の身体，感覚，認知などの特性別に示している。

第 44 問　○　解説

「福祉用具の研究開発及び普及の促進に関する法律（福祉用具法）」では，福祉用具について「心身の機能が低下し日常生活を営むのに支障のある老人又は心身障害者の日常生活上の便宜を図るための用具及びこれらの者の機能訓練のための用具並びに補装具をいう」と定義している。

第 45 問　×　解説

福祉用具は，介護機器，自立機器，治療機器，機能補填機器，訓練機器，職業能力開発機器に分類される。自走式の車いすは，自立機器に分類され，障害のある人が自分で操作することが前提である。介護機器に分類される車いすとしては，介助者が押すことを目的とした介助式車いすがある。

第 46 問　×　解説

福祉用具導入の際には，本人の心身の状況だけでなく，家族の介護力，福祉用具を使う生活環境などを把握して，その状況に合った福祉用具を選択することが必要である。また，導入の目的に合った用具か，導入時期はいつがよいか，何のために導入するのかを見極めるとともに，適切な使い方を指導する，住環境を整備するなども必要である。

第 47 問　○　解説

ロフストランド・クラッチは，下肢の骨折，片足切断，対麻痺，股関節症，膝関節症などの障害がある場合に使用するつえで，カフがあることで前腕と握りの２点で支持することができる。カフには，オープンカフとクローズドカフがある。

第48問　×　解説

特殊寝台（介護用ベッド）は，ベッド上で生活するためのものではなく，脚を投げ出して座る長座位，ベッドの端に腰掛ける端座位というように，寝たきりから起きて生活できるようになる過程を想定している。このため，利用者が使いやすいようにベッドの高さやボトムの角度を手元のスイッチで操作できる。

第49問　○　解説

わが国では，2013（平成25）年からロボット介護機器の開発・実用化・普及を促進するための施策が続けられている。重点分野として取り上げられているのは，移乗支援，移動支援，排泄支援，入浴支援，見守り・コミュニケーション支援などである。見守りロボットは，可動部分が不要で，感圧センサー，人感センサー，画像解析，電磁波，バイタルセンサーなどがセンサーとして利用されている。

第50問　×　解説

段差の解消は，介護保険制度の住宅改修費の支給対象である。道路から玄関までの段差の解消，屋内の床の段差の解消，敷居との段差の解消などが対象となる。段差を解消することで移動がしやすくなり，転倒による骨折などを予防することが可能である。

第51問　○　解説

スロープの勾配は，通常，水平距離に対する高低差の比で床面の傾きを表す。1/12勾配の場合，高低差を450mmにすると水平距離5,400mm必要になる。同じ高低差で1/15勾配にする場合，水平距離は6,750mm必要になる。

第52問　○　解説

ミニスロープは，段差を解消するために高い部分と低い部分とにわたすくさび形状の板をいう。ミニスロープの上で滑らないようにするため，表面には滑り止め加工を施す。また，端部をそのままにして使用するとつまずく恐れがあるので，端部もミニスロープ状に仕上げる。

第53問　×　解説

洗面・脱衣所，トイレなど水回りの床は，ぬれると滑りやすくなる。このため，ぬれても滑りにくい塩化ビニルシートを使用する。住宅内の床材については，車いすなどを使用することも想定して，傷がつきにくい床材や，車いすの車輪のゴム跡がついても目立ちにくい色を選択するようにする。

第54問　○　解説

手すりには，ハンドレールとグラブバーがある。ハンドレールは，門扉から玄関までのアプローチ，屋内の廊下や階段などで，体の位置を移動させる際に手を滑らせながら使用する。直径は32～36mm程度が目安である。一方，グラブバーは，移乗動作や立ち座り動作の時にしっかりとつかまって使用する手すりで，玄関，トイレ，洗面・脱衣所，浴室などで使用する。直径は28～32mm程度を目安とする。

第55問　×　解説

間柱は，壁下地を支持するため，主な柱と柱の間に補足して立てる部材である。間柱が柱よりも細く，手すりの受け金具がはみ出して木ねじが利きにくいため，間柱に留めることは避ける。

第 56 問　×　解説

住宅内で使用される建具の種類は，主に片開き戸，片引き戸，引き違い戸，折れ戸の４種類である。このうち，開閉時の体の移動がほとんどないのは片引き戸である。片開き戸は，開閉時の体の前後移動が大きい。また，折れ戸は，開き戸と比較すると体の移動が少ない。

第 57 問　○　解説

基準寸法が910mmで造られる木造住宅の建具の幅は，枠の内法が通常700mmより小さくなるため，介助歩行や自走用車いすの使用が困難になる。また，トイレや浴室の建具は居室部分の建具より幅の狭いものが使われるため，トイレや浴室では建具を通過することが非常に難しくなる。

第 58 問　×　解説

建具の把手は開き戸用と引き戸用に分けられる。棒型の把手は引き戸用で，棒状のためつかみやすく，力のない人でも開閉ができる。開き戸では，レバーを下げて開閉するレバーハンドル型の把手を使うことで，高齢者や障害者が開閉しやすくなる。

第 59 問　○　解説

モジュールは建築設計の基準になる寸法である。わが国の軸組構法による木造住宅では，柱と柱の芯－芯距離を910mmにするのが基準である。新築や大規模増改築では，高齢者や障害者の動線でモジュールをずらして必要幅を確保することができる。

第 60 問　×　解説

最近は，高齢者の動作特性を考慮した使いやすい家具が市販されているが，まず，これまで使用してきた家具が現在の身体機能に合っているかを考え，扉や引き出しの開閉，高さなどについて，動作を実際に行ってもらい確認する。レイアウトを変更するだけで使いやすくなることもあるので，平面図に家具のレイアウトを描き込んで検討してみることも有効である。

第61問　○　解説

収納扉の形状に開き戸を使用する場合，利用者は開閉時に体を前後に動かすため，その際に体があおられないかどうかを確認することが必要である。また，折れ戸は開き戸より体の移動が少ないが，開閉時に折れた部分に指を挟むこともあるので，利用者が使用できるかどうかを確認することが必要である。

第62問　○　解説

同じ部屋の中で床の色や仕上げを変えると部屋の雰囲気は変わるが，視機能が低下した高齢者の場合，床の段差と見誤ることがある。部屋の雰囲気を変える場合には，壁の一部にアクセントになる色を取り入れるなどするとよい。また，洗面器や便器の色は，痰や便，尿の色を確認できるように白を基本にする。

第63問　×　解説

高齢者の場合，視機能が低下するため，若齢者より照度を高くする必要がある。ただし，明るすぎるとまぶしく感じて目が疲れてしまうため，適切な照度にすることが大切である。また，ベッドに寝ているときに照明器具の光源が視野に入るとまぶしさを余計に感じるので，照明の取り付け位置やベッドの置き場所に注意する。

第64問　○　解説

ヒートショックは，住宅内での急激な温度変化によって，血圧や脈拍が変化することをいう。心筋梗塞や脳梗塞の原因になることもあるため，温度差がないように，トイレや洗面所・脱衣所などにも暖房器具を設置するなどの注意が必要である。

第65問　×　解説

室内温度が上がるまでに時間がかかり，室内の上下温度差が少ないのは，床暖房やパネルヒーターなどによる**輻射暖房**である。エアコンやファンヒーターなどによる**対流暖房**は，短時間で暖めることができるが，室内の上下温度差が生じやすい。

第66問　○　解説

エアコンの冷風が**直接体に当たらないように**設置したり，冷風の吹き出し口を調整して風向きを調節する。高齢者の場合，エアコンが設置されていても冷風を嫌って使わずに，**就寝中に熱中症**にかかる事例が多くみられるため，冷房方法に配慮することが必要である。

第67問　○　解説

イニシャルコストは設備を設置する際にかかる費用，**ランニングコスト**は設備等の保全，維持，修理，部品取替等にかかる費用をいう。契約した警備会社へ通報する場合，非常時だけでなく防犯，防災の警報がセットになっていることが多く，利用者がそれぞれの設定を行えるどうかの確認も必要である。

第68問　×　解説

介護保険制度における住宅改修費は，経費のうち**20万円までを上限**としている。自己負担は，**所得に応じて経費の１～３割**である。また，地方自治体によって実施されている住宅改造費助成事業を利用する場合には，利用するための条件を事前に確認することが必要である。

第69問　○　解説

日本の住宅では1階の床面までの高さが地面から450mm以上でなければならない，敷地が狭く，道路から玄関までの高低差を解消するだけのスペースが確保できないなどによって，外出しにくい例が多い。また，丘陵地などに住宅がある場合，住宅の敷地から道路までに高低差があり，段差の解消や手すりの設置など，対策が必要である。

第70問　○　解説

高齢者や障害者の場合，その身体機能に配慮することが必要で，階段は緩やかな勾配にする。蹴上げの寸法は，「建築基準法」で屋内の階段では230mm 以下と規定されているが，屋外の階段では，それよりも低い方が望ましい。階段の先端部は滑り止め加工を施したタイルとし，階段部分と色を変えて注意を促す工夫も必要である。

第71問　○　解説

アプローチにコンクリート平板を設置する場合は，土の上にコンクリートを敷いて堅固に固定し，その上に置くようにすることで歩行時にがたつかないようになる。また，平板と平板の間の目地幅は小さくしてつまずきにくくし，事故を防ぐようにする。

第72問　×　解説

玄関の上がりかまちの段差は，昇降しやすいように180mm以下にするが，利用者の身体機能を把握し，1回の昇降で安全かつ容易に越えられる段差を実測してそれに合わせることが必要である。一概に180mm以下にすればよいということではない。

第73問　○　解説

利用者が歩行によって出入りし，手すりを設置する程度であれば玄関間口の有効寸法は1,200mm程度でよいが，玄関の土間やホールにベンチや踏台を設置したり，介助スペースなどを確保する場合には，玄関間口の有効寸法は1,650mm程度必要になる。

第74問　○　解説

住宅の中は廊下で結ばれていることが多く，廊下を移動し，廊下から各部屋に入れることが必須条件である。自立歩行ができる場合，通常の750～780mm程度の廊下幅で問題はないが，自走式車いすを操作して移動する場合や，介助歩行を行う場合は十分な廊下幅とはいえない。

第75問　○　解説

幅木は，屋内の壁の最下部に取り付ける薄い板状のものである。車いすがあたって壁に傷がつかないようにするためには，車いすのフットサポートの高さに合わせる。通常の幅木を何段か重ねて対応することもできる。

第76問　×　解説

廊下に設置する足もと灯は，居室の出入り口付近や寝室出入り口からトイレまでの動線の要所に設置を検討する。また，段差のある場所にも設置を検討する。スイッチについても，暗がりで探さなくてもよいように明かり付きのスイッチを採用する。

第77問　○　解説

寝室が2階以上にあり，寝室とトイレの間に階段がある場合，暗いとトイレの出入り口と階段の下り口を間違えて転落する事故を起こすことがある。寝室とトイレの間には階段を設置しないようにして転落事故を防ぐ。

第78問　×　解説

階段の手すりは両側に設置するのが望ましいが，階段に十分な幅員を確保することが難しくなるため，片側のみの場合は，階段を下りる際に利き手側になるように手すりを設置する。階段での転落事故は，下りる際に多発するためである。

第79問　○　解説

トイレでの介助が必要な場合，介助者が前傾姿勢をとることが多く臀部が突出するので，便器側方と前方に介助スペースとして有効寸法500mm以上を確保する。トイレの奥行が1,820mmあると，前方からの介助が行いやすい。また，洗浄タンクがないタンクレストイレを設置すると，従来の便器より100mm程度奥行きが短いため前方の介助スペースを確保しやすい。

第80問　×　解説

トイレに設置する手すりは，樹脂被覆製，木製のように握ったときに感触がよく，手になじむものが適している。直径は，28～32mm程度がよい。縦手すり，横手すり，L型手すり，可動式手すりなどの種類があり，利用者の状況や用途に応じて種類を使い分けて設置する。

第81問　○　解説

入浴は体を清潔にするだけでなく，血液循環をよくする，痛みを緩和する，精神面での充実感が得られるなどさまざまな効果が期待できる。ただし，浴室や浴槽の中は滑りやすいため，転倒による事故を防ぐために手すりを設置する，浴槽の縁の高さに配慮するなど，利用者が安心して入浴できるように安全面に注意することが必要である。

第 82 問　×　解説

浴室の入り口段差を小さくした場合，洗い場の水勾配は**出入り口方向と反対側の洗い場奥の方向**に向けてつける。また，出入り口前には排水溝を設置し，その上にはグレーチングを設置する。**グレーチング**を設置すると，シャワー用車いすなどで通過するときにがたつくことがあるので注意が必要である。

第 83 問　×　解説

住宅用火災報知器は，すべての住宅の寝室や階段に設置することが法律によって**義務づけられている**。地域によっては，台所への設置を義務づけているところもある。現在，家庭用ガスコンロのすべてのバーナーに**立ち消え安全装置**や**調理油過熱防止装置**を装着することが義務づけられている。

第 84 問　○　解説

電磁調理器は，天板の加熱部分（鍋を置く面）を触ってもやけどする心配がなく安全性が高い。ただし，鍋を下ろした直後は，**鍋からの余熱**で加熱部分が熱くなっているため，やけどすることもある。安全な調理機器であるが，使用できる**鍋の材質が限定**されるなど，導入前には確認する必要がある。

第 85 問　○　解説

カーペット敷きにする場合，汚れたときのことを考慮して**タイルカーペット**にし，汚れた部分だけを換えられるようにする。そのため，予備のカーペットを用意し，交換したときには汚れたカーペットは洗浄しておく。**抗菌・防汚処理**されたカーペットも選択肢の一つである。

第86問　○　解説

子どもの場合，浴槽やバケツ，ビニールプールなどに10cmの水が入っているだけで，足を滑らせると溺死することがある。また，歩けるようになると行動範囲が広がって交通事故に遭ったり，台の上に登って外を見ているうちに転落することもある。子どもを一人にしない，踏台になるようなものを危険な場所のそばに置かないなどの配慮が必要である。

第87問　×　解説

介護保険制度の住宅改修では，洋式便器等への便器の取り替えとして，和式便器を洋式便器に取り替える，既存の便器の位置や向きを変更するなどが想定されている。和式便器から暖房便座・洗浄機能等が付いた洋式便器への取り替えは認められているが，すでに洋式便器が設置されている場合に，暖房便座・洗浄機能等を付加することは認められていない。

第88問　○　解説

核家族の場合，子どもが独立すると夫婦だけが残り，高齢者世帯になっていく。一方が死亡したり，要介護状態になったりすると，夫婦のうち残された人の世話や，介護をだれがするのかなど，離れて暮らしている家族がどのような選択をするのかが問題になる。また，高齢者親子の世帯もあり，介護力の確保，安全・安心に暮らしていくための福祉住環境整備が必要になる。

第89問　○　解説

土地付き戸建て住宅を求めて郊外に住んでいた人の中にも，利便性を求めて都心にある集合住宅へ移り住む人がある。これは高齢者にもみられる。交通機関や商業施設の利用が便利，防犯対策がしやすいなどのメリットもあるが，資産として維持していくためには，管理組合への参加が必要になる。

第 90 問　○　解説

リバースモーゲージで融資を受けたお金を住宅改修費やサービス付き高齢者向け住宅の前払い家賃として利用することもできる。高齢期の住まいとして，有料老人ホーム，ケアハウス，シルバーハウジング，コレクティブハウス，サービス付き高齢者向け住宅などがある。

第 91 問　×　解説

「高齢社会対策大綱」は，「高齢社会対策基本法」に基づいて政府に作成が義務づけられている。わが国の高齢者社会対策の基本的な枠組みは「高齢社会対策基本法」に示され，大綱の中では，政府が推進する高齢社会対策の中長期にわたる基本的かつ総合的な指針が示されている。

第 92 問　○　解説

「住宅の品質確保の促進等に関する法律」では，バリアフリー化に関する性能表示事項として「高齢者等への配慮に関すること」という分野が設定され，転倒・転落防止，安全性確保のための対策が住宅内などでどの程度講じられているかを５段階の等級で表示することが定められている。

第 93 問　×　解説

「高齢者住宅整備資金貸付制度」は，60歳以上の高齢者世帯，高齢者と同居する世帯を対象として，高齢者の専用居室，浴室，階段などの増改築や日常生活上の安全を確保するための改修工事に対して，必要な資金を都道府県または市町村が低利で貸し付ける制度である。

第94問　×　解説

公営住宅は，原則として同居親族がいることが入居の資格要件とされているが，高齢者と障害者は，単身でも入居することができる。同居親族要件は2012（平成24）年の「公営住宅法」改正により廃止されたが，廃止するかどうかの判断は各地方公共団体に任されている。このため，自治体によっては，高齢者，障害者以外の人は同居親族要件が適用されることがある。

第95問　○　解説

子育て世帯，高齢者，障害者，低額所得者，被災者等，住宅の確保に特に配慮を必要とする人を住宅確保要配慮者といい，この人たちの入居を拒まずに民間賃貸住宅などへ円滑に入居できるようにするためにセーフティネット住宅が登録されている。

第96問　○　解説

「住生活基本計画（全国計画）」は国が策定する。最も新しい計画は2021（令和３）年に策定され，2021年度から2030（令和12）年度までの10年間の計画期間中の住宅政策の方向性と，それらを実現するための基本的な施策が示されている。

第97問　×　解説

「ユニバーサルデザイン政策大綱」は，ユニバーサルデザインの考え方を踏まえて，生活環境や連続した移動環境をハード・ソフトの両面から継続して整備・改善していくバリアフリー化の指針である。

第98問　○　解説

市町村が作成する基本構想には，ハード整備に関する各特定事業及び「心のバリアフリー」に関する教育啓発特定事業を位置づけることで，関係者による事業の実施を促進するとされている。この場合，マスタープランに具体的な事業について位置づけなくてもよい。

第 99 問　×　解説

地域包括ケアは，重い介護が必要になった場合にも，住まいに暮らしながら，地域の医療サービスや介護サービスを受けることで生活を続けていけるケア体制をいう。地域包括ケアシステムは，医療・介護サービスの提供に連携した形でまちづくりが進められていかないと実現できないものである。

第 100 問　○　解説

フェルトニーズは利用者が感じているニーズ，ノーマティブニーズは専門家が必要と感じるニーズ，リアルニーズは真に必要なニーズを指している。リアルニーズを見極めるためには，個別訪問指導を行ってさまざまな要素を把握することが必要である。

索　引

■き

■く

■け

■こ

■さ

■し

■す

■せ

■そ

■た

■ち

■つ

■て

学習スケジュール 進行表

日数	レッスン	ページ	学習日
1日目	1	16−26	／
2日目	2−4	27−37	／
3日目	5, 6	40−53	／
4日目	7, 8	54−66	／
5日目	9, 10	67−81	／
6日目	11	82−92	／
7日目	12, 13	94−105	／
8日目	14, 15	106−119	／
9日目	16	120−127	／
10日目	17, 18	128−143	／

日数	レッスン	ページ	学習日
11日目	19，20	144－158	／
12日目	21－23	160－174	／
13日目	24，25	175－185	／
14日目	26，27	186－198	／
15日目	28，29	199－212	／
16日目	30	213－222	／
17日目	31，32	223－234	／
18日目	33，34	236－248	／
19日目	35	249－258	／
20日目	36	259－269	／
21日目	37	270－282	／

••Memo••

••Memo••

●法改正・正誤等の情報につきましては，下記「ユーキャンの本」ウェブサイト内「追補（法改正・正誤）」をご覧ください。
https://www.u-can.co.jp/book/information

●本書の内容についてお気づきの点は
・「ユーキャンの本」ウェブサイト内「よくあるご質問」をご参照ください。
https://www.u-can.co.jp/book/faq
・郵送・FAXでのお問い合わせをご希望の方は，書名・発行年月日・お客様のお名前・ご住所・FAX番号をお書き添えの上，下記までご連絡ください。
【郵送】　〒169-8682 東京都新宿北郵便局 郵便私書箱第2005号
ユーキャン学び出版 福祉住環境コーディネーター 資格書籍編集部
【FAX】　03-3350-7883
◎より詳しい解説や解答方法についてのお問い合わせ，他社の書籍の記載内容等に関しては回答いたしかねます。

●お電話でのお問い合わせ・質問指導は行っておりません。

ユーキャンの 福祉住環境コーディネーター 3級 速習テキスト＆問題集

2018年4月27日　初　版　第1刷発行
2023年5月12日　第5版　第1刷発行
2024年5月1日　第5版　第2刷発行

編　者　ユーキャン福祉住環境コーディネーター試験研究会
発行者　品川泰一
発行所　株式会社 ユーキャン 学び出版
〒151-0053
東京都渋谷区代々木1-11-1
Tel 03-3378-1400
編　集　株式会社 東京コア
発売元　株式会社 自由国民社
〒171-0033
東京都豊島区高田3-10-11
Tel 03-6233-0781（営業部）

印刷・製本　望月印刷株式会社

※落丁・乱丁その他不良の品がありましたらお取り替えいたします。お買い求めの書店か自由国民社営業部（Tel 03-6233-0781）へお申し出ください。

 ISBN978-4-426-61398-3

※“福祉住環境コーディネーター検定試験®”は東京商工会議所の登録商標です。